Decisões Vinculantes do STF

Decisões Vinculantes do STF

A CULTURA DE PRECEDENTES

2021

Victor Marcel Pinheiro

DECISÕES VINCULANTES DO STF
A CULTURA DE PRECEDENTES
© Almedina, 2021

Autor: Victor Marcel Pinheiro

Diretor Almedina Brasil: Rodrigo Mentz
Editora Jurídica: Manuella Santos de Castro
Editor de Desenvolvimento: Aurélio Cesar Nogueira
Assistentes Editoriais: Isabela Leite e Marília Bellio
Diagramação: Almedina
Design de Capa: Roberta Bassanetto
ISBN: 9786556271484
Janeiro, 2021

Dados Internacionais de Catalogação na Publicação (CIP)
(Câmara Brasileira do Livro, SP, Brasil)

Pinheiro, Victor Marcel
Decisões Vinculantes do STF: a cultura de precedentes
Victor Marcel Pinheiro. – 1. ed. – São Paulo: Almedina, 2021.

ISBN 978-65-5627-148-4

1. Constituição – 1988 – Brasil 2. Direito – Aspectos políticos
3. Decisões 4. Precedentes judiciais – Brasil 5. Poder judiciário – Brasil
6. Súmulas jurisprudenciais I. Título.

20-48037   CDU-342.56

Índices para catálogo sistemático:

1. Poder Judiciário: Direito Constitucional 342.56

Aline Graziele Benitez – Bibliotecária – CRB-1/3129

Conselho Científico Instituto de Direito Público – IDP
Presidente: Gilmar Ferreira Mendes
Secretário-Geral: Jairo Gilberto Schäfer; *Coordenador-Geral:* João Paulo Bachur; *Coordenador Executivo:* Atalá Correia
Alberto Oehling de Los Reyes | Alexandre Zavaglia Pereira Coelho | Antônio Francisco de Sousa | Arnoldo Wald | Sergio Antônio Ferreira Victor | Carlos Blanco de Morais | Everardo Maciel | Fabio Lima Quintas | Felix Fischer | Fernando Rezende | Francisco Balaguer Callejón | Francisco Fernandez Segado | Ingo Wolfgang Sarlet | Jorge Miranda | José Levi Mello do Amaral Júnior | José Roberto Afonso | Elival da Silva Ramos | Katrin Möltgen | Lenio Luiz Streck | Ludger Schrapper | Maria Alícia Lima Peralta | Michael Bertrams | Miguel Carbonell Sánchez | Paulo Gustavo Gonet Branco | Pier Domenico Logoscino | Rainer Frey | Rodrigo de Bittencourt Mudrovitsch | Laura Schertel Mendes | Rui Stoco | Ruy Rosado de Aguiar | Sergio Bermudes | Sérgio Prado | Walter Costa Porto

Este livro segue as regras do novo Acordo Ortográfico da Língua Portuguesa (1990).

Todos os direitos reservados. Nenhuma parte deste livro, protegido por copyright, pode ser reproduzida, armazenada ou transmitida de alguma forma ou por algum meio, seja eletrônico ou mecânico, inclusive fotocópia, gravação ou qualquer sistema de armazenagem de informações, sem a permissão expressa e por escrito da editora.

Editora: Almedina Brasil
Rua José Maria Lisboa, 860, Conj. 131 e 132, Jardim Paulista | 01423-001 São Paulo | Brasil
editora@almedina.com.br
www.almedina.com.br

AGRADECIMENTOS

Ao orientador do presente trabalho Professor Doutor Roger Stiefelmann Leal pela confiança, paciência e incentivo oferecidos no decorrer do trabalho e pelo exemplo de excelência na condução de suas atividades acadêmicas.

Ao Professor Elival da Silva Ramos, ao Professor Marcos Paulo Veríssimo, ao Professor Virgílio Afonso da Silva e ao Professor Roberto Freitas Filho pelas importantes contribuições que fizeram para o ajuste dos rumos de meu trabalho.

À Coordenação de Aperfeiçoamento de Pessoal de Nível Superior (CAPES) pelo financiamento concedido para realização da então dissertação de mestrado.

À Sociedade Brasileira de Direito Público (SBDP), nas pessoas de Carlos Ari Sundfeld e Roberta Sundfeld, em cujo espaço de livre circulação de ideias pude enriquecer em grande medida minha experiência acadêmica.

Ao Professor Rafael Mafei Rabelo Queiro pelo diálogo constante sobre metodologia de pesquisa em direito e suas potencialidades para a produção de conhecimento jurídico inovador.

A meus colegas de pós-graduação pelas conversas e sugestões para o desenvolvimento do trabalho, em especial Ademir Antônio Pereira Júnior, Fábio César Oliveira, Guilherme Klafke, Luciana Silva Reis e Yuri Corrêa da Luz.

Aos Professores do Instituto Brasiliense de Direito Público (IDP), especialmente Daniel Falcão, Sérgio Antônio Ferreira Victor e João

Trindade Cavalcante Filho, e aos nossos alunos pelos comentários, críticas e questionamentos instigantes que permitiram uma reavaliação de pontos de partida e argumentos do trabalho.

Ao Ministro Gilmar Mendes, do Supremo Tribunal Federal, pelas discussões acadêmicas sobre as questões enfrentadas pelo trabalho e pelo incentivo à sua publicação.

A minha família, na pessoa de minha avó, Dona Maria (*in memoriam*), cujos valores morais procuro seguir em minha trajetória.

À Nina Pencak, que me ensinou que o amor desconhece precedentes.

PREFÁCIO

A jurisdição constitucional no Brasil passa por profundas modificações. A partir da Constituição Federal de 1988, houve a desejada ascensão dos direitos fundamentais como fundamento dogmático do sistema jurídico, o que levou a uma notável expansão dos instrumentos de controle de constitucionalidade, incluindo a ampliação dos legitimados ativos para as ações de controle abstrato, novas técnicas de decisão e ampla judicialização de questões debatidas nas esferas políticas. A presente obra de Victor Marcel Pinheiro examina em profundidade uma verdadeira transformação que ocorre nos instrumentos de uniformização da interpretação constitucional por meio dos precedentes vinculantes do STF.

O autor parte de um reexame do histórico do pensamento constitucional brasileiro desde suas origens, ainda no período imperial, para lançar luz a uma questão praticamente permanente no nosso sistema jurídico: como garantir que a Constituição tenha uma interpretação clara e uniforme em um regime democrático?

Como demonstra, essa questão recebeu diferentes respostas no tempo. No final do século XIX, para além da atividade do Conselho de Estado, tentou-se a criação dos assentos vinculantes do Supremo Tribunal de Justiça do Império (com inspiração na prática antiga Casa de Suplicação de Lisboa). Criaram-se prejulgados vinculantes trabalhistas e eleitorais, que posteriormente foram declarados inconstitucionais, por terem sido percebidos como indevida delegação de função legislativa ao Judiciário. Adveio a fórmula singular da possibilidade de o Senado Federal suspender a lei declarada inconstitucional pelo STF (fórmula concebida e ainda em teoria criticada por Kelsen em célebre palestra proferida em 1928).

A obra torna claro que, nos 130 anos de jurisdição constitucional no Brasil (contados a partir do Decreto nº 848, de 1890), a tendência é o reconhecimento do papel do STF como guardião da Constituição Federal e, portanto, como órgão uniformizador de sua interpretação. Isso foi sendo construído de forma gradual e sem mudanças institucionais bruscas: convivendo com o controle difuso de constitucionalidade que temos até hoje, as influências dos modelos europeus de controle abstrato ampliaram jurídica e politicamente a importância do STF como intérprete da Constituição. Isso não é fruto de mero acaso ou preferência dos governos de plantão, mas modelo seguido pela maioria dos países de tradição democrática: o órgão de cúpula do sistema judicial é o responsável por fixar entendimentos vinculantes para os demais órgãos do Poder Judiciário. Como comprovado pelo autor, isso permite que sejam alcançados avanços palpáveis na concretização dos princípios da isonomia e segurança jurídica, democratizando o acesso ao entendimento do STF sem a necessidade de se litigar durante anos para levar um caso a Brasília.

Nesse ponto, a Constituição Federal de 1988, suas posteriores modificações constitucionais e inovações legais caminharam no sentido claro de valorizar os precedentes do STF. A obra examina o contexto de surgimento do efeito vinculante com a Emenda Constitucional nº 3/1993, da expansão do significado da repercussão geral dos recursos extraordinários, da criação da Súmula Vinculante (ambos criados pela Emenda Constitucional nº 45/2004) e da sistemática de precedentes no novo Código de Processo Civil de 2015.

Para além das modificações normativas, é também reconstruída a jurisprudência do STF de modo que identifica uma mudança na postura do Tribunal em relação à possibilidade de fixação de entendimentos vinculantes. Em julgados mais antigos, o Tribunal entendia pela sua impossibilidade. Em momento posterior, o Tribunal (por iniciativa do saudoso Ministro Moreira Alves) definiu, em sessão administrativa, que suas decisões em controle abstrato de constitucionalidade têm eficácia *erga omnes* pela própria natureza desse modelo. Em julgados mais recentes, o Tribunal reconhece que seus julgados tanto em controle abstrato quanto em sede de recursos extraordinários com repercussão geral fixam a interpretação jurídica de modo obrigatório para os demais órgãos do

Poder Judiciário. Como último desdobramento dessa linha jurisprudencial, foi reconhecida a mutação constitucional do art. 52, inciso X, da Constituição Federal, de modo que as decisões do STF já produzem efeito vinculante, cabendo ao Senado Federal a tarefa dar publicidade a esse entendimento.

A discussão quanto à função do Senado nas ações de controle concreto revela a dinamicidade e a evolução da jurisdição constitucional brasileira, tão bem explorada na presente obra. A fórmula – com raízes, no Brasil, na Constituição de 1934 – recebera por anos interpretação que condicionava o efeito *erga omnes* de tais decisões à ação do Poder Legislativo. No entanto, de posições inicialmente isoladas, como de Lúcio Bittencourt, a jurisprudência do Supremo Tribunal Federal passou a superar o entendimento inicial e a fortalecer a autoridade da Corte na defesa da Constituição.

Tudo isso é examinado em detalhes pelo autor, que aponta, na prática, para a adoção da tese da transcendência dos motivos determinantes no Brasil.

A obra encerra seu exame com uma análise original da dogmática dos precedentes no Brasil e no direito comparado. Deve ser reconhecido que o tema ainda dá os primeiros passos na doutrina e na jurisprudência nacionais, mas já acumula experiência de séculos em outros países. É feita uma análise minuciosa do ordenamento jurídico brasileiro de modo a tornar possível a operacionalização dos precedentes constitucionais sem cair em dois extremos indesejados, seja o da fixação de enunciados rígidos que seriam interpretados como textos legais, seja o ceticismo indiscriminado em relação à prática argumentativa do Tribunal que impossibilitaria a identificação de razões de decidir adotadas pela maioria de seus membros. Entre esses dois extremos, o trabalho oferece subsídios dogmáticos para que seja possível uma prática de precedentes constitucionais no Brasil, ressaltando a responsabilidade do STF, dos demais órgãos do Poder Judiciário e da comunidade jurídica nessa empreitada.

O trabalho é fruto atualizado da dissertação de Mestrado em Direito do Estado na Faculdade de Direito da Universidade de São Paulo (USP), instituição pela qual se graduou e, atualmente, é doutorando. Com experiências acadêmicas na Alemanha e nos Estados Unidos, o autor é jurista de uma nova geração já formada após o advento da Constituição Federal de 1988, mas que conhece a tradição do pensamento constitucional brasileiro, suas inspirações e desafios. Tive a oportunidade de acompanhar seu trabalho em diferentes atividades de ensino e pesquisa, nas quais sua sólida formação acadêmica e profissional como Consultor Legislativo do Senado Federal, advogado e professor contribuem para a reflexão sobre novas possibilidades da prática da jurisdição constitucional em constante transformação.

A presente obra é de indispensável leitura para estudantes, acadêmicos e profissionais de diversas áreas do Direito que queiram se aprofundar e compreender o atual sistema de precedentes constitucionais e para a reflexão sobre os próximos passos da jurisdição constitucional no Brasil, de modo a torná-la mais estável, previsível e igualitária. Como o autor aponta, é possível que estejamos ainda em uma etapa intermediária nessa desejada caminhada e este trabalho é, inegavelmente, parte dessa trajetória.

GILMAR FERREIRA MENDES

APRESENTAÇÃO

1. Apesar da controvérsia jurídica gerada, a jurisprudência parecia estar se consolidando sobre a questão. Essa era, ao menos, a impressão que se tinha ao final da primeira década desse século. Tal percepção era, ademais, expressamente reconhecida em julgados do Supremo Tribunal Federal. "Em algumas oportunidades" – admitia-se – o "Supremo Tribunal tem-se firmado no sentido de que os fundamentos ou os motivos determinantes adotados em decisões proferidas em processos de controle concentrado de constitucionalidade são dotados de eficácia vinculante (...)"[1]. A jurisprudência da Corte Suprema incorporava, portanto, interpretação que atribuía ao efeito vinculante conteúdo autônomo, que não se confundia com a eficácia *erga omnes* e a qualidade de coisa julgada. Conferia, na prática, vinculatividade à *ratio decidendi* das decisões proferidas em sede de controle abstrato[2], alinhando-se, assim,

---

[1] Voto da Min. Carmen Lúcia na Rcl AgR n. 5.389-0/PA, Rel. Min. Carmen Lúcia, DJ de 19.12.2007.

[2] Mencione-se, entre outros, os seguintes julgados do STF: Rcl nº 1.987-0/DF, Rel. Min. Maurício Corrêa, DJ de 21.05.2004; Rcl nª 2.363-0, Rel. Min. Gilmar Mendes, DJ de 01.04.2005; Rcl MC nª 4.999/RN, Rel. Min. Celso de Mello, DJ de 22. 03.2007; Rcl MC nª 4.387/PI, Rel. Min. Celso de Mello, DJ de 22. 10.2006; Rcl nº 4.788/SE, Rel. Min. Carmen Lúcia, DJ de 28.11.2006; Rcl MC nª 4.220/SP, Min. Rel. Carlos Britto, DJ de 11.05.2006; Rcl nº 5.771/MG, Rel. Min. Eros Grau, DJ de 05.03.2008.

ao praticado em experiências constitucionais de países como Alemanha[3] e Espanha[4].

2. A assimilação sistêmica do efeito vinculante, nesses termos, acabou, porém, por produzir consequências consideradas disfuncionais. Determinadas práticas processuais enraizadas na rotina do Supremo Tribunal Federal não foram adaptadas em face da inovação propiciada pelo novo instituto. O modelo de deliberação empregado pela Corte, por exemplo, ao suscitar julgamentos com votos e arrazoados extensos e individualizados, tornou assaz problemática a identificação dos fundamentos determinantes das decisões. Naturalmente, lançou inúmeros operadores do direito na tarefa de garimpar, em cada voto, frases e considerações que lhes permitissem impugnar decisões judiciais e administrativas. Abria-se, por conseguinte, a possibilidade de alegar ofensa ao efeito vinculante ante a confrontação com observações laterais – arguidas como parte da *ratio decidendi* – proferidas por qualquer dos integrantes da Corte durante os julgamentos.

3. Aliado a esse aspecto, há a inferência – assumida desde os primeiros precedentes sobre a matéria – de que a inobservância do efeito vinculante decorrente das decisões proferidas em controle abstrato de normas enquadra-se como violação à autoridade de decisão do Supremo Tribunal Federal para fins do art. 102, I, "l", da Constituição. Franqueava-se, nesses termos, via especial para acesso direto à Corte: o instrumento da reclamação. Curiosamente, a jurisprudência que prevalecia anteriormente à positivação do efeito vinculante restringia o uso da

---

[3] CALLIESS, Christian, The Future of the Eurozone and the Role of the German Federal Constitutional Court, **Yearbook of European Law**, v. 31, n. 1, 2012, p. 412; DAMLE, Sarang Vijay, Specialize the Judge, Not the Court: A Lesson from the German Constitutional Court, **Virginia Law Review**, v. 91, n. 5, 2005, p. 1295; HÄBERLE, Peter. **La Verfassungsbeschwerde nel sistema della giustizia costituzionale tedesca**. Giuffrè, 2000, p. 72.

[4] FALLA, Fernando Garrido. La elaboración de las sentencias del Tribunal Constitucional: una experiencia personal. **Direito Público**, v. 4, n. 17, 2007, pp. 80-81; GARCÍA-PELAYO, Manuel. El «status» del Tribunal Constitucional. **Revista Española de Derecho Constitucional**, n. 100, 2014, p. 36; SEGADO, Francisco Fernández. Algunas reflexiones generales en torno a los efectos de las sentencias de inconstitucionalidad ya la relatividad de ciertas fórmulas estereotipadas vinculadas a ellas. **Anuario Iberoamericano de Justicia Constitucional**, n. 12, 2008, p. 169.

reclamação ao legitimado que ajuizou a respectiva ação direta[5]. Ainda que tais sentenças fossem dotadas de eficácia *erga omnes*, aqueles diretamente prejudicados por decisões judiciais que as contrariassem, ainda que na parte dispositiva, não exibiam legitimidade para manejar o instrumento da reclamação. O simples advento do efeito vinculante desobstruiu instantaneamente essa via processual.

4. A soma da (a) vinculatividade dos motivos determinantes com a (b) desobstrução da via direta da reclamação e (c) julgamentos com votos individuais de elevada extensão textual formou ambiente propício à desmedida proliferação de novos processos. No caso, de reclamações. A inconveniente sobrecarga que se anunciava precipitou o reexame da questão. Em 2010, no julgamento da Reclamação nº 3.014/SP[6], tomou corpo, enfim, a revisão do entendimento anteriormente adotado sobre a matéria. A situação reclamava premente mudança de rumos. O preocupante prognóstico foi bem resumido no sonoro alerta prolatado por um dos Ministros presentes àquela sessão: "Ministro, daqui a pouco só teremos processos de capa rosa! Isso assusta!"[7].

5. De modo a conservar o tradicional modelo de deliberação da Corte – assegurando-se plena autonomia a cada julgador para expor alongadamente todos os seus argumentos e os indispensáveis fundamentos doutrinários e jurisprudenciais que os amparam – e o amplo acesso à via direta da reclamação – outrora dispensável, como acima destacado –, sacrificou o Supremo Tribunal Federal o conteúdo normativo do efeito vinculante. Afastou-se, por derradeiro, a vinculatividade da *ratio decidendi* subjacente aos julgados proferidos em sede de controle abstrato de constitucionalidade[8], reduzindo o instituto do efeito vinculante à pálida projeção da eficácia *erga omnes*.

---

[5] Ver, entre outros, Rcl nº 399/PE, Rel. Min. Sepúlveda Pertence, DJ de 24.03.1995; Rcl nª 467/DF, Rel. Min. Celso de Mello, DJ de 09.12.1994; Rcl MC-QO nº 397/RJ, Rel. Min. Celso de Mello, DJ de 21.05.1993.
[6] Rcl. nº 3.014/SP, Rel. Min. Ayres Britto, DJ de 20.05.2010.
[7] Rcl. nº 3.014/SP, Rel. Min. Ayres Britto, DJ de 20.05.2010.
[8] Rcl AgR nº 9.778/RJ, Rel. Min. Ricardo Lewandowski, DJ de 11.11.2011; Rcl AgR nº 11.477/CE, Rel. Min. Marco Aurélio, DJ de 30.08.2012; Rcl AgR nº 10.125/PA, Rel. Min. Dias Toffoli, DJ de 06.11.2013; Rcl AgR nº 19.099/GO, Rel. Min. Celso de Mello, DJ de 27.05.2015.

6. De outra parte, o efeito vinculante passou a ser atribuído a outros institutos, a exemplo das súmulas a que se refere o art. 103-A da Constituição. Sua aplicação a esses instrumentos, como no caso das súmulas, fez surgir, por seu turno, novos desafios e controvérsias. Ademais, assistiu-se também à introdução de novos mecanismos em que, mesmo sem contemplar expressamente efeito vinculante em seu regime normativo, é promovida, segundo a jurisprudência do Supremo Tribunal Federal, a observância obrigatória dos motivos determinantes da decisão por parte de outros órgãos judiciais. A sistemática adotada em face da repercussão geral dos recursos extraordinários, a esse propósito, passou a autorizar "a aplicação ampliativa da decisão proferida por este Supremo Tribunal Federal, desde que restrita à tese fixada sobre a matéria"[9]. Certamente, *in casu*, a "tese fixada" não corresponde propriamente ao objeto do *decisum* (parte dispositiva), mas exprime os aspectos essenciais da *ratio decidendi* do julgado.

7. Os contornos do quadro jurídico-institucional que cerca o efeito vinculante – como se percebe das questões acima mencionadas – propõem relevantes desafios a quem assume a missão de analisar o instituto de forma sistemática e coerente. Tais desafios chamaram a atenção do autor desta obra, Victor Marcel Pinheiro, ainda quando concluía o curso de graduação na Faculdade de Direito da Universidade de São Paulo. Foi justamente nesse período que tive com ele o primeiro contato, em virtude do curso de Liberdades Públicas que ministrei aos alunos do último ano. Ainda nesse ano, fui examinador de sua tese de láurea sobre os efeitos temporais da declaração de inconstitucionalidade. Já nesse período, era possível perceber não apenas o comprometimento e a dedicação exemplares com que se havia nas tarefas acadêmicas, mas também o interesse e a vocação ao estudo e à pesquisa das intrincadas questões atinentes aos temas constitucionais. Ao final desse mesmo ano, ingressou, sob minha orientação, no curso de mestrado da Faculdade de Direito da USP com o projeto de investigar precisamente os aspectos estruturais e processuais do efeito vinculante, tendo em vista, principalmente, a problemática gerada a partir das inovações introduzidas no modelo brasileiro de controle de

---

[9] Voto proferido pela Min. Ellen Gracie no AI QO nº 760.350/SE, Rel. Min. Gilmar Mendes, DJ de 19.02.2010.

constitucionalidade na primeira década do século XXI, que culminava – como visto acima – com aceso debate jurisprudencial e doutrinário.

8. O presente livro, que ora tenho a honra de apresentar, é o resultado – ampliado, atualizado e aperfeiçoado – das pesquisas desenvolvidas pelo autor nesse período, consubstanciadas na dissertação com que conquistou, com brilho e competência, perante ilustre banca examinadora, o título de Mestre em Direito do Estado. Cuida-se de trabalho em que se percebem as elevadas qualidades acadêmicas e intelectuais do autor. Ao analisar com profundidade e lucidez as problemáticas questões que o tema suscita, a obra evidencia, em cada capítulo, a concretização da vocação e das aptidões prenunciadas nos bancos acadêmicos ainda durante o curso de graduação, confirmadas, hoje, por sua já auspiciosa carreira docente.

9. O desenvolvimento do trabalho emprega apropriada opção analítica, ao tomar em consideração o instituto examinado a partir de sua causa final: a uniformização da jurisprudência constitucional. A adoção dessa premissa metodológica permitiu ao autor promover interessante estudo comparativo que contrasta o efeito vinculante com outros instrumentos e mecanismos instituídos ao longo do tempo com escopo semelhante. Em seguida, examina o papel exercido pelo instituto em face do complexo modelo de controle de constitucionalidade adotado a partir da Constituição de 1988, refletindo, com descortino e discernimento, sobre seu significado e sua funcionalidade em face dos demais efeitos que decorrem das decisões jurisdicionais em matéria constitucional.

10. O livro destaca-se, também, pelo elogiável destemor do autor em posicionar-se, apresentando razões consistentes e fundamentadas, sobre controvérsias e discussões de elevada complexidade jurídica e sistêmica. Nesse sentido, propõe soluções sobre (a) a vinculatividade dos fundamentos determinantes das decisões proferidas em controle abstrato de normas, (b) a similitude de conteúdo entre o efeito vinculante de tais decisões com aquele decorrente das súmulas editadas com base no art. 103-A da Constituição, (c) o papel da reclamação na tutela dos provimentos dotados de efeito vinculante, (d) a produção de efeito semelhante em outros mecanismos ainda que sem base normativa expressa, (e) a eficácia que decorre das teses elaboradas como parte do processo

decisório adotado mais recentemente pelo Supremo Tribunal Federal, bem como (f) o impacto de provimentos decisórios com efeito vinculante sobre o poder do Senado Federal para sustar a execução de leis declaradas inconstitucionais.

11. Estou certo de que a presente obra constitui contribuição indispensável àqueles que se interessam pelas questões relativas ao exercício da jurisdição constitucional. Além de minuciosa análise e farta pesquisa, o presente trabalho tem o grande mérito de oferecer soluções e respostas a problemas relevantes e atuais, visando a melhoria do funcionamento das instituições brasileiras, sobretudo na esfera judicial. Sua leitura será, certamente, de grande proveito para todos aqueles que voltem sua atenção não apenas para o tema dos precedentes vinculantes, mas também para o aperfeiçoamento do aparato judiciário no país.

São Paulo, julho de 2020.

ROGER STIEFELMANN LEAL
Professor Doutor de Direito Constitucional
da Faculdade de Direito da Universidade de São Paulo

LISTA DE ABREVIATURAS

ADI – Ação Direta de Inconstitucionalidade

ADC – Ação Declaratória de Constitucionalidade

ADPF – Arguição de Descumprimento de Preceito Fundamental

AgR – Agravo Regimental

AI – Agravo de Instrumento

CLT – Consolidação das Leis do Trabalho

Cofins- Contribuição para Financiamento da Seguridade Social

CPC – Código de Processo Civil de 2015

QO – Questão de Ordem

Rcl – Reclamação

RE – Recurso Extraordinário

RESPE – Recurso Especial Eleitoral

STF – Supremo Tribunal Federal

STJ – Superior Tribunal de Justiça

STJI – Supremo Tribunal de Justiça do Império

TSE – Tribunal Superior Eleitoral

TST – Tribunal Superior do Trabalho

SUMÁRIO

INTRODUÇÃO 25
Contextualização do tema 25
Delimitação do objeto de pesquisa 29
Abordagem metodológica: uma perspectiva dogmática 30
Plano de trabalho 32

1. A FIXAÇÃO DE ENTENDIMENTOS OBRIGATÓRIOS POR MEIO DE PRECEDENTES VINCULANTES: PERSPECTIVA HISTÓRICA 33
    1.1. Os assentos vinculantes do direito português e do Decreto 2.684/1875 35
        1.1.1. A insuficiência do Supremo Tribunal de Justiça do Império e do Conselho de Estado na tarefa de uniformização do direito 36
        1.1.2. A recepção dos assentos vinculantes portugueses e criação dos assentos do STJI 39
    1.2. A interpretação restrita do art. 59, §2º, da Constituição de 1891 e a consolidação do STF como órgão recursal de uniformização do direito 42
        1.2.1. O art. 59, §2º, da Constituição de 1891 43
        1.2.2. A Emenda Constitucional de 3 de setembro de 1926 44
    1.3. O Decreto 23.055/1933 e os prejulgados vinculantes 46
    1.4. A Súmula da Jurisprudência Predominante do STF 51
    1.5. A consolidação do controle abstrato de constitucionalidade a partir da Emenda Constitucional 16/1965 53

1.5.1. A criação da representação genérica de
inconstitucionalidade 53
1.5.2. A atribuição de eficácia e coisa julgada *erga omnes*
às decisões proferidas em representações
de inconstitucionalidade 56
1.5.3. Representação interpretativa 58
1.6. Conclusão 60

2. A INCORPORAÇÃO DO EFEITO VINCULANTE
AO ORDENAMENTO JURÍDICO BRASILEIRO 63
2.1. Percurso legislativo do tema 64
2.1.1. Constituição Federal de 1988: fortalecimento
do controle abstrato de constitucionalidade 64
2.1.2. A Emenda Constitucional 3/1993: criação da ADC
e instituição do efeito vinculante 66
2.1.3. Lei 9.868/1999 e Lei 9.882/1999 68
2.1.4. Emenda Constitucional 45/2004: criação das súmulas
vinculantes e do instituto da repercussão geral ... 69
2.1.5. O Código de Processo Civil de 2015: mais um passo
na direção da adoção dos precedentes vinculantes ... 72
2.2. A jurisprudência do STF 75
2.2.1. O efeito vinculante no controle abstrato de
constitucionalidade 75
2.2.1.1. ADC-QO 1: efeito vinculante enquanto
extensão do juízo de constitucionalidade
a atos semelhantes e possibilidade de
reclamação constitucional 76
2.2.1.2. A adoção da teoria da transcendência dos
motivos determinantes 79
2.2.1.3. A rejeição à teoria da transcendência dos
motivos determinantes 82
2.2.1.4. Retomada da teoria da transcendência dos
motivos determinantes? Os exemplos da
ADI 4.029 e da ADI 3.470 88
2.2.2. As súmulas vinculantes 94
2.2.3. Efeitos das decisões tomadas em recurso
extraordinário dotado de repercussão geral 99
2.3. Conclusão 103

3. O EFEITO VINCULANTE ENQUANTO A TRANSCENDÊNCIA
   DOS MOTIVOS DETERMINANTES   105
   3.1. Efeito vinculante enquanto reforço de eficácia ao
        dispositivo das decisões proferidas em controle abstrato
        de constitucionalidade   105
   3.2. Efeito vinculante enquanto obrigação funcional de respeito
        às decisões de controle abstrato de constitucionalidade 107
   3.3. Efeito vinculante enquanto extensão do dispositivo de uma
        decisão de controle abstrato de constitucionalidade a atos
        normativos de conteúdo semelhante ao impugnado   110
   3.4. Efeito vinculante enquanto reforço de proteção processual
        por meio de reclamação constitucional   113
   3.5. A súmula vinculante enquanto norma geral e abstrata e as
        "teses" de recursos extraordinários com repercussão geral 114
   3.6. Efeito vinculante enquanto transcendência dos motivos
        determinantes   118
        3.6.1. As decisões que apresentam efeito vinculante como
               precedentes vinculantes   119
        3.6.2. A distinção entre efeito vinculante, eficácia erga
               omnes e coisa julgada *erga omnes*   123
        3.6.3. Igualdade e segurança jurídica como fundamentos
               dos precedentes vinculantes   129
               3.6.3.1. Efeito vinculante e igualdade   129
               3.6.3.2. Efeito vinculante e segurança jurídica 135
        3.6.4. Críticas ao efeito vinculante enquanto
               transcendência dos motivos determinantes   138
               3.6.4.1. Violação da separação de poderes   138
               3.6.4.2. Enrijecimento da interpretação jurídica
                        e diminuição da participação dos demais
                        órgãos do Poder Judiciário na construção
                        do sentido constitucional   140
               3.6.4.3. Violação da independência judicial   143
               3.6.4.4. Celeridade processual como justificativa
                        para precedentes vinculantes?   145
               3.6.4.5. Violação de princípios processuais do
                        contraditório, da ampla defesa, e da
                        congruência entre pedido e prestação
                        jurisdicional   147

    3.6.4.6. Incompatibilidade de precedentes
        vinculantes com a cultura jurídica brasileira 149
3.7. Conclusão 152

4. A INTERPRETAÇÃO, APLICAÇÃO E TUTELA DAS DECISÕES
VINCULANTES 155
 4.1. A força argumentativa dos precedentes 157
   4.1.1. Vinculação em sentido forte, vinculação em sentido
      fraco e precedentes meramente persuasivos 157
   4.1.2. Dimensão horizontal e vertical do precedente 161
 4.2. Extensão dos precedentes 163
   4.2.1. Ceticismo quanto à existência de uma
      ratio decidendi 165
   4.2.2. A *ratio decidendi* em um modelo de precedentes
      centrado no resultado 167
   4.2.3. A r*atio decidendi* enquanto regra jurídica 169
      4.2.3.1. Valores justificadores da diferenciação
         entre *ratio decidendi* e *obiter dictum* 172
      4.2.3.2. *Ratio decidendi* enquanto regra necessária
         para a resolução do caso 175
      4.2.3.3. A abolição da distinção entre *ratio decidendi*
         e *obiter dictum* 177
      4.2.3.4. A *ratio decidendi* como a regra suficiente
         para resolução de questões jurídicas 180
         4.2.3.4.1. A *ratio decidendi* em decisões
              de controle abstrato de
              constitucionalidade 187
         4.2.3.4.2. A *ratio decidendi* das decisões
              que embasam súmulas
              vinculantes 190
         4.2.3.4.3. A *ratio decidendi* das decisões
              em recurso extraordinário com
              repercussão geral reconhecida 195
         4.2.3.4.4. Efeito vinculante, modelo
              deliberativo e volume de julgados
              do STF 197
   4.2.4. A função discursiva do *obiter dictum* 203

4.3.	Destinatários das decisões vinculantes	206
4.4.	Revogação, redução e ampliação das decisões vinculantes	210
	4.4.1. A revogação de *rationes decidendi* das decisões vinculantes	210
	4.4.2. A redução das *rationes decidendi* das decisões vinculantes	218
	4.4.3. Analogia e decisões vinculantes	220
4.5.	Tutela das decisões vinculantes	223
	4.5.1. Excepcionalidade da responsabilização de autoridades administrativas e judiciais	223
	4.5.2. A reclamação constitucional como instrumento subsidiário	226
4.6.	Conclusão	230

CONCLUSÃO – O MESMO VELHO PROBLEMA; MUITAS NOVAS SOLUÇÕES	233
REFERÊNCIAS	239

Introdução

Contextualização do tema
Há uma tendência constante no sistema de controle de constitucionalidade brasileiro de atribuir maior importância aos precedentes judiciais. Recentes reformas atribuem diversos efeitos às decisões judiciais na tentativa de uniformizar o processo de interpretação e aplicação do direito, buscando-se maior igualdade e segurança jurídica. Uma das razões oferecidas para essas reformas é a profunda alteração por que passou o Poder Judiciário brasileiro desde a Constituição de 1988. Com a ampliação do acesso à Justiça e o consequente aumento do número de demandas e questões judicializadas, o Judiciário enfrenta o grande desafio de oferecer uma prestação jurisdicional correta, célere e uniforme. Apenas para citar um exemplo, o Supremo Tribunal Federal (STF) proferiu mais de 70.000 decisões, entre colegiadas e monocráticas, em 2019.[10]

Essa tendência aponta para um fenômeno já constatado por Mauro Cappelletti de aproximação entre sistemas jurídicos de *common law* e *civil law*.[11] De um lado, o *common law* utiliza com cada vez mais frequência o direito legislado. De outro lado, os sistemas jurídicos de *civil law* reco-

---

[10] Informação disponível em: http://www.stf.jus.br/portal/cms/verTexto.asp?servico=estatistica&pagina=decisoesgeral

[11] Cf. Mauro Cappelletti, *Juízes Legisladores*, Porto Alegre, Sergio Antonio Fabris, 1993, pp. 133 e s. Nesse mesmo sentido, cf. Lenio Luiz Streck, *Súmulas no direito brasileiro: eficácia, poder e função*, Porto Alegre, Livraria do Advogado, 1995, p. 234; e Neil MacCormick / Robert S. Summers, "Further General Reflections and Conclusions", *in* Neil MacCormick / Robert

nhecem a insuficiência do paradigma dos grandes códigos como garantia de igualdade e segurança jurídica, conferindo cada vez mais importância aos precedentes judiciais.[12] O direito brasileiro não é exceção a essa tendência, sendo marcado em sua história pela constante influência tanto do *common law* quanto do *civil law*.[13]

Considerando as normas jurídicas como resultado da interpretação de textos normativos,[14] é importante perceber que a discussão sobre a necessidade de uniformização do direito – em especial da interpretação constitucional –[15] e o papel dos precedentes judiciais nessa tarefa não é nova no direito brasileiro.[16] Desde de meados do século XIX, há uma constante preocupação sobre como lidar com a multiplicidade de entendimentos judiciais. Como será abordado no decorrer do trabalho, o sistema jurídico brasileiro conheceu diferentes instrumentos de uniformização da interpretação jurídica, em trajetória que passa desde

---

S. Summers (orgs.), *Interpreting Precedents: a Comparative Study*, Ashgate, Aldershot, 1997, pp. 531-550, pp. 531 e s.

[12] Cf. Martin Kriele, "Das Präjudiz in Kontinental-Europäischen und Anglo-Amerikanischen Rechtskreis", in *La sentenza in europa: metodo, tecnica e stile*, Padova, CEDAM, 1988, pp. 62-80, p. 64.

[13] Cf. José Carlos Barbosa Moreira, "A importação de modelos jurídicos", *Temas de direito processual*, 8ª série, São Paulo, Saraiva, 2004, pp. 255-266, p. 260.

[14] Cf. Humberto Ávila, *Teoria dos princípios: da definição à aplicação dos princípios jurídicos*, 4ª ed., São Paulo, Malheiros, 2005, p. 22. Ávila ainda destaca que as normas jurídicas podem ser classificadas em duas subespécies: de um lado, as regras são normas jurídicas "imediatamente descritivas, primariamente retrospectivas e com pretensão de decidibilidade e abrangência", enquanto os princípios são normas jurídicas "imediatamente finalísticas, primariamente prospectivas e com pretensão de complementariedade e parcialidade". Cf. Humberto Ávila, *Teoria dos princípios*, p. 70.

[15] Deve-se ter em mente que a interpretação constitucional é praticada no exercício da jurisdição constitucional, tanto na aplicação direta de normas constitucionais a determinados casos, quanto no caso de controle de constitucionalidade, em que se analisa a compatibilidade de atos com a Constituição. A respeito desses dois momentos da interpretação constitucional, cf. José Frederico Marques, *A reforma do Poder Judiciário*, 1º vol., São Paulo, Saraiva, 1979, pp. 38 e ss.

[16] Para fins do presente trabalho, entende-se por uniformização da interpretação do direito a atividade de se buscar que problemas jurídicos considerados semelhantes recebam a mesma resposta do Poder Judiciário. Para outros sentidos possíveis de uniformização do direito, cf. Antônio Castanheira Neves, *O instituto dos "assentos" e a função jurídica dos Supremos Tribunais*, Coimbra, Coimbra, 1983, pp. 230 e ss.

consultas ao Conselho de Estado no Império até a edição de entendimentos vinculantes pelo Supremo Tribunal Federal.

Essas questões tornam-se mais complexas quando encaradas em face dos novos institutos de controle de constitucionalidade introduzidos no ordenamento jurídico brasileiro, seja mediante reformas legislativas e constitucionais, seja mediante desenvolvimento pela jurisprudência do STF. Diante desse movimento de expansão dos instrumentos da jurisdição constitucional brasileira, há posições doutrinárias que sustentam a necessidade de uma unificação da disciplina legislativa desses institutos em um código especificamente de processo constitucional.[17]

Dentre esses institutos, destaca-se a constitucionalização do efeito vinculante das decisões do STF proferidas no curso de Ações Diretas de Inconstitucionalidade (ADI), Ações Declaratórias de Constitucionalidade (ADC) e Arguições de Descumprimento de Preceito Fundamental (ADPF), bem como das denominadas súmulas vinculantes.[18] O efeito vinculante – inicialmente previsto expressamente apenas para a ADC – fora positivado no texto constitucional pela Emenda Constitucional 3/1993 no § 2º do art. 102 da Constituição Federal e teve seu âmbito de aplicação alargado também para a ADI e a ADPF por força das Leis 9.868/1999 e 9.882/1999. Posteriormente, a extensão do efeito vinculante às ações diretas de inconstitucionalidade e às súmulas vinculantes foi introduzida no texto constitucional pela Emenda Constitucional 45/2004. Com o CPC de 2015, como será visto, a jurisprudência do STF também aponta a existência do efeito vinculante em outras decisões proferidas pelo Tribunal, destacando-se os recursos extraordinários com repercussão geral. Apesar da expansão legislativa e jurisprudencial do instituto do efeito vinculante, há grande divergência sobre quais são seus exatos contornos dogmáticos.

Apenas como exemplo, uma primeira parcela dos teóricos e da jurisprudência concebe que o efeito vinculante seria a possibilidade de se impor o cumprimento das decisões proferidas em sede de controle abstrato de

---

[17] Cf., por exemplo, André Ramos Tavares / Domingo García Belaunde, "Mais um código", artigo publicado em 21/02/2010 no jornal Folha de S. Paulo, A3.

[18] Em razão da prática disseminada, no presente trabalho a expressão "súmula" equivale a um enunciado constante do conjunto de enunciados denominado de "Súmula da Jurisprudência Predominante".

constitucionalidade, evitando-se a recalcitrância dos intérpretes vinculados.[19] Para esta visão, o efeito vinculante seria concebido como uma eficácia adicional às decisões do STF.

Uma segunda corrente defende que o efeito vinculante significa a proibição de que o ente vinculado reintroduza no ordenamento jurídico norma materialmente idêntica àquela anteriormente declarada inconstitucional. Essa compreensão funda-se no voto do Ministro Moreira Alves proferido na ADC-QO 1, abaixo examinado em maiores detalhes.[20]

Há, ainda, posição doutrinária que sustenta decorrer do efeito vinculante a obrigatoriedade das razões de decidir utilizadas nas respectivas decisões. Trata-se da denominada "teoria da transcendência dos motivos determinantes", mediante a qual não somente o dispositivo decisório, mas também parcela de sua fundamentação deve ser seguida em casos futuros.[21]

Tendo em vista a divergência acima retratada e a busca por uma prestação jurisdicional mais igualitária e previsível, como definir os contornos dogmáticos do efeito vinculante no direito brasileiro? Essa é a pergunta central cuja resposta é aqui buscada.

Adianta-se que, no presente trabalho, as decisões do STF com efeito vinculante são compreendidas como "precedentes vinculantes", ou seja, espécie de decisões judiciais que, ao resolverem o caso sob exame, fixam de modo obrigatório a interpretação jurídica a ser seguida em futuros casos semelhantes. Como será explorado, as decisões vinculantes devem ser compreendidas à luz da teoria da transcendência dos motivos

---

[19] Nesse sentido, cf., por exemplo, Teori Albino Zavascki, *A eficácia das sentenças na jurisdição constitucional*, São Paulo, Revista dos Tribunais, 2001, p. 52. De modo semelhante, cf. Ana Paula Ávila, "A face não-vinculante da eficácia vinculante das declarações de constitucionalidade – uma análise da eficácia vinculante e do controle concreto no Brasil", in Humberto Ávila (org.), *Fundamentos do Estado de Direito: estudos em homenagem ao Professor Almiro do Couto e Silva*, São Paulo, Malheiros, 2005, pp. 199-216, p. 200.

[20] Nesse sentido, cf., por exemplo, Juliano Taveira Bernardes, "Efeito vinculante das decisões do controle abstrato de constitucionalidade: transcendência aos motivos determinantes?", in Marcelo Novelino (org.), *Leituras complementares de direito constitucional: controle de constitucionalidade e hermenêutica constitucional*, Salvador, Jus Podium, 2008, pp. 355-381, p. 362.

[21] Veja-se, por exemplo, o voto do Ministro Gilmar Mendes, STF, Rcl 2.363 (j. 23.10.2003), p. 146. Nesse sentido, cf., por exemplo, Roger Stiefelmann Leal, *O efeito vinculante na jurisdição constitucional*, Saraiva, São Paulo, 2006, p. 113.

determinantes, mediante a qual somente suas *rationes decidendi* são obrigatórias para futuros casos.

Delimitação do objeto de pesquisa

Este trabalho objetiva responder a seguinte pergunta: *como deve ser compreendido dogmaticamente o efeito vinculante das decisões proferidas pelo STF em controle abstrato de constitucionalidade, súmulas vinculantes e recursos extraordinários com repercussão geral?* Evidentemente, a resposta a essa pergunta é complexa e depende de questões mais específicas que serão abordadas no decorrer do trabalho. Identificam-se quatro grandes questões a serem respondidas para tanto:

1) Como o direito brasileiro lidou com a uniformização da interpretação constitucional a partir dos precedentes vinculantes?
2) A partir da Constituição de 1988 e destacando-se a instituição do efeito vinculante, quais foram as inovações legislativas para a uniformização da interpretação constitucional e como o STF as interpreta?
3) Das diferentes compreensões concorrentes, qual é a melhor interpretação do efeito vinculante?
4) Quais são os conceitos dogmáticos centrais para a aplicação e tutela dos precedentes vinculantes?

Neste ponto, é importante destacar quais questões e temas não serão tratados em profundidade, mas apenas examinados na medida em que úteis para a compreensão do efeito vinculante.

O trabalho centra sua atenção nas decisões vinculantes do STF que de modo mais direto estão relacionadas ao exercício do controle de constitucionalidade, ou seja, decisões de controle abstrato, súmulas vinculantes e recursos extraordinários. Com o Código de Processo Civil (CPC) de 2015, houve o fortalecimento legislativo dos precedentes judiciais no direito brasileiro. Foram criados o incidente de resolução de demandas repetitivas e o julgamento de recursos repetitivos. Um dos destaques do novo CPC é seu art. 927 que estabelece um dever de "observar" precedentes. Esse dispositivo será examinado em maiores detalhes no que diz respeito especificamente ao STF, tendo em vista as especificidades da jurisdição constitucional e dos dispositivos constitucionais que tratam do tema.

Não serão abordados em profundidade os efeitos das decisões tomadas pelo STF em sede de representação interventiva, nos moldes do art. 36, inciso III, da Constituição Federal. Não obstante ela possa ser considerada um instrumento de controle abstrato de constitucionalidade[22], trata-se de instrumento com contornos específicos ao qual a Constituição Federal não confere efeito vinculante. A representação interventiva será examinada de modo apenas a evidenciar as características de outros instrumentos do controle de constitucionalidade brasileiro.

Além disso, o presente trabalho não trata do efeito vinculante das decisões do Conselho Superior da Justiça do Trabalho, previsto no art. 111-A, §2º, inciso II, da Constituição Federal. Com base na competência administrativa do órgão, adota-se a premissa de que o efeito vinculante das decisões do Conselho nada mais significa do que a obrigatoriedade de suas decisões para os demais órgãos da Justiça do Trabalho.[23]

Por fim, não se pretende analisar de forma extensiva a prática do *stare decisis* no *common law*. Isso porque, embora exista a tendência de aproximação entre as duas grandes famílias do direito ocidental, permanecem diferenças relevantes entre ambas.[24] Os conceitos e teorias do *common law* a respeito dos precedentes vinculantes somente serão utilizados na medida em que forem úteis à compreensão do efeito vinculante no direito brasileiro. Isso não significa que se buscará fazer uma importação indevida de práticas estrangeiras para o direito nacional. Um sistema brasileiro de precedentes vinculantes somente pode ser compreendido e operacionalizado a partir da realidade brasileira, ainda que experiências estrangeiras possam auxiliar nessa tarefa.

Abordagem metodológica: uma perspectiva dogmática

O presente trabalho adota uma perspectiva dogmática. Isso significa que se objetiva oferecer uma resposta normativa a um problema jurídico com base no ordenamento jurídico vigente no Brasil. Como proposto por

---

[22] Cf. Luís Roberto Barroso, *O controle de constitucionalidade*, pp. 315 e ss.

[23] Cf. Roger Stiefelmann Leal, *O efeito vinculante na jurisdição constitucional*, pp. 178 e s.

[24] Cf. Roger Stiefelmann Leal, "A convergência dos sistemas de controle de constitucionalidade: aspectos processuais e institucionais, *Revista de Direito Constitucional e Internacional* 57 (2006), pp. 62-79, pp. 73 e ss.

Robert Alexy, a dogmática jurídica apresenta três dimensões: a) analítica, b) empírica e c) normativa[25].

Em sua dimensão analítica, a dogmática jurídica procura identificar os conceitos e categorias utilizadas pelo pensamento jurídico com a finalidade de oferecer elementos à construção de respostas dos problemas jurídicos selecionados. No presente trabalho, diversos conceitos deverão ser explorados para que se possa examinar seu objeto, entre eles os conceitos de coisa julgada, eficácia *erga omnes,* precedente e vinculação.

No que se refere à dimensão empírica, a dogmática está focada nos enunciados normativos e nos argumentos dos tribunais que interpretam os textos jurídicos revestidos de autoridade para identificar quais posições prevalecem a respeito dos problemas jurídicos analisados. É importante destacar que a identificação do posicionamento dos tribunais não impede a avaliação crítica dos argumentos que fundamentam essas posições. Neste ponto, a primeira tarefa da dogmática é identificar as linhas argumentativas desenvolvidas judicialmente e, em momento posterior, avaliar sua correção.

Por último, em sua dimensão normativa, a dogmática está focada no problema da decidibilidade.[26] Em outras palavras, nessa dimensão, objetiva-se construir uma resposta correta para um determinado problema jurídico, seja para criticar as posições doutrinárias e jurisprudenciais existentes, seja para orientar a futura prática jurídica a respeito daquele problema.

Tendo em mente essas três dimensões da dogmática jurídica, reformula-se a pergunta central do trabalho nos seguintes termos: como deve ser compreendida dogmaticamente a expressão "efeito vinculante" positivada no texto constitucional brasileiro, em seus arts. 102, §2º, e 103-A, da Constituição Federal, bem como no art. 28, da Lei 9.868/1999, e no art. 10, § 3º, da Lei 9.882/1999 e pode ele ser estendido às decisões proferidas pelo STF em recursos extraordinários? A resposta a essa pergunta deve passar, necessariamente, pelas três dimensões acima mencionadas.

Embora a natureza da resposta seja efetivamente normativa, sua construção deve incorporar elementos empíricos. Para a compreensão do efeito vinculante, é necessário, portanto, também o exame do

---

[25] Cf. Robert Alexy, *Teoria dos direitos fundamentais,* São Paulo, Malheiros, 2008, pp. 32 e ss.
[26] Cf. Tércio Sampaio Ferraz Júnior, *Introdução ao estudo do direito: técnica, decisão, dominação,* 4ª ed., São Paulo, Atlas, 2003, pp. 47 e ss.

histórico do direito brasileiro a respeito da utilização de decisões judiciais como instrumentos de uniformização da interpretação constitucional e da jurisprudência do STF a respeito dos enunciados normativos em questão.

Plano de trabalho

Os Capítulos 1 e 2 estão centrados preponderantemente na dimensão empírica da dogmática jurídica.

No Capítulo 1, analisa-se a primeira questão do trabalho: "Como o direito brasileiro lidou com a uniformização da interpretação constitucional a partir dos precedentes vinculantes?" Examina-se a história do direito brasileiro anterior à Constituição de 1988 com base em dois modelos diferentes de uniformização: a utilização de precedentes judiciais vinculantes e a utilização de recursos processuais.

No Capítulo 2, será objeto de consideração a segunda questão do trabalho: "a partir da Constituição de 1988 e destacando-se a instituição do efeito vinculante, quais foram as inovações legislativas a respeito da busca pela uniformização da interpretação constitucional e como o STF as interpreta?" Realiza-se o exame do percurso legislativo do instituto do efeito vinculante a partir da Constituição de 1988 e da jurisprudência do STF a respeito do tema, identificando-se os argumentos que justificaram as oscilações na posição do Tribunal no decorrer do tempo.

Já os Capítulos 3 e 4 situam-se preponderantemente na dimensão normativa da dogmática jurídica.

No Capítulo 3, responde-se à terceira questão do trabalho: "das diferentes compreensões concorrentes, qual é a melhor interpretação do efeito vinculante?" Serão examinadas diferentes concepções a respeito do tema e será apontado que sua melhor compreensão é a de que ele significa a transcendência dos motivos determinantes das decisões do STF, ou seja, a atribuição de imperatividade a parcela da fundamentação dessas decisões.

No Capítulo 4, é abordada a quarta questão: "quais são os conceitos dogmáticos centrais para a aplicação e tutela das decisões vinculantes?" Serão identificadas as implicações dogmáticas de se conceber o efeito vinculante enquanto a transcendência dos motivos determinantes. Nesse sentido, examinam-se os critérios de interpretação, aplicação e tutela desses precedentes vinculantes.

1.
A fixação de entendimentos obrigatórios por meio de precedentes vinculantes: perspectiva histórica

A questão da uniformização da interpretação do direito, em especial a interpretação constitucional, foi tema recorrente no meio jurídico brasileiro e conheceu soluções variadas no decorrer do tempo. Como característica constante, pode-se citar a dificuldade de o Supremo Tribunal Federal contar com a adesão das demais instâncias do Poder Judiciário aos seus entendimentos.[27] A cultura jurídica brasileira foi, especialmente antes do advento da Constituição Federal de 1988, construída com base em opiniões de grandes doutrinadores, atribuindo-se comparativamente menor relevância às decisões dos tribunais.[28] Nesse sentido, é emblemático o título do livro de Aliomar Baleeiro, publicado em 1968: *O Supremo Tribunal Federal, esse outro desconhecido*.[29]

---

[27] Cf. José Jesus Cazetta Júnior, *A ineficácia do precedente no sistema brasileiro de jurisdição constitucional (1891-1993): contribuição ao estudo do efeito vinculante*, Tese de doutoramento apresentada à Faculdade de Direito da Universidade de São Paulo, 2004, p. 141.

[28] A respeito dessa constatação e de sua progressiva mudança a partir da Constituição de 1988, cf. Lenio Luiz Streck "Súmulas vinculantes em *terrae* brasilis: necessitamos de uma teoria para a elaboração de precedentes'?", *Revista Brasileira de Ciências Criminais* 78 (2009), 284-319, p. 313.

[29] Aliomar Baleeiro, *O Supremo Tribunal Federal, êsse outro desconhecido*, Rio de Janeiro, Forense, 1968.

Ada Pellegrini Grinover classifica em dois os modelos de uniformização da interpretação jurídica por meio de decisões judiciais. O primeiro modelo é o da atribuição de imperatividade à fundamentação ou dispositivo das decisões judiciais para que fixem a interpretação a ser seguida em casos futuros.[30] Nesse sentido, adota-se o sistema de precedentes vinculantes – decisões judiciais que estabelecem uma determinada interpretação jurídica de modo obrigatório para casos futuros.[31]

O segundo modelo baseia-se na unificação de entendimentos por meio de recursos processuais.[32] Nesse modelo, a almejada uniformidade do direito é buscada pela reforma das decisões que contrariem os entendimentos dos tribunais superiores, ainda que um órgão jurisdicional hierarquicamente inferior não esteja obrigado a adotar esses entendimentos.

De acordo com José Carlos Barbosa Moreira, o direito brasileiro desconhecia até a Emenda Constitucional 45/2004 a existência de precedentes vinculantes, adotando-se exclusivamente o segundo modelo de correção de divergências jurisprudenciais por meio dos recursos processuais.[33] No caso da interpretação constitucional, deve-se reconhecer o papel central desempenhado pelo recurso extraordinário como instrumento de uniformização de entendimentos.[34] Isso pode ser explicado, em parte, pela existência de forte crítica a respeito da possibilidade de adoção no direito brasileiro de precedentes vinculantes. Entre outras crí-

---

[30] Como Liebman destaca, não se pode confundir a imperatividade com a imutabilidade de uma decisão judicial. A imperatividade, denominada também de obrigatoriedade ou vinculatividade, é a característica de um ato produzir "unilateralmente e de modo vinculante, na esfera jurídica dos sujeitos, os efeitos declaratórios ou modificativos correspondentes àquilo que nela se dispôs." Já a imutabilidade significa não apenas a intangibilidade formal do ato judicial, mas também de seu conteúdo, que não pode ser alterado, inclusive em processos futuros em instâncias superiores àquela que o prolatou. Cf. Enrico Tullio Liebman, *Eficácia e autoridade da sentença e outros escritos sobre a coisa julgada*, 2ª ed., Rio de Janeiro, Forense, 1981, p. VI e pp. 52 e ss.
[31] Para a definição completa de precedente vinculante, cf. Capítulo 4.
[32] Cf. Ada Pellegrini Grinover, *Direito processual civil*, 2ª ed., José Bushatsky, 1974, p. 137.
[33] Cf. José Carlos Barbosa Moreira, *Comentários ao Código de Processo Civil*, vol. V, 13ª ed., Rio de Janeiro, Forense, 2006, p. 6.
[34] Cf. Carlos Maximiliano, *Commentarios à Constituição Brasileira*, Porto Alegre, Livraria do Globo, 1929, pp. 668-9. No mesmo sentido, cf. Castro Nunes, *Teoria e prática do Poder Judiciário*, Rio de Janeiro, Forense, 1943, p. 389.

ticas, afirma-se que seriam semelhantes à "antidemocrática avocatória",[35] além de "manifestação de totalitarismo"[36], "cavalo de Tróia (...) pedindo entrada nos muros da Constituição brasileira"[37] e "agressão mesquinha e violenta contra a liberdade do juiz"[38].

O presente capítulo tem por objetivo identificar de que maneira o direito brasileiro lidou com o primeiro modelo de uniformização acima mencionado, ou seja, com os precedentes vinculantes. Serão analisados diferentes instrumentos existentes até a entrada em vigor da Constituição Federal de 1988. Abaixo serão examinadas as modificações legislativas sobre o tema, bem como a forma pela qual essa questão foi abordada por parcela da doutrina e da jurisprudência. Pretende-se avaliar quais foram os argumentos utilizados para criticar a adoção de precedentes vinculantes, as mudanças pelas quais passou o sistema jurídico brasileiro a esse respeito e como foram eles compatibilizados com os demais instrumentos existentes voltados para a uniformização da interpretação jurídica, em especial a interpretação constitucional.

1.1. Os assentos vinculantes do direito português e do Decreto 2.684/1875

Os quase 70 anos de Império brasileiro foram marcados por grande variedade de instrumentos para a uniformização da interpretação do direito. No que se refere aos precedentes vinculantes, destacam-se os assentos vinculantes recepcionados do direito português e os assentos que poderiam ter sido proferidos pelo Supremo Tribunal de Justiça do Império (STJI), nos termos do Decreto 2.684/1875. Serão examinadas as razões da tentativa de adoção desses assentos e sua posterior rejeição pela prática jurídica ainda no Império.

---

[35] Dalmo Dallari, "Ditadura constitucional", *Folha de São Paulo*, 16.01.1998, p. A3.
[36] Eros Roberto Grau, "Sobre a produção legislativa e a normativa do direito oficial: o chamado 'efeito vinculante'", *Revista da Escola Paulista da Magistratura* 1 (1997), pp. 64-80, p. 79.
[37] Cármine Antônio Savino Filho, "Efeito vinculante... à tirania", Revista de Direito do Tribunal de Justiça do Estado do Rio de Janeiro 37 (1998), pp. 48-49, p. 48.
[38] Manoel Soares Martins, "A perversão do efeito vinculante e da avocatória", *Revista Trimestral de Jurisprudência dos Estados* 178 (2000), pp. 53-58, p. 53.

1.1.1. A insuficiência do Supremo Tribunal de Justiça do Império e do Conselho de Estado na tarefa de uniformização do direito

No decorrer do Império, destacaram-se dois centros da cultura jurídica à época: o Supremo Tribunal de Justiça do Império e o Conselho de Estado.

Conforme o art. 163, da Constituição de 1824, a antiga Casa de Suplicação do Brasil foi transformada em Supremo Tribunal de Justiça.[39] Por meio da Lei de 18 de setembro de 1828 foram regulamentados a criação e o funcionamento do Tribunal. A respeito do Supremo Tribunal de Justiça do Império é importante conhecer o pensamento de um dos maiores juristas do direito público brasileiro à época: Pimenta Bueno.

Para Pimenta Bueno, o STJI exercia um papel de grande relevo na sociedade imperial, por ser um tribunal de natureza política e jurídica ao mesmo tempo, com predomínio do primeiro aspecto.[40] Isso porque o STJI tinha por função uniformizar o entendimento sobre o direito, atuando como verdadeira extensão do Poder Legislativo.[41] Para o desempenho de sua missão, o STJI contaria com o poder de cassar decisões de tribunais de segunda instância – as chamadas Relações-, que fossem contrárias às leis vigentes. Ao cassar uma decisão, o STJI determinava que outra Relação proferisse uma nova. É interessante notar que Pimenta Bueno e o pensamento dominante à época entendiam que a Relação designada para reexaminar a causa não estava obrigada a seguir o entendimento do STJI.[42] Em outras palavras, a nova Relação, ao reexaminar o caso, estava livre para apreciar o feito em sua integralidade, ainda que discordasse da tese jurídica que fundamentara a decisão proferida pelo STJI no mesmo caso.

---

[39] A Casa de Suplicação do Brasil foi criada pelo Alvará de 10 de maio de 1808 do Príncipe Regente. Sua criação foi fruto da necessidade de reorganização dos serviços judiciários em decorrência da transferência da Corte portuguesa para o Brasil. Nesse sentido, cf. Daniel Aarão Reis, "O Supremo Tribunal do Brasil: notas e recordações", *Revista dos Tribunais* 352 (1965), pp. 518-541.

[40] Cf. José Antônio Pimenta Bueno, *Direito Público e Análise da Constituição do Império*, Ministério da Justiça e Negócios Interiores – Serviço de Documentação, 1958, p. 334.

[41] Cf. José Antônio Pimenta Bueno, *Direito Público e Análise da Constituição do Império*, p. 336.

[42] Cf. Paulo Macedo Garcia Neto, "O Judiciário no crepúsculo do Império (1871-1889)", *in* José Reinaldo de Lima Lopes (org.), *O Supremo Tribunal de Justiça do Império 1828-1889*, São Paulo, Saraiva, 2010, pp. 105-137, pp. 121 e s.

Além de adotar o modelo recursal como instrumento de uniformização do direito, Pimenta Bueno rejeitava a ideia de precedentes vinculantes, ou seja, a possibilidade de que decisões judiciais fixassem entendimentos vinculantes para casos futuros. Ao STJI somente seria concedido o poder de cassar decisões e não determinar como elas deveriam ser proferidas. Em suas palavras:

> "Deverá porém uma tal decisão servir de regra obrigatória para o futuro enquanto não houver medida legislativa? Certamente que não.
> Pode tal decisão laborar em erro, e não convém impedir uma nova discussão, quando reapareça questão perfeitamente idêntica, o que será difícil. (...)
> Uma decisão obrigatória em caso singular dispõe só dele, mas quando ela vale disposição geral toma o caráter de lei, cria direitos e obrigações, torna-se norma social, e isso é da alçada exclusiva do legislador. Este e só este quem tem o direito e obrigação de estudar, discutir e estabelecer os preceitos legais."[43]

Esta passagem merece ser examinada em maiores detalhes, sendo possível identificar dois argumentos pelos quais Pimenta Bueno rejeita a ideia de precedentes vinculantes a serem estabelecidos pelo STJI.

Em primeiro lugar, ele afirma que também a decisão do Supremo Tribunal poderia ser fundada em erro, ou seja, em uma má compreensão do ordenamento jurídico vigente. Ao se atribuir imperatividade ao entendimento jurídico utilizado nessa decisão, haveria a possibilidade de se "impedir" o surgimento de novas discussões a respeito da mesma questão jurídica. O segundo argumento de Pimenta Bueno refere-se às competências de cada órgão estatal em um sistema jurídico fundado na ideia de separação de poderes. Para o autor, somente o legislador poderia criar direito novo em caráter geral, ao passo que ao Poder Judiciário caberia a tarefa de resolver casos concretos, de modo que a respectiva decisão somente teria valia para aquele caso.

Esse argumento está fundado na divisão, corrente à época, entre interpretação autêntica e interpretação doutrinal do direito. Com base

---

[43] Cf. José Antônio Pimenta Bueno, *Direito Público e Análise da Constituição do Império*, pp. 368 e s.

no art. 15, incisos VIII e IX, da Constituição de 1824,[44] argumentava-se que a interpretação autêntica era a revestida de eficácia geral e seria tarefa exclusiva do legislador realizada mediante lei em sentido formal. Já a interpretação doutrinal seria aquela realizada pelos juízes, pela Administração Pública e pelos juristas, na qual se buscava esclarecer o sentido da lei em um caso concreto, sem estabelecer-se regra obrigatória para casos futuros.[45]

Além do STJI, o Conselho de Estado desempenhou importante papel na uniformização da interpretação jurídica durante o Império.[46] Considerando-se a fragmentariedade das fontes do direito no período imperial, a dificuldade de uniformização de entendimentos judiciais e o temor dos juízes de serem responsabilizados pessoalmente pelo desrespeito à lei, criou-se a prática de se enviarem consultas ao Conselho de Estado do Império para solucionarem-se dúvidas em matéria de interpretação do direito, especialmente questões constitucionais sobre conflitos de competência entre órgãos estatais.

O Conselho de Estado fora previsto já no documento original da Constituição Imperial de 1824 e era órgão auxiliar do Poder Moderador no exercício de suas atribuições como guardião do equilíbrio entre os demais Poderes.[47] O Moderador era, à época, encarado como verdadeiro poder neutro, cuja tarefa era decidir conflitos entre os demais Poderes. Nesse sentido, esses conflitos eram decididos com base em normas jurídicas pré-existentes e não simplesmente com base em critérios de conveniência e oportunidade.[48] Em razão de o Conselho de Estado ser encarado como órgão auxiliar do Poder Moderador, suas decisões eram consideradas recomendações ao Imperador, que conservava a faculdade

---

[44] Art. 15 da Constituição de 1824: "É da attribuição da Assembléa Geral: (...) VIII – Fazer Leis, interpretal-as, suspendel-as, e revogal-as; IX – Velar na guarda da Constituição, e promover o bem geral da Nação."

[45] Cf. José Antônio Pimenta Bueno, *Direito Público e Análise da Constituição do Império*, pp. 68 e ss. Nesse mesmo sentido, cf. Francisco de Paula Baptista, *Compêndio de hermenêutica jurídica*, São Paulo, Saraiva, 1984, pp. 5 e ss.

[46] Cf. José Reinaldo de Lima Lopes, *O Oráculo de Delfos: o Conselho de Estado no Brasil-Império*, São Paulo, Saraiva, 2010, pp. 118 e ss.

[47] Nesse sentido, cf., por todos, Lúcio Bittencourt, *O contrôle jurisdicional da constitucionalidade das leis*, 2ª ed., Rio de Janeiro, Forense, 1968, p. 28.

[48] Cf. José Reinaldo de Lima Lopes, *O Oráculo de Delfos*, pp. 115 e s.

de resolver as consultas de modo contrário ao deliberado pelo Conselho. A prática no Segundo Reinado, entretanto, consagrou o grande prestígio das decisões do Conselho de Estado, em razão de serem geralmente referendadas pelo Imperador.[49]

Apesar do potencial das decisões do STJI e do Conselho de Estado, a almejada uniformização da interpretação do direito ainda permanecia um objetivo distante. Havia a percepção generalizada em meados e final do Segundo Reinado de que não havia um entendimento consolidado sobre questões jurídicas de grande relevância, criando-se um quadro de grande insegurança jurídica.[50] De um lado, os entendimentos adotados pelo STJI não eram obrigatórios para casos futuros. De outro lado, o Conselho de Estado era somente um órgão auxiliar do Poder Moderador, que tinha dificuldades de publicização de suas decisões, de modo que seu trabalho era em grande parte desconhecido pelos juristas à época e ignorado em decisões judiciais sobre os respectivos temas, fazendo com que questões já decididas retornassem constantemente ao Conselho por meio de novas consultas.[51]

1.1.2. A recepção dos assentos vinculantes portugueses e criação dos assentos do STJI

Ainda em 1823, por meio de Lei de 10 de outubro, o direito brasileiro recepcionava o ordenamento jurídico português anterior à Independência. No que se refere aos precedentes vinculantes, devem ser destacados dois atos normativos: as Ordenações Filipinas de 1603 e a chamada Lei da Boa Razão de 1769.

Em ambos os diplomas havia a previsão de um importante instituto: os assentos vinculantes. No Livro I, título V, §5º, das Ordenações Filipinas havia a previsão de que determinadas decisões da Casa de Suplicação solucionariam dúvidas sobre a interpretação do direito de modo vinculante, sob pena de responsabilização funcional do juiz que não adotasse o mesmo entendimento em casos futuros.[52] A Lei da Boa Razão, de 1769,

---

[49] Cf. Honório Rodrigues, *Conselho de Estado: um quinto poder?*, p. 9.
[50] Cf. José Reinaldo de Lima Lopes, *O Oráculo de Delfos*, p. 92.
[51] Cf. Honório Rodrigues, *Conselho de Estado: um quinto poder?*, p. 119.
[52] Ordenações Filipinas, Livro I, Título V, §5º: "E havemos por bem, que quando os Desembargadores que forem no despacho de algum feito, todos ou algum delles tiverem

em seus itens 2 e 4, determinava a manutenção da obrigatoriedade dos assentos já proferidos, dispondo que os assentos tomados pela Casa de Suplicação fixariam a "inteligência geral e perpétua da Lei" e que os assentos assim emitidos constituiriam "Leis inalteráveis para sempre se observarem como tais". Nesse sentido, pode-se afirmar que a fixação da interpretação jurídica por meio de assentos apresentava não somente imperatividade, mas também se revestia de imutabilidade.

A justificativa da possibilidade de um órgão judiciário tomar assentos vinculantes fundava-se, em sua origem, na própria autoridade real, em nome da qual se exercia a judicatura. Em razão da ausência de separação de funções entre legislação e jurisdição, era esta exercida como uma espécie de delegação real. Dessa maneira, a autoridade dos assentos vinculantes fundava-se, em última análise, na própria autoridade do monarca.

Apesar da expressa recepção do direito português pela Lei de 10 de outubro de 1823, deve-se notar que à época já existia grande influência do pensamento liberal francês na cultura jurídica brasileira, o qual tinha sérias reservas à amplitude das competências judiciais exercidas no Antigo Regime. Ela foi decisiva no desenho institucional do Supremo Tribunal de Justiça do Império pela Lei de 18 de setembro de 1828 e na definição de suas competências.[53]

No momento da criação do STJI não foi considerada a possibilidade de atribuir-se a ele a competência para proferir assentos vinculantes, nos moldes da antiga Casa de Suplicação de Lisboa, ou para realizar o controle de constitucionalidade das leis. Retomando-se o art. 15, incisos VIII e IX, da Constituição de 1824, fixou-se a ideia da supremacia do legislador

---

alguma dúvida em alguma nossa Ordenação do entendimento della, vão com a duvida ao Regedor; o qual na Mesa Grande com os Desembargadores, que lhe bem parecer, a determinará, e segundo o que ahi for determinado, se porá a sentença. E a determinação, que sobre o entendimento da dita Ordenação se tomar, mandará o Regedor screver no livro da relação, para depois não vir em dúvida. E se na dita Mesa forem isso mesmo em dúvida, que ao Regedor pareça, que he bem de nol-o fazer saber, para nisso provermos. E os que em outra maneira interpretarem nossas Ordenações, ou derem sentenças em algum feito, tendo algum deles dúvida no entendimento da dita Ordenação, sem irem ao Regedor, serão suspenso até nossa mercê".

[53] Cf. Elival da Silva Ramos, *Controle de constitucionalidade no Brasil: perspectivas de evolução*, São Paulo, Saraiva, 2010, pp. 177 e s.

e da lei como única fonte do direito, restando ao juiz apenas o papel de aplicador do direito legislado. Essa ideia justificou a opção do legislador em configurar o STJI apenas como um tribunal de cassação, sem que lhe fosse possível estabelecer qual interpretação do direito deveria ser obrigatória para outras instâncias do Poder Judiciário.[54]

Como visto acima, é nesse quadro que o STJI não chegou a se firmar como um centro de produção jurídica capaz de conferir estabilidade ao direito.[55] No decorrer do Império, cresceram as críticas à falta de uniformidade do direito, à possibilidade de uma Relação decidir em desconformidade com o STJI e à atuação muitas vezes contraditória do Conselho de Estado em resposta às consultas que lhe eram formuladas.[56]

Como resposta a essa situação, foram editados o Decreto 2.684 de 23 de outubro de 1875 e o Decreto 6.142 de 10 de março de 1876, que estabeleciam a plena vigência dos assentos tomados pela Casa de Suplicação de Lisboa e possibilitavam ao STJI a tomada de novos assentos nesses mesmos termos. Os assentos do STJI deveriam ser tomados por decisão de 2/3 de seus membros e não poderiam ser revogados pelo Tribunal, tendo força vinculante até que derrogados pelo Poder Legislativo, retomando-se o regime jurídico próximo dos assentos portugueses para a "inteligência geral e perpétua da Lei" fixada pela Lei da Boa Razão de 1769, como acima mencionado.[57]

---

[54] Cf. André Slemian, "O Supremo Tribunal de Justiça nos primórdios do Império do Brasil (1828-1841)", *in* José Reinaldo de Lima Lopes (org.), *O Supremo Tribunal de Justiça do Império 1828-1889*, São Paulo, Saraiva, 2010, pp. 19-61, p. 33.

[55] Cf. José Reinaldo de Lima Lopes, "Introdução", *in* José Reinaldo de Lima Lopes (org.), *O Supremo Tribunal de Justiça do Império 1828-1889*, São Paulo, Saraiva, 2010, pp. 11-18, p. 13.

[56] Para uma análise dos debates sobre o tema nessa época, cf. Paulo Macedo Garcia Neto, "O Judiciário no crespúsculo do Império (1871-1889)", pp. 121 e ss.

[57] Decreto 2.684/1875:
"Art. 1º Os assentos tomados na Casa da Supplicação de Lisboa, depois da creação da do Rio de Janeiro até á época da Independencia, á excepção dos que estão derogados pela legislação posterior, têm força de lei em todo o Imperio.
As disposições desta lei não prejudicam os casos julgados contra ou conforme os ditos assentos.
Art. 2º Ao Supremo Tribunal de Justiça compete tomar assentos para intelligencia das leis civis, commerciaes e criminaes, quando na execução dellas occorrerem duvidas manifestadas por julgamentos divergentes havidos no mesmo Tribunal, Relações e Juizos de primeira instancia nas causas que cabem na sua alçada.

A influência dos ideais franceses da separação entre o legislador enquanto intérprete autêntico do direito e do magistrado enquanto autor de interpretação meramente doutrinal permaneceu no pensamento jurídico brasileiro durante o Império. Pode-se destacar a posição de Teixeira de Freitas como forte opositor ao modelo de assentos vinculantes em razão de sua incompatibilidade como regime constitucional de repartição de competências estabelecido pela Constituição de 1824, mediante a qual somente ao legislador caberia interpretar o direito de modo autêntico e com força vinculante.[58] Possivelmente em razão dessas críticas, cumpre destacar que o STJI não preferiu assentos até sua extinção em 1890.[59]

1.2. A interpretação restrita do art. 59, §2º, da Constituição de 1891 e a consolidação do STF como órgão recursal de uniformização do direito

A Constituição Federal de 1891 marca uma grande ruptura em relação ao período imperial no que se refere à organização da Justiça e, de modo mais abrangente, à relação entre os Poderes. Com a extinção do Poder Moderador, a criação do controle judicial de constitucionalidade das leis e do Supremo Tribunal Federal,[60] surge um novo arranjo institucional de uniformização da interpretação jurídica, em que o Poder Judiciário passa a ser um dos protagonistas ao lado dos demais Poderes.

Isso significou a ascensão do Judiciário ao papel de garantidor do regime político instituído, superando-se a visão da supremacia absoluta do Legislativo.[61] À semelhança do modelo estadunidense, foi instituído o controle difuso-incidental de constitucionalidade, em que todos os órgãos judiciários devem exercer o controle da regularidade constitu-

---

§ 1º Estes assentos serão tomados, sendo consultadas previamente as Relações.
§ 2º Os assentos serão registrados em livro proprio, remettidos ao Governo Imperial e a cada uma das Camaras Legislativas, numerados e incorporados á collecção das leis de cada anno; e serão obrigatorios provisoriamente até que sejam derogados pelo Poder Legislativo.
§ 3º Os assentos serão tomados por dous terços do numero total dos Ministros do Supremo Tribunal de Justiça, e não poderão mais ser revogados por esse Tribunal."
[58] Cf. Augusto Teixeira de Freitas, *Vocabulário jurídico*, São Paulo, Saraiva, 1983, p. 16.
[59] Cf. Paulo Macedo Garcia Neto, "O Judiciário no crepúsculo do Império (1871-1889)", p. 126.
[60] Deve-se destacar que o controle judicial de constitucionalidade das leis e o STF foram criados pelo Decreto 848/1890 antes mesmo da Constiuição de 1891.
[61] Cf. Rui Barbosa, *Commentários à Constituição Federal brasileira de 1891*, vol. 4, Academica, 1933, p. 10.

cional das leis. Retomando o entendimento de John Marshall, no célebre caso da Suprema Corte dos Estados Unidos *Marbury v. Madison*, julgado em 1803, destaca Rui Barbosa em um de seus libelos mais conhecidos a respeito do tema, escrito em 1893, que a declaração de inconstitucionalidade "não obra senão caso a caso, (...) não atuando para a série das espécies afins, senão moralmente, pelo prestígio do julgado, pela concludência de seus fundamentos, pela paridade de suas conclusões".[62] Estava, aqui, rejeitada a vinculatividade de decisões judiciais para casos futuros.

1.2.1. O art. 59, §2º, da Constituição de 1891

Interessante dispositivo presente na Constituição de 1891 determinava uma interface entre a jurisprudência federal e a estadual. Nos termos do art. 59, §2º, da Constituição de 1891:

> "Nos casos em que houver de applicar leis dos Estados, a justiça federal consultará a jurisprudencia dos tribunaes locaes, e vice-versa, as justiças dos Estados consultarão a jurisprudencia dos Tribunaes Federaes, quando houverem de interpretar as leis da União."

João Barbalho defendia a existência de uma verdadeira vinculação das decisões da Justiça Federal em matéria de interpretação das leis federais perante a Justiça dos Estados e vice-versa.[63] Trata-se de entendimento que, entretanto, não foi adotado na prática.

A interpretação que se consagrou desse dispositivo foi a oferecida por Pedro Lessa[64], no sentido de que havia apenas um dever mais restrito de consulta das decisões de uma esfera da Justiça perante outra para que se evitassem divergências jurisprudenciais inúteis.[65] Isso não significava uma ampla vinculação às decisões judiciais entre as Justiças, pois, por exemplo, a Justiça Estadual não estaria vinculada a seguir um entendimento da

---

[62] Cf. Rui Barbosa, *Os atos inconstitucionais do Congresso e do Executivo ante a Justiça Federal*, Campinas, Russell, 2003, p. 97.

[63] Cf. João Barbalho Uchôa Cavalcanti, *Constituição Federal Brazileira: commentários*, Rio de Janeiro, Litho-Typographia, 1902, p. 247.

[64] Cf. José Néri da Silveira, "O Supremo Tribunal Federal e a interpretação jurídica com eficácia normativa", in Josaphat Marinho / Roberto Rosas (org.), *Sesquicentenário do Supremo Tribunal Federal*, Brasília, Universidade de Brasília, 1978, pp. 131-153, p. 140.

[65] Cf. Pedro Lessa, *Do Poder Judiciário*, Rio de Janeiro, Francisco Alves, 1915, pp. 126 e s.

Justiça Federal em matéria federal, caso esse entendimento fosse considerado equivocado. Como será examinado no item 4.1.1, Pedro Lessa já se aproximava da ideia de vinculação a precedentes judiciais em sentido fraco, em que há o dever de considerar uma decisão judicial anterior em uma decisão presente, ainda que não se concorde com seu teor.

Essa posição de Pedro Lessa pode ser explicada a partir da visão que tinha da função jurisdicional. Retomando as lições de Montesquieu, Pedro Lessa defendia que ao juiz somente cabia interpretar o direito na forma como positivado pelo legislador. Seria o legislador o "appareIho creado especialmente para reformar e melhorar o Direito, um orgam revelador do Direito, com todos os requisitos necessários para bem auscultar o corpo social".[66] A Pedro Lessa é atribuída ainda a crítica "ao vício de submissão constrangida aos arestos judiciais, em prejuízo da consulta aos grandes intérpretes do direito público federal, aos mais autorizados expositores do direito civil, do comercial ou do penal".[67] Considerando-se que Pedro Lessa foi Ministro do STF de 1907 a 1921, seus argumentos exemplificam a afirmação feita na introdução deste capítulo a respeito de que, na formação da cultura jurídica nacional, era frequente atribuir-se grande prestígio aos doutrinadores do direito em detrimento das decisões judiciais.

1.2.2. A Emenda Constitucional de 3 de setembro de 1926

Em 3 de setembro de 1926 é promulgada uma Emenda Constitucional, que dá nova redação aos arts. 59 e 60, da Constituição Federal de 1891. A partir da nova redação, o art. 60, § 1º, alínea "c", da Constituição, passa a autorizar o ajuizamento de recurso extraordinário para o Supremo Tribunal, em caso de divergência entre tribunais sobre a interpretação das leis federais.

Essa reforma teve o objetivo de transformar o recurso extraordinário em um instrumento de uniformização do direito em todo o território nacional.Mediante a atuação do STF nos recursos extraordinários, haveria a almejada uniformização do direito constitucional e, com a reforma constitucional de 1926, também do direito ordinário federal. Trata-se de opção que foi adotada por todas as demais constituições brasileiras,

---

[66] Cf. Pedro Lessa, "A idéia de justiça", *Revista do Supremo Tribunal Federal* 13 (1917), pp. 95-113, p. 104.
[67] Cf. voto do Ministro Prado Kelly no HC 42.958, STF, RTJ 37/162.

inclusive pela Constituição Federal de 1988.[68] Com isso, houve a adoção clara de um recurso processual como um dos principais instrumentos de uniformização da interpretação jurídica, consagrando-se o modelo recursal de uniformização do direito apontado por Ada Pellegrini Grinover, exposto na introdução do presente capítulo.

A opção por esse modelo à época pode ser explicada por duas razões. Em primeiro lugar, houve a queda do prestígio da interpretação autêntica feita pelo legislador.[69] Isso porque se criticava a falta de separação clara entre legislação e interpretação, de modo que se criavam novas normas jurídicas pela via legislativa, mas com vigência retroativa a pretexto de realizar-se a interpretação autêntica. Desse modo, fixou-se o entendimento de que ao legislador somente caberia promulgar novas leis com vigência futura que deveriam ser aplicadas pelo Poder Judiciário, que passou a ser o principal responsável pela interpretação do direito nos casos concretos. A segunda razão para a então opção pelo modelo recursal de uniformização do direito aponta para a rejeição da ideia de assentos vinculantes que persistiu no pensamento jurídico brasileiro desde o final do Segundo Reinado e o afastamento na prática da interpretação oferecida por João Barbalho ao art. 59, §2º, da Constituição de 1891. No que se refere aos assentos, são expressivas as palavras de Pontes de Miranda, em obra contemporânea à reforma de 1926, de que eles seriam um "modo autoritário de elaboração da lei".[70] Como ressalta José Rogério Cruz e Tucci, trata-se de crítica que sempre esteve associada aos assentos vinculantes[71] e, como será visto no item 3.6.4.3, permaneceu no debate a respeito do efeito vinculante no direito brasileiro.

---

[68] Constituição Federal de 1934, art. 76, número 2, inciso III, alínea "d"; Constituição Federal de 1937, art. 101, inciso III, alínea "d"; Constituição Federal de 1946, art. 101, inciso III, alínea "d"; Constituição Federal de 1967, art. 114, inciso III, alínea "d"; e Emenda Constitucional 1/1969, art. 119, inciso III, alínea "d". Com a Constituição Federal de 1988, tal competência foi transferida ao Superior Tribunal de Justiça (STJ) mediante recurso especial, conforme seu art. 105, inciso III, alínea "c".

[69] Cf. Carlos Maximiliano, *Hermenêutica e aplicação do direito*, 12ª ed., Rio de Janeiro, Forense, 1992, p. 95.

[70] Cf. Francisco Cavalcanti Pontes de Miranda, *Fontes e evolução do direito civil brasileiro*, Rio de Janeiro, Pimenta de Melo, 1928, p. 94.

[71] Cf. José Rogério Cruz e Tucci, *Precedente judicial como fonte do direito*, São Paulo, Revista dos Tribunais, 2004, p. 234.

1.3. O Decreto 23.055/1933 e os prejulgados vinculantes

Pode-se afirmar que a partir da Emenda Constitucional de 3 de setembro de 1926 adotou-se o recurso extraordinário como o principal instrumento de uniformização da interpretação constitucional no direito brasileiro. Entretanto, a ideia de precedentes vinculantes não fora abandonada definitivamente. É de grande relevância examinar quais foram as tentativas de atribuir imperatividade à interpretação jurídica em que se fundavam as decisões judiciais para compreender quais foram os principais óbices enfrentados à época.

Ainda em 1933, foi editado o Decreto 23.055, que instituiu um recurso de ofício dirigido ao STF de decisões que se fundassem em norma constitucional ou que declarassem inválidos lei federal ou ato do Executivo. Além disso, o *caput* do art. 1º do Decreto determinava: "As justiças dos Estados, do Distrito Federal e do Territorio do Acre devem interpretar as leis da União de acôrdo com a jurisprudencia do Supremo Tribunal Federal". Apesar do potencial do dispositivo em instituir vinculação à interpretação jurídica em que fundada as decisões do Supremo Tribunal Federal, sua edição não teve maiores repercussões relevantes no pensamento jurídico da época.[72] Tal fato pode ser explicado em razão de o Código de Processo Civil, já em 1939, não ter adotado enunciado semelhante, disciplinando de maneira diferente os recursos extraordinários dirigidos ao STF.

A temática dos precedentes vinculantes, enquanto modelo de uniformização da interpretação jurídica, surgiria novamente com força no direito brasileiro especialmente a partir de dois dispositivos legais a respeito dos prejulgados relativos ao processo do trabalho e ao processo eleitoral.

O Decreto-Lei 5.452/1943, ao estabelecer a Consolidação das Leis do Trabalho (CLT), previu em seu art. 902 a competência do então Conselho Nacional do Trabalho, posteriormente transformado em Tribunal Superior do Trabalho (TST), para fixar a interpretação de qualquer norma jurídica com força vinculante para as demais instâncias da Justiça do Trabalho mediante a edição de um prejulgado. Em sua redação original, o dispositivo previa que a fixação da tese jurídica poderia ser feita a partir de um caso concreto ou ainda em abstrato por requerimento da Procuradoria de

---

[72] Deve-se ressaltar que o Decreto 23.055/1933 somente foi revogado formalmente pelo Decreto 11/1991.

Justiça do Trabalho. Os Decretos-Leis 8.737/1946 e 9.797/1946 mantiveram a essência do dispositivo, alterando a nomenclatura de Conselho Superior para Tribunal Superior do Trabalho.[73] Em período posterior, a Lei 2.244/1954 estabeleceu, no art. 702, §1º, da CLT, que também as decisões tomadas por 2/3 dos membros do TST em embargos opostos contra decisões de suas Turmas seriam obrigatórias nos termos do art. 902, §2º, da Consolidação.

Pelos dispositivos acima elencados percebe-se que o modelo de prejulgado adotado pela CLT afastou-se consideravelmente daquele adotado pelo Código de Processo Civil de 1939. Enquanto o entendimento fixado nas decisões em prejulgados do TST obrigavam as demais instâncias da Justiça do Trabalho, compreendia-se que o prejulgado do Código de Processo Civil de 1939 apenas era vinculante para o caso concreto em que proferido.[74] Com isto, instaurou-se grande controvérsia a respeito da constitucionalidade dos prejulgados trabalhistas.

Por um lado, era afirmado que o instituto seria inconstitucional em razão de implicar uma delegação de poderes do Poder Legislativo para o Poder Judiciário – delegação esta que, embora pudesse ter sua constitucionalidade defendida no regime da Constituição de 1937, era incompatível com a Constituição Federal de 1946.[75] Ainda que a Constituição de 1946, em seu art. 123, § 2º, previsse a possibilidade das chamadas sentenças normativas da Justiça do Trabalho em dissídios coletivos, ela vedou a

---

[73] Art. 902 da CLT com a redação do Decreto-lei 8.737/1946:
"Art. 902 – É facultado ao Conselho Nacional do Trabalho estabelecer prejulgados, na forma que prescrever o seu regimento interno.
§ 1º Uma vez estabelecido o prejulgado, aos Conselhos Regionais do Trabalho, as Juntas de Conciliação e Julgamento e o Juizes de Direito investidos da jurisdição a Justiça do trabalho ficarão obrigados a respeitá-lo.
§ 2º Considera-se revogado ou reformado o prejulgado sempre que o Conselho Nacional do Trabalho funcionando completo, pronunciar-se, em tese ou em concreto, sobre a hipótese do prejulgado firmando nova interpretação. Em tais casos, o acórdão fará remissão expressa à alteração ou revogação do prejulgado."

[74] Cf. Alcides de Mendonça Lima, *Recursos trabalhistas*, t. II, São Paulo, Max Limonad, 1956, pp. 351 e ss.

[75] Cf., nesse sentido, Alcides de Mendonça Lima, *Recursos trabalhistas*, p. 367 e s., Coqueijo Costa, *Direito Judiciário do Trabalho*, Rio de Janeiro, Forense, 1978, p. 499 e Nelson de Sousa Sampaio, "Supremo Tribunal Federal e a nova fisionomia do Poder Judiciário", *Revista de Direito Público* 75 (1985), pp. 5-20, p. 15.

delegação de poderes para casos não previstos no texto constitucional por meio de seu art. 36, § 2º.[76] Dessa forma, os prejulgados trabalhistas não vinculariam as demais instâncias da Justiça do Trabalho, mas apenas serviriam de parâmetro persuasivo de interpretação.

Por outro lado, havia posição que defendia a plena constitucionalidade dos prejulgados obrigatórios. Argumentava-se que os prejulgados não implicariam uma delegação de poderes, pois não seriam lei em sentido formal, embora fossem normas jurídicas que obrigassem as demais instâncias da Justiça do Trabalho. Isso porque os prejulgados poderiam ter sua constitucionalidade e legalidade controladas pelo STF em sede de recurso extraordinário.[77]

Não obstante as controvérsias acima apontadas, o TST editou 60 prejulgados, nos termos do art. 902, da CLT, sendo diversos deles editados em tese, ou seja, desvinculados de um caso concreto.[78] É importante destacar que esse instituto era utilizado não somente para fixar a interpretação da legislação infraconstitucional trabalhista, mas também para pacificar o entendimento jurisprudencial a respeito da constitucionalidade de diferentes dispositivos legais.[79]

Após decisões judiciais tanto pela constitucionalidade quanto pela inconstitucionalidade do art. 902, da CLT, a questão foi apreciada pelo STF na Representação 946 (j. 12.05.1977). Nesta representação, questionava-se a constitucionalidade do Prejulgado n. 52/1975, do TST, que versava sobre o repouso remunerado. Como questão prévia preliminar

---

[76] Constituição Federal de 1946, art. 36, § 2º: "É vedado a qualquer dos Podêres delegar atribuições."

[77] Cf., neste sentido, Wilson de Souza Campos Batalha, *Tratado elementar de direito processual do trabalho*, v. II, Rio de Janeiro, José Kofino, 1960, p. 677.

[78] Cf. Nelson de Sousa Sampaio, "O Supremo Tribunal Federal e a nova fisionomia do Poder Judiciário", p. 14.

[79] Como exemplo, mencionam-se os seguintes prejulgados trabalhistas do TST que versavam diretamente sobre a interpretação constitucional: "Prejulgado 1 – O regime de revezamento no trabalho não exclui o direito do empregado ao adicional noturno, em face da derrogação do art. 73 da CLT pelo art. 157, item III, da Constituição de 18.09.1946"; "Prejulgado 13 – É constitucional o art. 2º da Lei nº 4.725, de 13.07.1965"; "Prejulgado 41 – É constitucional o art. 3º do Decreto-Lei nº 389, de 26.12.1968"; e "Prejulgado 60 – É inconstitucional o art. 22 da Lei nº 5.107, de 13.09.1966, na sua parte final, em que dá competência à Justiça do Trabalho para julgar dissídios coletivos "quando o BNH e a Previdência Social figurarem no feito como litisconsorte".

de admissibilidade da Representação, foi levantada a possibilidade de o STF analisar em controle abstrato de constitucionalidade um prejulgado, uma vez que somente "atos normativos" poderiam ser impugnados por esse instrumento. Desse modo, a questão era saber se um prejulgado trabalhista era ou não um ato normativo. A maioria do Tribunal entendeu por não conhecer da Representação, uma vez que a própria figura dos prejulgados trabalhistas vinculantes eram inconstitucionais e, desse modo, não configuravam um ato normativo passível de ser questionado em controle abstrato de constitucionalidade.

O Ministro Relator Xavier de Albuquerque, acompanhado pelos demais Ministros, entendeu que o art. 902, da CLT, não fora recepcionado pela Constituição Federal de 1946, nos seguintes termos:

> "Minha opinião coincide com daqueles que divisam patente incompatibilidade entre o art. 902, § 1º, da CLT, e a Constituição de 1946, de resto reproduzida, no que interessa, pelas cartas subsequentes, umas e outras proibitivas, salvo exceções nelas expressas, de delegação de poderes."[80]

No mesmo sentido manifestou-se o Ministro Eloy da Rocha:

> "O prejulgado, com força vinculativa dos parágrafos do art. 902, da Consolidação das Leis do Trabalho, consubstancia, desde 18.9.1946, contrariedade à Constituição. Somente o Supremo Tribunal Federal, em virtude da Emenda Constitucional n. 7, de 13.4.1977 – art. 119, inciso I, letra "l" –, pode, mediante representação do Procurador-Geral da República, dar a interpretação, em tese, de lei ou ato normativo federal ou estadual.[81]

Dos votos acima, percebe-se que o STF apontou que os prejulgados trabalhistas vinculantes não foram recepcionados pela Constituição de 1946, uma vez que foram estabelecidos por lei ordinária e a Constituição vedava a delegação de poderes de um Poder para o outro. O Ministro Eloy da Rocha aponta, entretanto, a constitucionalidade da representação interpretativa criada pela Emenda Constitucional 7/1977, abaixo examinada.

---

[80] Voto do Ministro Xavier de Albuquerque, STF, Rp 946/1977, p. 226.
[81] Voto do Ministro Eloy da Rocha, STF, Rep. 946/1977, p. 230.

Com a Lei 7.033/1982 foi revogado o art. 902 e reformado o art. 702, ambos da CLT, revogando-se o instituto do prejulgado vinculante trabalhista.

Para além dos prejulgados trabalhistas, o direito brasileiro estabeleceu outra modalidade de prejulgados vinculantes. Destaca-se o art. 263 do vigente Código Eleitoral (Lei 4.737/1965):

> "Art. 263. No julgamento de um mesmo pleito eleitoral, as decisões anteriores sobre questões de direito constituem prejulgados para os demais casos, salvo se contra a tese votarem dois terços dos membros do Tribunal."

Como se nota do dispositivo, o prejulgado eleitoral tem alcance mais limitado do que o prejulgado trabalhista, pois ele somente tem aplicação para uma eleição.[82] De modo diferente dos prejulgados previstos no Código de Processo Civil de 1939 e do prejulgado trabalhista, não é necessário um procedimento específico para que uma decisão proferida por um tribunal eleitoral se revista do caráter de prejulgado: a resolução de uma questão de direito por um tribunal eleitoral constitui-se precedente vinculante para casos futuros, garantida a possibilidade da superação do entendimento fixado no prejulgado por manifestação de 2/3 dos membros do tribunal em questão. Trata-se de importante instrumento destinado a assegurar que os participantes do processo eleitoral tenham suas candidaturas avaliadas sob o mesmo critério a fim de evitar distorções e uniformizar as balizas normativas de um determinado pleito.[83]

Contudo, o Tribunal Superior Eleitoral (TSE), no julgamento do RESPE 9.936 (j. 14.9.1992), declarou a inconstitucionalidade dos prejulgados vinculantes eleitorais basicamente por duas razões. Fundando-se na decisão do STF na Representação 946, acima retratada, o TSE entendeu que os prejulgados vinculantes eleitorais também expressariam violação à separação de poderes, ressalvando-se novamente a constitucionalidade da representação interpretativa criada pela Emenda Constitucional

---

[82] Cf. Nelson de Sousa Sampaio, "O Supremo Tribunal Federal e a nova fisionomia do Poder Judiciário", p. 15.

[83] Cf. Pinto Ferreira, *Código Eleitoral comentado*, 3ª ed., São Paulo, Saraiva, 1991, p. 309. No mesmo sentido, Tito Costa, *Recursos em matéria eleitoral*, 8ª ed., São Paulo, RT, 2004, p. 78.

7/1977.[84] A segunda razão, de acordo com o voto vencedor do Ministro Relator Sepúlveda Pertence, seria a de que o prejulgado eleitoral teria uma força vinculante superior ao da própria lei, uma vez seria necessário quórum maior do que a maioria absoluta dos membros de um tribunal para a superação de um entendimento fixado em prejulgado, o que violaria também a independência jurídica dos juízes em decidir os casos que lhes são submetidos por maioria de votos.[85]

A título de conclusão do item, tanto os prejulgados trabalhistas quanto os eleitorais foram entendidos, à época, como indevida delegação de função legislativa ao Poder Judiciário, o que seria vedado pelas sucessivas Constituições brasileiras.

1.4. A Súmula da Jurisprudência Predominante do STF

Por meio de uma emenda ao Regimento Interno do Supremo Tribunal Federal aprovada em 30.08.1963 foi criada a Súmula da Jurisprudência Predominante do STF. Tratava-se de um conjunto de enunciados sintéticos que expressavam o entendimento consolidado do Tribunal a respeito de matérias decididas. Seu objetivo era, inicialmente, facilitar o trabalho dos Ministros do STF e dos demais operadores do direito por ser um repositório oficial da jurisprudência do Tribunal.[86] Nos termos da emenda regimental, a Súmula seria adotada pela maioria dos membros do Tribunal e poderia ser revista a qualquer tempo por essa maioria.

É importante analisar o pensamento a respeito do Ministro Victor Nunes Leal, reconhecido como um dos principais idealizadores do instituto e responsável por sua criação. Ao apontar que a Súmula representaria um "ideal do meio-termo" como instrumento de uniformização do direito, o autor afirma:

> "(...) a Súmula realizou o ideal do meio-termo, quanto à estabilidade da jurisprudência (...), ela ficou entre a dureza implacável dos antigos assentos da Casa de Suplicação, 'para inteligência geral e perpétua da lei' e a virtual inoperância dos prejulgados. É um instrumento flexível, que simplifica o

---

[84] Cf. voto do Ministro Relator Sepúlveda Pertence, TSE, RESPE 9.936, p. 8
[85] Cf. voto do Ministro Relator Sepúlveda Pertence, TSE, RESPE 9.936, p. 24.
[86] Cf. Victor Nunes Leal, "Passado e futuro da Súmula no STF", *Revista de Direito Administrativo* 145 (1981), pp. 1-20, p. 14.

trabalho da justiça em todos os graus, mas evita a petrificação, porque a Súmula regula o procedimento pelo qual pode ser modificada."[87]

Do trecho apontado, é nítida a contraposição entre dois extremos que seriam evitados pela Súmula. De um lado, evitar-se-ia o risco de petrificação do direito e a perda de sua capacidade de evoluir com o desenvolvimento social em contraposição ao antigo regime dos assentos vinculantes da Lei da Boa Razão, uma vez que o próprio STF poderia alterar o entendimento expresso na questão sumulada.[88] De outro lado, seria possível conferir maior estabilidade ao direito, tendo em vista a ineficácia do sistema de prejulgados previsto pelo Código de Processo Civil de 1939.

Já à época, Aliomar Baleeiro destacava a aproximação da Súmula com a prática do *stare decisis* do direito americano, no sentido de uma maior estabilização do direito.[89] Indo além, outros entendiam que a Súmula estabeleceria verdadeiros precedentes vinculantes em decorrência da posição ocupada pelo STF no sistema constitucional brasileiro.[90] Entretanto, o entendimento originalmente apresentado na criação do instituto e consagrado na prática foi o de que a Súmula seria meramente persuasiva para casos futuros, ainda que reformas posteriores atribuíssem efeitos processuais à utilização da Súmula em decisões judiciais.[91]

Um segundo ponto que merece destaque no pensamento de Victor Nunes Leal é a respeito da interpretação da Súmula. Para ele a Súmula não deveria ser interpretada da mesma maneira que se interpretam as

---

[87] Cf. Victor Nunes Leal, "Passado e futuro da Súmula no STF", p. 10.

[88] Lembre-se que, como visto acima, a Lei da Boa Razão de 1769 e, posteriormente, o art. 2º, §3º, do Decreto 2.684/1875, vedavam a possibilidade de reforma judicial dos assentos vinculantes já proferidos.

[89] Cf. Aliomar Baleeiro, *O Supremo Tribunal Federal, êsse outro desconhecido*, p. 128. Para o conceito de *stare decisis*, cf. item 4.1.2.

[90] Cf. Anete Vasconcelos Borborema, "Análise da súmula 282 do Supremo Tribunal Federal", *Revista de Processo* 21 (1981), pp. 295-298; Rubem Nogueira, "Desempenho normativo da jurisprudência do STF", *RT* 448 (1973), pp. 24-33 e José de Moura Rocha, "A importância da súmula", *Revista Forense* 257 (1977), pp. 91-98.

[91] Cf. Alfredo Buzaid, "Da uniformização da jurisprudência", *Boletim da Faculdade de Direito da Univerisdade de Coimbra* 58 (1982), pp. 127-167, p. 162.

leis, uma vez que ela já seria fruto de uma interpretação do direito.[92] Caso um enunciado da Súmula devesse ter seu significado esclarecido, deveria ser editado novo enunciado que explicitasse o entendimento do STF acerca da matéria, sob pena de frustrarem-se os objetivos da adoção do instituto. A Súmula, portanto, deveria "ser redigida tanto quanto possível com a maior clareza, sem qualquer dubiedade, para que não falhe ao seu papel de expressar a inteligência dada pelo Tribunal".[93] Tal questão será objeto de maiores reflexões no item 4.2.3.4.2.

1.5. A consolidação do controle abstrato de constitucionalidade a partir da Emenda Constitucional 16/1965

Apesar dos diferentes mecanismos acima retratados, a necessidade de uniformização da interpretação do direito permanecia uma questão ainda não resolvida. Especialmente no que se refere ao controle de constitucionalidade, a suspensão de execução pelo Senado Federal da lei ou ato declarado inconstitucional pelo STF criada pela Constituição de 1934 mostrava-se insuficiente, na medida em que era necessário que uma questão constitucional chegasse ao Supremo, via de regra, em sede de recurso extraordinário após longo tempo em que tramitava nas demais instâncias do Poder Judiciário. Além disso, há casos de atos normativos inconstitucionais que não estão diretamente relacionados à lesão de direitos subjetivos, o que dificulta o conhecimento da questão de constitucionalidade em caráter incidental e concreto.[94] Desse modo, abriu-se espaço para o desenvolvimento do controle abstrato de constitucionalidade para além do limitado instrumento da representação interventiva então existente, sendo criada pela Emenda Constitucional 16/1965 a chamada representação genérica de inconstitucionalidade.

1.5.1. A criação da representação genérica de inconstitucionalidade

A Constituição Federal de 1934, em seu art. 12, §2º, criou o instituto da representação interventiva, em que o STF analisava a constitucionalidade

---

[92] Cf. Fernando Dias Menezes de Almeida, *Memória jurisprudencial: Ministro Victor Nunes Leal*, Brasília, Supremo Tribunal Federal, 2006, pp. 34 e ss.
[93] Cf. Victor Nunes Leal, "Passado e future da Súmula do STF", p. 11.
[94] Cf. Celso Seixas Ribeiro Bastos, "Perfil constitucional da ação direta de declaração de inconstitucionalidade", *Revista de Direito Público* 22 (1972), pp. 78-106, p. 92.

da lei que decretava a intervenção federal em um Estado-membro em razão de atos estaduais que violassem determinados princípios constitucionais ou para promover a execução de lei federal. A Constituição de 1946, por meio de seu art. 8º, modificou o regramento da representação interventiva, passando o STF a analisar a constitucionalidade do ato estadual supostamente violador desses princípios. Pode-se afirmar que a representação interventiva foi precursora da representação genérica de inconstitucionalidade, uma vez que tinha por objeto principal o exame da compatibilidade do direito estadual com a Constituição Federal. Trata-se de instituto que, desde 1934, funcionou como um instrumento de controle abstrato de constitucionalidade e desempenhou importante papel no direito brasileiro, especialmente no período entre 1946 e 1965.[95]

Em relação aos efeitos das decisões proferidas em sede de representação interventiva, consagrou-se o entendimento de que a decisão do STF, já no regime da Constituição de 1946, somente autorizaria a decretação da intervenção por lei federal e não implicava a nulidade *ipso iure* do ato declarado inconstitucional. Embora exista uma interessante decisão em que o STF afirme que a declaração de inconstitucionalidade proferida neste processo apresentaria eficácia *erga omnes*,[96] o Tribunal em sua prática adotou o entendimento de que essa declaração era apenas um pressuposto do processo de intervenção, sendo que o ato declarado inconstitucional somente poderia ter sua eficácia suspensa por lei em sentido formal.[97]

Tendo em consideração as limitações da representação interventiva, especialmente referentes aos parâmetros de controle de constitucionalidade e ao reduzido objeto a ser controlado, foi promulgada a Emenda Constitucional 16/1965. Entre outros dispositivos, essa Emenda Constitucional reformou a alínea "k" do art. 101 da Constituição de 1946, determinando que caberia ao STF o julgamento originário da

---

[95] Cf. Gilmar Ferreira Mendes, *Jurisdição constitucional*, 4ª ed., São Paulo, Saraiva, 2004, pp. 60 e ss.

[96] Trata-se da decisão proferida pelo STF na Representação 94/1946 (j. 17.07.1946), cujo Ministro Relator Castro Nunes proferiu voto vencedor, defendendo a eficácia *erga omnes* das decisões do STF nas representações interventivas.

[97] Cf. Elival da Silva Ramos, *Controle de constitucionalidade*, p. 208.

"representação contra a inconstitucionalidade de lei ou ato de natureza normativa, federal ou estadual, encaminhada pelo Procurador-Geral da República.".

A Emenda Constitucional 16/1965 foi fruto de uma Proposta de Emenda à Constituição apresentada pelo Presidente da República. Na Exposição de Motivos apresentada pelo Ministro da Justiça, propunha-se a criação da representação de inconstitucionalidade e, além disso, a modificação do art. 64, da Constituição de 1946, que previa a competência do Senado Federal para suspender leis e atos normativos declarados inconstitucionais pelo STF. Com as alterações apresentadas na Proposta, as decisões do STF que declarassem a inconstitucionalidade de ato normativo, tanto em sede abstrata, quanto em caráter incidental, apresentariam eficácia *erga omnes*, cabendo ao Senado Federal apenas publicar a decisão do Tribunal. Trata-se de Proposta que, entretanto, foi parcialmente rejeitada. O Congresso Nacional aprovou a PEC com a criação da representação de inconstitucionalidade, mas rejeitou a alteração do art. 64, da Constituição de 1946, que atribuiria eficácia *erga omnes* às decisões do STF, mantendo a competência do Senado Federal para suspensão da execução de atos declarados inconstitucionais nos termos originais da Constituição.[98]

Com as modificações promovidas pela Emenda Constitucional 16/1965 nos termos acima, inicialmente adotou-se o entendimento de que também nas representações genéricas de inconstitucionalidade as decisões do STF deveriam ser comunicadas ao Senado Federal para que este eventualmente suspendesse a execução do ato normativo declarado inconstitucional.[99] Nesse sentido, o STF, na fase inicial do instituto, encaminhou ao Senado Federal suas decisões que declararam a inconstitucionalidade de atos normativos em sede de representação de inconstitucionalidade e este editou diversas resoluções suspendendo a execução desses atos.[100]

---

[98] Cf. Ana Valderez Ayres Neves de Alencar, "A competência do Senado Federal para suspender a execução dos atos declarados inconstitucionais", *Revista de Informação Legislativa* 57 (1978), pp. 223-328, pp. 207 e ss.

[99] Cf., como defensor dessa interpretação à época, José Afonso da Silva, "Da jurisdição constitucional no Brasil e na América Latina", *Revista da Procuradoria Geral do Estado de São Paulo* 13/15 (1978-1979), pp. 106-171, p. 143.

[100] Cf. Ana Valderez Ayres Neves de Alencar, "A competência do Senado Federal", p. 274.

1.5.2. A atribuição de eficácia e coisa julgada *erga omnes* às decisões proferidas em representações de inconstitucionalidade

Em um processo administrativo resolvido pela Presidência do STF, o Tribunal modificou seu entendimento a respeito da eficácia das decisões proferidas em representação de inconstitucionalidade. No Processo 4.477/1972, discutiu-se a necessidade de o STF enviar ao Senado Federal uma comunicação sobre decisão que declarou a inconstitucionalidade de ato normativo em sede de representação genérica de inconstitucionalidade. Fundamentando-se em parecer do Ministro Moreira Alves aprovado pela Comissão de Jurisprudência do STF, o Presidente do Tribunal, em despacho de 18.04.1977, determinou que essas decisões não seriam mais enviadas ao Senado Federal, mas apenas comunicadas à autoridade responsável por sua edição para fins de ciência.[101] Em trabalho sobre o tema, escreve o Ministro Moreira Alves:

> "Note-se, ainda que, em se tratando de representação de inconstitucionalidade em abstrato, o Supremo Tribunal Federal firmou a orientação de que, ao contrário do que sucede no controle difuso, sua decisão tem por si só, eficácia *erga omnes*, não devendo sequer ser comunicada ao Senado para sua eventual suspensão, pois, caso contrário, seu julgamento não teria qualquer força decisória, uma vez que esta dependeria da suspensão da vigência da norma por aquela Casa do Legislativo."[102]

Pela argumentação exposta, verifica-se que a eficácia *erga omnes* foi definida em uma decisão administrativa do STF com base no argumento de que ela seria inerente ao controle abstrato de constitucionalidade. Nesse sentido, uma vez proferida a decisão, ela atingiria imediatamente a esfera jurídica de todos aqueles que pudessem sofrer a incidência do ato declarado inconstitucional, sob pena de ser um provimento jurisdicional inútil. Com a edição do novo Regimento Interno do STF em 1980, esse entendimento foi pacificado em seus arts. 175 a 178.[103]

---

[101] Cf. Ana Valderez Ayres Neves de Alencar, "A competência do Senado Federal", pp. 299 e ss.
[102] Cf. José Carlos Moreira Alves, "A evolução do controle de constitucionalidade no Brasil", in Sálvio de Figueiredo Teixeira (org.), *As garantias do cidadão na justiça*, São Paulo, Saraiva, 1993, pp. 1-14, pp. 9 e s.
[103] Cf. Elival da Silva Ramos, *Controle de constitucionalidade*, p. 211.

Para além da atribuição de eficácia *erga omnes*, o STF fixou outra característica da declaração de inconstitucionalidade em sede abstrata na Ação Rescisória 878 (j. 19.03.1980). O Tribunal adotou o entendimento de não ser cabível a ação rescisória em face de decisão proferida em sede de representação genérica de inconstitucionalidade, em razão da natureza objetiva dos processos de controle abstrato de constitucionalidade, que visam à garantia do ordenamento jurídico, ou seja, à compatibilidade entre as normas constitucionais e as da legislação ordinária. Por essa razão, o Ministro Rafael Mayer, que liderou a maioria no julgamento, afirmou que as decisões declaratórias de inconstitucionalidade em abstrato são "imutáveis".[104] Nesse mesmo sentido, destacou o Ministro Cordeiro Guerra: "Uma vez julgada procedente [a representação de inconstitucionalidade], suspende a lei em caráter definitivo, porque, logicamente, uma lei não pode ser periodicamente inconstitucional e periodicamente constitucional".[105]

Com base na diferenciação entre imperatividade de uma decisão e sua imutabilidade, pode-se afirmar que o STF, além de atribuir eficácia *erga omnes* à declaração de inconstitucionalidade proferida em sede abstrata de controle de constitucionalidade, também lhe atribuiu coisa julgada *erga omnes*. Desse modo, conclui-se da passagem acima que a coisa julgada *erga omnes* nessas decisões desconhecia limites subjetivos, impondo-se a todos, tendo por limite objetivo a parte dispositiva da decisão.[106]

Torna-se clara a grande modificação pela qual passou o sistema jurídico brasileiro ao adotar a eficácia e coisa julgada *erga omnes* das decisões proferidas pelo STF em sede de controle abstrato de constitucionalidade: uma vez proferida a declaração de inconstitucionalidade, ela se torna vinculante para todos, inclusive para as demais instâncias do Poder Judiciário, que deverão adotar a mesma interpretação do STF a respeito da constitucionalidade da norma envolvida. Trata-se de norma

---

[104] Voto do Ministro Rafael Mayer, STF, Ação Rescisória 878 (j. 19.03.1980), p. 45.
[105] Voto do Ministro Cordeiro Guerra, STF, Ação Rescisória 878, p. 50.
[106] Em sentido semelhante, cf. José Frederico Marques, *A reforma do Poder Judiciário*, pp. 290 e s.; Celso Bastos, "Perfil constitucional da ação direta declaratória de inconstitucionalidade", p. 103 e s.; Ada Pellegrini Grinover, *O processo em sua unidade*, t. I, São Paulo, Saraiva, 1978, pp. 93 e s.; Ronaldo Polletti, *Controle da constitucionalidade das leis*, Rio de Janeiro, Forense, 1985, p. 191; e João Batista Lopes, *Ação declaratória*, 3ª ed., São Paulo, Revista dos Tribunais, 1991, p. 92.

excluída definitivamente do sistema jurídico, uma vez que o dispositivo decisório de tal decisão se torna imutável, inclusive perante o próprio STF. Dessa forma, ao lado do recurso extraordinário como instrumento recursal de uniformização do direito, passou-se a admitir as decisões do STF de controle abstrato de constitucionalidade como precedentes vinculantes, pois fixam entendimentos obrigatórios a respeito de uma norma impugnada que deverão ser seguidos em casos futuros.

O sistema brasileiro passou a conviver com dois modelos de controle de constitucionalidade. De um lado, permaneceu o controle em caráter incidental e difuso, em que a constitucionalidade de um ato normativo é examinada enquanto questão prévia. De outro lado, criou-se o controle de constitucionalidade abstrato e principal, em que a constitucionalidade de um ato normativo passa a ser questão principal de uma demanda.[107]

A representação genérica de inconstitucionalidade foi um poderoso instrumento de uniformização da interpretação jurídica que influenciou em grande medida o desenvolvimento do controle abstrato de constitucionalidade já na Constituição Federal de 1988, como será analisado. Apesar de sua interpretação inicial sobre a necessidade de envio das decisões ao Senado Federal, a mudança de entendimento para a atribuição de eficácia e coisa julgada *erga omnes* das decisões proferidas nas representações de inconstitucionalidade não levantou grandes objeções quanto à sua constitucionalidade.[108]

1.5.3. Representação interpretativa

A representação interpretativa foi criada pela Emenda Constitucional 7/1977. A Constituição de 1967/1969 passou a contemplar, em seu

---

[107] "Questão" é uma afirmação de fato ou de direito controvertida entre as partes ou uma dúvida de fato ou de direito que o juiz deva propor a si mesmo. Nesse sentido, além das questões principais, há as denominadas questões prévias, que são, do ponto de vista argumentativo, apreciadas antes das questões principais ou de outras questões prévias. Há duas espécies de questões prévias. De um lado, há as questões preliminares, que condicionam a possibilidade ou não de exame de uma questão subordinada. De outro lado, há as questões prejudiciais, cuja solução condiciona, pelo menos em parte, o teor da solução da questão prejudicada. Cf. José Carlos Barbosa Moreira, "Questões prejudiciais e questões preliminares", *in* José Carlos Barbosa Moreira, *Direito Processual Civil: ensaios e pareceres*, Rio de Janeiro, Borsoi, 1971, pp. 73-93.

[108] Cf. voto do Ministro Paulo Brossard, STF, ADC-QO 1 (j. 27.10.1993), p. 70.

art. 119, letra "l", a competência originária do STF para julgar "a representação do Procurador-Geral da República, por inconstitucionalidade ou para interpretação de lei ou ato normativo federal ou estadual." A criação desse instituto foi fruto de uma sugestão feita por comissão de Ministros do próprio STF que publicara um diagnóstico dos problemas do Poder Judiciário e sugeriu, dentre outras medidas, a criação de um instrumento de interpretação da lei federal, cujas decisões seriam de "obrigatória observância nas instâncias inferiores".[109]

As decisões proferidas em sede de representação interpretativa também apresentavam, nos termos do art. 187, do Regimento Interno do Supremo Tribunal Federal, eficácia *erga omnes*. Nas palavras de Néri da Silveira:

> "Trata-se, pois, de interpretação da lei ou ato normativo federal ou estadual, *de efeito normativo*, vinculando, assim, aos demais tribunais e juízes, de instâncias inferiores. O julgamento da representação constitui decisão materialmente jurisdicional, com eficácia *erga omnes*."[110]

Do trecho exposto, fica claro que a representação interpretativa também era espécie de precedente vinculante, na medida em que fixava entendimentos obrigatórios a serem seguidos em casos futuros. Deve-se ressaltar que, assim como outros mecanismos destinados à uniformização da interpretação da legislação infraconstitucional, também a representação interpretativa era utilizada para a realização da uniformização da interpretação constitucional e para o exercício de verdadeiro controle de constitucionalidade. Por exemplo, menciona-se a decisão proferida pelo STF na Representação 1.155, em que foi fixada a interpretação conforme à Constituição de um dispositivo da Lei Orgânica da Magistratura (Decreto-Lei 2.019/1983), que criava vantagem remuneratória, extensível para os magistrados estaduais. Em razão de violação ao regime

---

[109] Cf. Supremo Tribunal Federal, *Reforma do Poder Judiciário: diagnóstico do STF*, Departamento de Imprensa Nacional, 1975, p. 37.

[110] Cf. José Néri da Silveira, "O Supremo Tribunal Federal e a interpretação jurídica com eficácia normativa", p. 149. Nesse mesmo sentido, cf. José Frederico Marques, *A reforma do Poder Judiciário*, p. 343; e Juliano Taveira Bernardes, "Efeito vinculante das decisões do controle abstrato de constitucionalidade", p. 356.

federativo, declarou-se a inconstitucionalidade desse ponto da norma federal.[111]

Com a representação interpretativa – em semelhança à representação de inconstitucionalidade –, transformava-se a interpretação de ato normativo de questão prévia em questão principal. Embora a interpretação de um ato normativo seja uma questão prévia ao julgamento de uma demanda em que duas ou mais partes disputam a existência de direitos e deveres, a representação interpretativa permitia que essa questão passasse a ser questão abstrata e principal, desvinculada de uma lide concreta.

1.6. Conclusão

O direito brasileiro sempre previu mecanismos de uniformização de entendimentos judiciais. Com o decorrer do tempo, esses mecanismos variaram e diferentes instrumentos coexistiram como forma de alcançar a desejada harmonia entre estabilidade e evolução da interpretação jurídica. Diante do exposto, podem ser extraídas duas conclusões.

A primeira conclusão aponta para a grande criatividade institucional do direito brasileiro para prever mecanismos de uniformizar a interpretação jurídica. Desde o Império, sentiu-se a necessidade de atribuir imperatividade às teses fixadas pelo órgão de cúpula do Poder Judiciário para assegurar-se a uniformidade do direito. Retomando-se a classificação oferecida por Ada Pellegrini Grinover dos modelos de uniformização da interpretação do direito com base em decisões judiciais, pode-se afirmar que durante grande parte da história do direito brasileiro houve a coexistência de precedentes vinculantes e de recursos com a finalidade de uniformização. Variou a forma como foram compreendidos pela comunidade jurídica e pelos tribunais, entretanto, nenhum desses dois grandes modelos foi rejeitado definitivamente. Essa conclusão afasta o diagnóstico feito por Barbosa Moreira, mencionado na introdução do presente capítulo, de que o direito brasileiro desconhecia a existência de precedentes vinculantes até a promulgação da Emenda Constitucional 45/2004.

A história dos assentos e dos prejulgados trabalhistas e eleitorais vinculantes aponta que foram rejeitados por serem compreendidos à época como indevida delegação de competência feita pelo legislador e não por uma suposta incompatibilidade absoluta com a tradição e estrutura do

---

[111] Cf. Roger Stiefelmann Leal, "O efeito vinculante na jurisdição constitucional", pp. 137 e s.

direito brasileiro. Isso explica a razão pela qual a representação genérica de inconstitucionalidade e, posteriormente, a representação interpretativa não sofreram semelhante oposição como os prejulgados vinculantes e não foram consideradas inconstitucionais.

A segunda conclusão mostra uma tendência a se atribuir vinculatividade às teses esposadas pelo STF, especialmente a partir da criação da representação genérica de inconstitucionalidade pela EC 16/1965 e da representação interpretativa pela EC 7/1977.[112] Esses dois instrumentos possibilitaram uma clara concentração da interpretação jurídica, especialmente a constitucional, no STF que, como tribunal de cúpula do Poder Judiciário, fixaria entendimentos vinculantes para toda a coletividade. Se o direito brasileiro, em suas origens, conferia maior importância às obras de grandes doutrinadores, com o passar do tempo, as decisões judiciais ganharam cada vez mais importância na tarefa de uniformização do direito. É nesse sentido que, já à época, José Afonso da Silva fala em uma "nítida tendência para o método de jurisdição concentrada".[113] Trata-se de tendência que, como será visto no próximo capítulo, fortaleceu-se com a Constituição Federal de 1988.

Isso não significa que o modelo brasileiro de controle de constitucionalidade deixou de ser o difuso amplo, em que todos os órgãos jurisdicionais são competentes para declarar a invalidade dos atos normativos inconstitucionais. Ao contrário, do ponto de vista orgânico, ou seja, da competência para realização do controle de constitucionalidade, o sistema brasileiro foi e continua a ser um sistema difuso.[114] A consolidação dos instrumentos de controle abstrato de constitucionalidade perante o STF e aceitação da tese de que as decisões proferidas nessa sede são precedentes vinculantes não significa que os demais órgãos do Poder Judiciário deixaram de ser titulares do dever de pronunciar a inconstitucionalidade de atos normativos em caráter incidental nos casos concretos que lhes são submetidos. A atribuição de eficácia geral e coisa julgada *erga omnes* às decisões do STF, além de atingir potencialmente a esfera jurídica de todos, somente impede que as questões já decididas

---

[112] Cf. Nelson de Sousa Sampaio, "Supremo Tribunal Federal e a nova fisionomia do Poder Judiciário", p. 5.
[113] Cf. José Afonso da Silva, "Da jurisdição constitucional no Brasil e na América Latina", p. 123.
[114] Cf. Elival da Silva Ramos, *Controle de constitucionalidade*, p. 245.

sejam novamente apreciadas pelo Poder Judiciário. Em outros casos, os demais órgãos do Poder Judiciário exercem competência plena para avaliar a compatibilidade de atos normativos em face da Constituição.

Diante disso, é relevante questionar-se qual foi o desenvolvimento dos instrumentos de uniformização do direito relacionados aos precedentes vinculantes a partir das modificações introduzidas pela Constituição Federal de 1988 e como eles influenciaram a delicada relação entre controle abstrato-principal e concreto-incidental. Dentre esses instrumentos, destaca-se o denominado "efeito vinculante" atribuído às decisões do STF em controle abstrato de constitucionalidade e às súmulas vinculantes. Compreender o surgimento desse instituto no direito brasileiro e a jurisprudência do STF a respeito será o objeto do próximo capítulo.

2.
A incorporação do efeito vinculante ao ordenamento jurídico brasileiro

Como afirmado no capítulo anterior, diversos instrumentos foram concebidos na história do direito brasileiro para que o entendimento jurídico fosse uniformizado e casos semelhantes fossem julgados de maneira semelhante. Especialmente no que se refere à interpretação constitucional, verificou-se que, desde o início da República até a Constituição de 1988, o recurso extraordinário desempenhou o principal papel na uniformização da interpretação constitucional. Entretanto, vigorava o entendimento de que a tese adotada pelo Tribunal não era obrigatória para os demais órgãos do Poder Judiciário, de modo que futuros casos semelhantes poderiam ser decididos por um órgão judiciário exclusivamente conforme sua convicção.

Destacando-se a criação da representação genérica de inconstitucionalidade e da representação para interpretação da lei federal já na segunda metade do século passado, o direito brasileiro passou a contar com novos mecanismos de sua uniformização responsáveis por grande concentração da interpretação constitucional no STF. Nesse sentido, o presente capítulo tem por objeto analisar de que forma foi incorporado ao direito brasileiro mais um instituto para uniformização da interpretação constitucional relacionado ao controle abstrato de constitucionalidade e, recentemente, a determinadas súmulas: o denominado "efeito vinculante". Essa análise divide-se em duas frentes.

Por um lado, serão analisadas as mudanças legislativas do tema passando pelos principais diplomas normativos correspondentes. Serão analisados: a) a ampliação do controle de constitucionalidade abstrato sob a Constituição Federal de 1988, b) a Emenda Constitucional 3/1993, que pela primeira vez previu o efeito vinculante, ao criar a ADC, c) as Leis 9.868/1999 e 9.882/1999, que regulamentaram a ADI, a ADC e a ADPF, d) a Emenda Constitucional 45/2004, que trouxe importantes inovações com a chamada reforma do Judiciário, destacando-se a criação da súmula vinculante e do requisito de admissibilidade de repercussão geral para os recursos extraordinários e e) dispositivos do CPC de 2015 relevantes sobre o tema.

Em outra frente será analisado o percurso histórico da jurisprudência do STF a respeito das decisões e súmulas que apresentam efeito vinculante. Serão analisadas também decisões do Tribunal sobre os efeitos das decisões proferidas em recursos extraordinários com repercussão geral reconhecida.

O presente capítulo está centrado na dimensão empírica da dogmática jurídica, razão pela qual o objetivo principal do exame da jurisprudência do STF será identificar a compreensão do Tribunal a respeito desses institutos. Já no capítulo seguinte, será realizada uma avaliação crítico-dogmática mais aprofundada dessa e de outras interpretações do efeito vinculante.

2.1. Percurso legislativo do tema
2.1.1. Constituição Federal de 1988: fortalecimento do controle abstrato de constitucionalidade

Com a entrada em vigor da Constituição Federal de 1988, o sistema brasileiro de controle de constitucionalidade permaneceu fiel à sua matriz estadunidense de caráter difuso-incidental, em que cada órgão judiciário é competente para conhecer questões constitucionais surgidas no decorrer dos processos que lhes são submetidos. Além disso, foram ampliadas as hipóteses de cabimento de remédios constitucionais tradicionais no direito brasileiro, como *habeas corpus* e o mandado de segurança, e criado o mandado de injunção e a ação direta de inconstitucionalidade por omissão como instrumentos de controle da omissão inconstitucional. Houve um notável fortalecimento dos instrumentos de controle abstrato de constitucionalidade, no sentido da "nítida tendência no Brasil ao alargamento da jurisdição constitucional abstrata e concentrada".[115] Para as finalidades do presente trabalho, destacam-se duas modificações responsáveis por esse fortalecimento.

A primeira delas foi o fim do monopólio da antiga representação genérica de inconstitucionalidade, cuja titularidade ativa pertencia exclusivamente ao Procurador-Geral da República. Com a criação da ADI pela Constituição de 1988, sua legitimidade ativa foi estendida a um número consideravelmente maior de atores.[116] Somada à separação das funções do Ministério Público e da Advocacia Pública, a ampliação dos legitimados para o início do controle abstrato de constitucionalidade significou a possibilidade de levar um grande número de questões constitucionais que não eram questionadas no regime anterior pela via do controle abstrato de constitucionalidade ao conhecimento direto e imediato do STF.[117]

A segunda importante modificação foi a criação da ADPF. Embora o texto constitucional tenha sido extremamente sintético a respeito desse instrumento, a Lei 9.882/1999 a transformou em mecanismo de verdadeiro controle abstrato de constitucionalidade. Tendo em vista a jurisprudência consolidada do STF de que não cabe ação direta de inconstitucionalidade para questionar atos normativos municipais e atos anteriores à Constituição de 1988, a criação da ADPF completou o sistema abstrato de controle de constitucionalidade permitindo a ampliação dos objetos controlados e possibilitou que praticamente todos os atos normativos de origem federal, estadual e municipal sejam objeto desse tipo de controle.[118]

---

[115] Cf. Luis Roberto Barroso, O *controle de constitucionalidade no direito brasileiro*, p. 67.

[116] Nos termos do art. 103, da Constituição Federal, em sua redação original: "Podem propor a ação de inconstitucionalidade: I – I – o Presidente da República; II – a Mesa do Senado Federal; III – a Mesa da Câmara dos Deputados; IV – a Mesa de Assembléia Legislativa; V – o Governador de Estado; VI – o Procurador-Geral da República; VII – o Conselho Federal da Ordem dos Advogados do Brasil; VIII – partido político com representação no Congresso Nacional; IX – confederação sindical ou entidade de classe de âmbito nacional."

[117] Cf. Elival da Silva Ramos, *Controle de constitucionalidade no Brasil*, pp. 232 e s.

[118] Cf. Ives Gandra da Silva Martins / Gilmar Ferreira Mendes, *Controle concentrado de constitucionalidade: comentários à Lei n. 9.868, de 10-11-1999*, 3ª ed., São Paulo, Saraiva, 2009, p. 112.

2.1.2. A Emenda Constitucional 3/1993: criação da ADC e instituição do efeito vinculante

A Emenda Constitucional 3/1993 – fruto da Proposta de Emenda à Constituição (PEC) 48/1991 – alterou diversos dispositivos constitucionais, entre eles, os arts. 102 e 103 da Constituição Federal, criando a ADC. Estabelecia o então recém-criado art. 102, §2º, da Constituição:

> "As decisões definitivas de mérito, proferidas pelo Supremo Tribunal Federal, nas ações declaratórias de constitucionalidade de lei ou ato normativo federal, produzirão eficácia contra todos e efeito vinculante, relativamente aos demais órgãos do Poder Judiciário e ao Poder Executivo".

A criação desse instituto, embora não decorra diretamente, foi influenciada pela PEC 130/1992 oferecida pelo Deputado Roberto Campos.[119] Nessa proposta, revogava-se o inciso X do art. 52 da Constituição, que prevê a competência do Senado Federal para suspender a execução de leis e atos normativos incidentalmente declarados inconstitucionais pelo STF. Em contrapartida, a Proposta estabelecia "eficácia contra todos e efeito vinculante" das decisões proferidas pelo STF em controle de constitucionalidade abstrato ou incidental. A respeito desses dois institutos, apontava a justificativa da Proposta:

> "Além de conferir eficácia *erga omnes* às decisões proferidas pelo Supremo Tribunal Federal em sede de controle de constitucionalidade, a presente proposta de emenda constitucional introduz no Direito brasileiro o conceito de efeito vinculante em relação aos órgãos e agentes públicos. Trata-se de instituto jurídico desenvolvido no Direito processual alemão que tem por objetivo outorgar maior eficácia às decisões proferidas por aquela Corte Constitucional, assegurando força vinculante não apenas à parte dispositiva da decisão, mas também aos chamados fundamentos ou motivos determinantes (tragende Gründe).
>
> A declaração de nulidade de uma lei não obsta à sua reedição, ou seja, a repetição do seu conteúdo em outro diploma legal. Tanto a coisa julgada quanto a força de lei (eficácia erga omnes) não lograriam evitar esse fato.

---

[119] Cf. Ives Gandra da Silva Martins / Gilmar Ferreira Mendes, *Controle concentrado de constitucionalidade*, p. 392.

Todavia, o efeito vinculante, que deflui dos fundamentos determinantes (tragende Gründe) da decisão obriga o legislador a observar estritamente a interpretação que o tribunal conferiu à Constituição. Conseqüência semelhante se tem quanto às chamadas normas paralelas. Se o tribunal declarar a inconstitucionalidade de uma lei do Estado A, o efeito vinculante terá o condão de impedir a aplicação de norma de conteúdo semelhante do Estado B ou C (...)."[120]

Embora se tenha rejeitado a supressão do inciso X, art. 52, da Constituição, a Emenda Constitucional 3/1993 criou a ADC, diferenciando claramente a "eficácia contra todos" do efeito vinculante das decisões de mérito proferidas nessa sede. Nos termos da justificativa da PEC 130/1992, o efeito vinculante seria a atribuição de obrigatoriedade não somente ao dispositivo do acórdão do STF, mas também a parcela de seus fundamentos. Trata-se de compreensão que posteriormente ficaria conhecida como a "transcendência dos motivos determinantes", abaixo examinada em detalhes.

Houve grande controvérsia a respeito da constitucionalidade da ADC. Como ressalta Gilmar Ferreira Mendes, apontavam-se diversos vícios de inconstitucionalidade do instituto.[121] Era sustentado que a ADC padeceria de vício técnico por não se identificar com clareza o réu da ação, violaria os princípios do devido processo legal, da ampla defesa, do contraditório e do duplo grau de jurisdição, uma vez que uma questão jurídica seria decidida sem a participação de todos os juridicamente interessados, e transformaria o órgão de cúpula do Poder Judiciário em legislador.

Tais questões foram enfrentadas pelo STF na ADC-QO 1 (j. 27.10.1993), abaixo examinada. Com base no voto do Relator Ministro Moreira Alves, o Tribunal afastou as críticas acima e fixou a constitucionalidade da ADC, aproximando sua natureza jurídica à da ADI. O raciocínio foi o de que, em linhas gerais, o direito brasileiro já convivia, desde a Emenda Constitucional 16/1965, com o sistema abstrato de controle de constitucionalidade, em que a declaração de inconstitucionalidade de um ato normativo em representação genérica de inconstitucionalidade já

---

[120] *Diário do Congresso Nacional*, 23.09.1992, pp. 21694 e s.
[121] Cf. Ives Gandra da Silva Martins / Gilmar Ferreira Mendes, *Controle concentrado de constitucionalidade*, pp. 400 e s.

apresentava eficácia e coisa julgada *erga omnes*. Dessa forma, ao instituir a ADC, o constituinte derivado apenas aperfeiçoara o sistema brasileiro, criando, ao lado da ADI, instrumento em que se pleiteia exclusivamente a declaração de constitucionalidade de um ato.

2.1.3. Lei 9.868/1999 e Lei 9.882/1999

Em 1999, foram promulgadas duas leis que regulamentaram o processamento das ações de controle abstrato de constitucionalidade. A Lei 9.868/1999 disciplinou a ADI e a ADC e a Lei 9.882/99 disciplinou a ADPF. Para o que interessa ao presente trabalho, devem ser destacados o parágrafo único do art. 28, da Lei 9.868/1999, e o art. 12, § 3º, da Lei 9.882/1999, que estenderam o efeito vinculante também para a ADI e a ADPF.[122] Novamente, houve um grande número de críticas dirigidas contra a constitucionalidade desses dois dispositivos, uma vez que ampliavam as consequências jurídicas atribuídas às decisões do STF por meio de lei e não por Emenda Constitucional.

O Supremo Tribunal Federal declarou a constitucionalidade da atribuição de efeito vinculante à ADI pelo art. 28, parágrafo único, da Lei 9.868/1999.[123] Isso porque, como já expressado no julgamento da ADC-QO 1, haveria uma equivalência de finalidades entre a ADI e a ADC. Como a Emenda Constitucional 3/1993 já atribuíra efeito vinculante às decisões de mérito proferidas na ADC, a Lei 9.868/1999 apenas teria explicitado uma decorrência dessa equivalência de natureza dos instrumentos de controle abstrato de constitucionalidade ao prever expressamente o efeito vinculante também para as decisões de mérito proferidas em ADI. Já a Lei 9.882/1999 tem sua constitucionalidade questionada na ADI 2.231, ajuizada pelo Conselho Federal da OAB, ainda pendente de julgamento. Entretanto, ressalta-se que os dispositivos decisórios de duas decisões proferidas em ADPF confirmaram a existência de efeito vinculante nesse tipo de instrumento de controle

---

[122] Lei 9.868/1999, art. 28, parágrafo único: "A declaração de constitucionalidade ou de inconstitucionalidade, inclusive a interpretação conforme a Constituição e a declaração parcial de inconstitucionalidade sem redução de texto, têm eficácia contra todos e efeito vinculante em relação aos órgãos do Poder Judiciário e à Administração Pública federal, estadual e municipal." Lei 9.882/1999, art. 11, §3º: "A decisão terá eficácia contra todos e efeito vinculante relativamente aos demais órgãos do Poder Público."

[123] STF, Rcl-QO 1.880 (j. 23.05.2002).

abstrato de constitucionalidade.[124] Além disso, diversas outras ADPFs já foram julgadas pelo Tribunal, de modo que, caso julgada a ADI 2.331, provavelmente serão afastadas as alegadas inconstitucionalidades.

2.1.4. Emenda Constitucional 45/2004: criação das súmulas vinculantes e do instituto da repercussão geral

A Emenda Constitucional 45/2004 foi responsável por importantes alterações no texto constitucional. Após ter sido iniciada com objetivos mais modestos, a PEC 96/1992, do Deputado Hélio Bicudo, passou a tramitar como reforma do Judiciário, posteriormente aprovada como Emenda Constitucional 45/2004. Em razão das modificações pelas quais a mencionada Proposta passou, afirma-se que ela não possuiu uma "paternidade definida", mas é fruto do trabalho e esforço conjunto de diferentes órgãos dos Poderes Legislativo, Executivo e Judiciário.[125] Para as finalidades do presente trabalho, são importantes três inovações perpetradas pela Emenda: a) a unificação das consequências jurídicas das decisões de mérito proferidas em ADI e ADC, b) a criação da súmula vinculante e c) a instituição de novo requisito de admissibilidade dos recursos extraordinários, conhecido como repercussão geral.

A partir da nova redação conferida ao art. 102, § 2º, da Constituição Federal, as decisões de mérito em ADC e ADI produzem "eficácia contra todos e efeito vinculante, relativamente aos demais órgãos do Poder Judiciário e à administração pública direta e indireta, nas esferas federal, estadual e municipal." Isso significou a expressa previsão no texto constitucional da igualdade de efeitos entre os dois instrumentos, já reconhecida pela jurisprudência do STF, superando-se a questão da constitucionalidade do art. 28, parágrafo único, da Lei 9.868/1999.

Grande inovação no direito brasileiro foi trazida pelo acréscimo do art. 103-A à Constituição Federal pela Emenda Constitucional 45/2004. Esse novo enunciado normativo estabeleceu a vinculatividade de súmulas aprovadas por 2/3 dos membros do STF depois de reiteradas decisões sobre determinada questão de interpretação de qualquer enunciado

---

[124] Trata-se da ADPF 144 (j. 06.08.2008) e da ADPF 132 (j. 05.05.2011).
[125] Cf. Sérgio Rabello Tamm Renault / Pierpaolo Bottini, "Primeiro passo", *in* Sérgio Rabello Tamm Renault / Pierpaolo Bottini (coords.) *Reforma do Judiciário: comentários à Emenda Constitucional n. 45/2004*, São Paulo, Saraiva, 2005, pp. 1-12, p. 4.

normativo, inclusive constitucional. Trata-se de instituto claramente inspirado no *stare decisis* do direito anglo-saxão e nos assentos vinculantes da tradição portuguesa e brasileira, como exposto no Capítulo 1.[126] Como destacado no parecer de um dos relatores da PEC 96/1992, Deputado Aloysio Nunes, a criação do instituto teria basicamente duas finalidades. A primeira seria descongestionar o Poder Judiciário, especialmente os tribunais superiores, pela resolução com eficácia vinculante de uma questão jurídica que pudesse se multiplicar em diversos processos individuais. O segundo objetivo seria a busca de maior respeito ao princípio da igualdade, no sentido de que um mesmo dispositivo normativo seja interpretado de modo uniforme para toda a coletividade.[127]

Em terceiro lugar, foi criado no art. 102, § 3º, da Constituição Federal, um novo requisito de admissibilidade do recurso extraordinário: a repercussão geral das questões constitucionais discutidas. Trata-se de instituto fundado na tendência do estabelecimento de um mecanismo de controle e restrição de acesso aos tribunais de cúpula do Poder Judiciário, citando-se, como exemplo, o *writ of certiorari* estadunidense.[128] Nos termos do mencionado dispositivo:

> "No recurso extraordinário o recorrente deverá demonstrar a repercussão geral das questões constitucionais discutidas no caso, nos termos da lei, a fim de que o Tribunal examine a admissão do recurso, somente podendo recusá-lo pela manifestação de dois terços de seus membros."

A Lei 11.418/2006 regulamentou o instituto, ao inserir os arts. 543-A e 543-B no Código de Processo Civil de 1973. Ela trouxe inovações que ultrapassam a caracterização da exigência de repercussão geral exclusivamente como requisito de admissibilidade do recurso extraordinário, pois foram atribuídas importantes consequências processuais à decisão a respeito da existência ou não de repercussão geral de uma questão constitucional e à decisão de mérito de um recurso extraordinário com

---

[126] Cf. Elival da Silva Ramos, *Controle de constitucionalidade no Brasil*, p. 382.

[127] Disponível em http://www.planalto.gov.br/ccivil_03/revista/Rev_02/parecer%20relator.htm.

[128] Cf. Bruno Dantas, *Repercussão Geral: perspectivas histórica, dogmática e de direito comprado. Questões processuais*, 3ª ed., São Paulo, Revista dos Tribunais, 2012, p. 97.

repercussão geral reconhecida. Tais inovações foram mantidas em grande parte pelo Código de Processo Civil de 2015.

Nesse sentido, os arts. 1.029 a 1.035 do CPC criaram um mecanismo de seleção de recursos extraordinários que apresentem uma questão constitucional de grande relevância ou de possível repetição em outros recursos. Uma vez selecionado um ou mais recursos paradigma, todos os demais processos e seus recursos que versem sobre questão constitucional idêntica deverão ser sobrestados no tribunal de origem até que o STF decida sobre a existência ou não de sua repercussão geral. Caso o STF decida pela inexistência de repercussão geral, todos os demais recursos sobrestados serão inadmitidos no tribunal de origem. No caso de existência de repercussão geral e após o julgamento de mérito do respectivo recurso extraordinário, abre-se a possibilidade de os tribunais de origem modificarem suas decisões para que seja adotada a tese firmada pelo Supremo Tribunal.

Diante desses efeitos processuais, instalou-se controvérsia a respeito da possível obrigatoriedade da interpretação constitucional adotada pelo STF na fundamentação da decisão de mérito em recurso extraordinário com repercussão geral reconhecida para casos futuros em face dos demais órgãos do Poder Judiciário. Em termos mais precisos, é debatida a vinculatividade da resolução de uma questão prévia em um recurso extraordinário, como, por exemplo, a constitucionalidade de uma determinada norma jurídica. De um lado, defende-se a existência de verdadeira vinculação às decisões proferidas pelo STF em recursos extraordinários com repercussão geral reconhecida, sob argumento de que a criação de um mecanismo de seleção de casos a serem julgados pressupõe a noção de obrigatoriedade para casos futuros, sob pena de ineficiência do sistema e de frustração do objetivo de que questões repetitivas tenham julgamento uniforme.[129] De outro lado, sustenta-se que a interpretação jurídica adotada nessas decisões não apresentam obrigatoriedade, uma

---

[129] Cf. Luiz Guilherme Marinoni, *Precedentes obrigatórios*, São Paulo, Revista dos Tribunais, 2010, p. 472. No sentido da atribuição de efeito vinculante às decisões proferidas pelo STF e STJ na sistemática dos chamados recursos repetitivos, ainda na vigência do Código de Processo Civil de 1973, cf. Georges Abboud, "Precedente judicial *versus* jurisprudência dotada de efeito vinculante: a ineficácia e os equívocos das reformas legislativas na busca de uma cultura de precedentes", *in* Teresa Arruda Alvim Wambier (coord.), *Direito jurisprudencial*, São Paulo, Revista dos Tribunais, 2012, pp. 491-552, p. 522.

vez que a tradição brasileira sempre rejeitou a ideia de precedentes vinculantes, sendo necessária previsão normativa expressa para que ela seja adotada. Desse modo, a atribuição de determinados efeitos processuais às decisões do STF a respeito do mérito dos recursos extraordinários com repercussão geral não seria suficiente para estabelecer essa vinculação.[130] Abaixo, examinam-se julgados do STF a respeito do tema.

2.1.5. O Código de Processo Civil de 2015: mais um passo na direção da adoção dos precedentes vinculantes

O Código de Processo Civil de 2015 foi fruto do Projeto de Lei do Senado nº 166, de 2010, elaborado por uma Comissão de Juristas, presidida pelo Min. Luiz Fux. Nesse sentido, diversos de seus dispositivos apontam para o fortalecimento do modelo de uniformização do direito pelo estabelecimento de precedentes vinculantes em detrimento do modelo recursal, em profunda modificação de paradigmas, como visto no Capítulo 1. Na versão aprovada do CPC de 2015, há diversos dispositivos que tratam do tema da vinculação por precedentes. Destacando-se:

a) art. 489, § 1º, inciso V: que consagra a necessidade de se avaliarem os fundamentos determinantes (*ratio decidendi*), dos precedentes e súmulas invocadas;
b) arts. 926 e 927: estabelecem o dever de os tribunais uniformizarem sua jurisprudência, bem como o rol de decisões que deverão ser observadas pelos juízes e tribunais;
c) art. 985: vinculação dos precedentes em incidentes de resolução de demandas repetitivas julgados pelos tribunais;
d) art. 988: cabimento de reclamação constitucional para tutela de alguns precedentes vinculantes, como as decisões em controle abstrato de constitucionalidade, súmulas vinculantes, incidente de resolução de demandas repetitivas, incidente de assunção de competência, ou em recursos extraordinários e especiais repetitivos;
e) art. 1.040: vinculatividade das teses fixadas em recursos extraordinários e especiais repetitivos.

---

[130] Cf. Vanice Lírio do Valle, "Repercussão geral: um passo a mais na difícil trilha de construção da vinculatividade das decisões judiciais", *Revista da EMERJ* 40 (2007), pp. 129-157, p. 152.

Segue trecho relevante da Exposição de Motivos do Projeto:

"Prestigiou-se, seguindo-se direção já abertamente seguida pelo ordenamento jurídico brasileiro, expressado na criação da Súmula Vinculante do Supremo Tribunal Federal (STF) e do regime de julgamento conjunto de recursos especiais e extraordinários repetitivos (que foi mantido e aperfeiçoado), tendência a criar estímulos para que a jurisprudência se uniformize, à luz do que venham a decidir tribunais superiores e até de segundo grau, e se estabilize.

Essa é a função e a razão de ser dos tribunais superiores: proferir decisões que moldem o ordenamento jurídico, objetivamente considerado. A função paradigmática que devem desempenhar é inerente ao sistema.

Por isso é que esses princípios foram expressamente formulados. Veja-se, por exemplo, o que diz o novo Código, no Livro IV: 'A jurisprudência do STF e dos Tribunais Superiores deve nortear as decisões de todos os Tribunais e Juízos singulares do país, de modo a concretizar plenamente os princípios da legalidade e da isonomia'.

(...)

Proporcionar legislativamente melhores condições para operacionalizar formas de uniformização do entendimento dos Tribunais brasileiros acerca de teses jurídicas é concretizar, na vida da sociedade brasileira, o princípio constitucional da isonomia."

Como fica claro pela exposição acima, um dos focos do novo CPC de 2015 foi justamente ampliar o sistema de precedentes vinculantes, fazendo-se menção expressa às Sumulas Vinculantes do STF, recursos extraordinários e especiais. É interessante avaliar o *caput* de um dos principais dispositivos sobre o tema constantes do Projeto em sua versão original:

"Art. 847. Os tribunais velarão pela uniformização e pela estabilidade da jurisprudência, observando-se o seguinte:

I – sempre que possível, na forma e segundo as condições fixadas no regimento interno, deverão editar enunciados correspondentes à súmula da jurisprudência dominante;

II – os órgãos fracionários seguirão a orientação do plenário, do órgão especial ou dos órgãos fracionários superiores aos quais estiverem vinculados, nesta ordem;

III – a jurisprudência pacificada de qualquer tribunal deve orientar as decisões de todos os órgãos a ele vinculados;

IV – a jurisprudência do Supremo Tribunal Federal e dos tribunais superiores deve nortear as decisões de todos os tribunais e juízos singulares do país, de modo a concretizar plenamente os princípios da legalidade e isonomia;

V – na hipótese de alteração da jurisprudência dominante do Supremo Tribunal Federal e dos tribunais superiores ou daquela oriunda de julgamento de casos repetitivos, pode haver modulação dos efeitos da alteração no interesse social e no da segurança jurídica."

Nessa versão original, nota-se uma tentativa de vinculação muito mais ampla do que a redação de fato aprovada pelo Congresso Nacional, no vigente art. 927 do CPC. A despeito dos verbos pouco claros, nos incisos II, III e IV ("seguirão", "orientar" e "nortear"), há uma tentativa de estabelecer maior vinculação a praticamente todas as decisões de órgãos (fracionários ou não) dos tribunais, inclusive superiores, aos juízos a eles vinculados. Haveria aqui uma ampliação do modelo de uniformização por precedentes independentemente de processos ou incidentes específicos, que estaria muito mais próximo do modelo de precedentes vinculantes verticais típicos do *common law*, como será visto no Capítulo 4.

Veja-se a redação aprovada, para fins de comparação, do *caput* art. 927 do CPC:

Art. 927. Os juízes e os tribunais observarão:
I – as decisões do Supremo Tribunal Federal em controle concentrado de constitucionalidade;
II – os enunciados de súmula vinculante;
III – os acórdãos em incidente de assunção de competência ou de resolução de demandas repetitivas e em julgamento de recursos extraordinário e especial repetitivos;
IV – os enunciados das súmulas do Supremo Tribunal Federal em matéria constitucional e do Superior Tribunal de Justiça em matéria infraconstitucional;
V – a orientação do plenário ou do órgão especial aos quais estiverem vinculados.

Comparado ao art. 847 do PLS 166/2010, o *caput* do art. 927 adotou verbo também dotado de grande vagueza semântica: "observarão". Além disso, foi reduzido significativamente o tipo de julgados em que há esse dever de "observância". Na versão original do PLS 166/2010, praticamente todas as decisões de órgãos fracionário, órgão especial ou Plenário dos tribunais deveriam ser "seguidas", "orientar" ou "nortear" outras decisões de juízos vinculados. Na versão aprovada, foram excluídas as decisões dos órgãos fracionários dos tribunais e mencionadas algumas das Súmulas tradicionais do STF e do Superior Tribunal de Justiça. Isso permite afirmar que nem todas as decisões dos tribunais são vinculantes em sentido forte (como será visto no Capítulo 4), mas somente aquelas listadas no art. 927 por expressa opção legislativa.

2.2. A jurisprudência do STF

Abaixo será examinada a jurisprudência do STF a respeito do efeito vinculante de suas decisões. A análise será dividida em três partes. A primeira refere-se às decisões proferidas em controle abstrato de constitucionalidade. A segunda analisa a compreensão do Tribunal acerca das súmulas vinculantes. A terceira parte examina os efeitos dos julgamentos proferidos em sede de recursos extraordinários com repercussão geral reconhecida.

2.2.1. O efeito vinculante no controle abstrato de constitucionalidade

Houve variação na jurisprudência do STF a respeito da compreensão do efeito vinculante de suas decisões proferidas em controle abstrato de constitucionalidade. Logo após a criação do instituto pela Emenda Constitucional 3/1993, foi julgada a ADC-QO 1, em que foram fixados inicialmente os contornos do instituto. Em seguida houve a adoção e posterior rejeição da "teoria dos motivos determinantes", mediante a qual também parcela da fundamentação das decisões do STF apresentaria imperatividade. Apesar da rejeição expressa dessa teoria, o Tribunal buscou indiretamente revitalizá-la no julgamento da ADI 4.029 e da ADI 3.470. Esse caminho da jurisprudência do STF será analisado abaixo.

2.2.1.1. ADC-QO 1: efeito vinculante enquanto extensão do juízo de constitucionalidade a atos semelhantes e possibilidade de reclamação constitucional

Pode-se afirmar que os contornos do efeito vinculante das decisões proferidas pelo STF em controle abstrato de constitucionalidade foram inicialmente definidos no julgamento de questão de ordem na ADC 1. A ADC 1 fora ajuizada com o objetivo de confirmar a constitucionalidade da Lei Complementar 70/1991, que instituiu a Contribuição para Financiamento da Seguridade Social (Cofins). Como questão de ordem foi necessário examinar a constitucionalidade da Emenda Constitucional 3/1993, que criou a ADC, em face de cláusulas pétreas constitucionais. Foram rejeitados pelo Tribunal argumentos que apontavam a inconstitucionalidade desse novo instrumento de controle abstrato de constitucionalidade, como a violação das garantias de acesso ao Judiciário, do devido processo legal, da separação de poderes, bem como do contraditório e da ampla defesa.[131] Isso porque o STF é o órgão de cúpula do próprio Judiciário, não cabendo falar-se em violação ao acesso ou independência desse Poder. Além disso, o Tribunal afastou os demais argumentos de inconstitucionalidade com base na natureza objetiva dos processos de controle abstrato, em que não se conhecem partes em litígio e somente é almejada a defesa da ordem jurídica objetiva, não se aplicando os princípios processuais da mesma maneira que em processos subjetivos. Pelo fato de a ADC ser um instrumento que apresenta a mesma natureza da ADI, ela não pode ser considerada inconstitucional, uma vez que o controle abstrato de constitucionalidade fora previsto pelo Constituinte originário.[132]

O Ministro Relator Moreira Alves, liderando a maioria, diferenciou em seu voto a eficácia *erga omnes* das decisões de mérito proferidas em ADI e ADC do efeito vinculante atribuído à recém-criada ADC. Aduz o Ministro:

> "De efeito, se a eficácia erga omnes [da ADC] que também possuem suas decisões de mérito lhe dá a mesma eficácia que têm as decisões de mérito das ações diretas de inconstitucionalidade (e – note-se – é em virtude dessa

---

[131] Cf. voto do Ministro Relator Moreira Alves, STF, ADC-QO 1, p. 14.
[132] Cf. voto do Ministro Moreira Alves, STF, ADC-QO 1, pp. 25 e ss.

eficácia erga omnes que esta Corte, por ser alcançada igualmente por ela, não pode voltar atrás na declaração que nela fez anteriormente), do efeito vinculante que lhe é próprio resulta:

a) – se os demais órgãos do Poder Judiciário, nos casos concretos sob seu julgamento, não respeitarem a decisão prolatada nessa ação, a parte prejudicada poderá valer-se do instituto da reclamação para o Supremo Tribunal Federal, a fim de que este garanta a autoridade dessa decisão; e

b) – essa decisão (e isso se restringe ao dispositivo dela, não abrangendo – como sucede na Alemanha – os seus fundamentos determinantes, até porque a Emenda Constitucional n. 3 só atribui efeito vinculante à própria decisão definitiva de mérito), essa decisão, repito, alcança os atos normativos de igual conteúdo daquele que deu origem a ela, mas que não foi seu objeto, para o fim de, independentemente de nova ação, serem tidos como constitucionais ou inconstitucionais, adstrita essa eficácia aos atos normativos emanados dos demais órgãos do Poder Judiciário e do Poder Executivo, uma vez que ela não alcança os atos editados pelo Poder Legislativo."[133]

Da passagem acima, nota-se que o Ministro aproxima a eficácia *erga omnes* da imutabilidade da decisão do STF que declara a constitucionalidade ou inconstitucionalidade de um ato normativo, nos mesmos termos da coisa julgada *erga omnes* identificada na representação genérica de inconstitucionalidade no regime da Emenda Constitucional 16/1965. Como ele aponta, trata-se de característica da decisão do STF que também o atinge em casos futuros.[134] Entretanto, como já apontado, não se deve confundir a chamada eficácia *erga omnes* de uma decisão judicial com a coisa julgada *erga omnes*, pois são institutos diversos que podem ou não estar presentes em uma determinada decisão.

O Ministro distingue expressamente a noção de eficácia *erga omnes*, presente tanto na ADI quanto na ADC, do efeito vinculante, inicialmente

---

[133] Voto do Ministro Relator Moreira Alves, STF, ADC-QO 1, pp. 19 e s.
[134] Cf., em sentido semelhante, Regina Maria Macedo Nery Ferrari, *Efeitos da declaração de inconstitucionalidade*, 5ª ed., São Paulo, Revista dos Tribunais, 2004, p. 231;Ives Gandra da Silva Martins/Gilmar Ferreira Mendes, *Controle concentrado de constitucionalidade*, p. 586; e Luís Roberto Barroso, *O controle de constitucionalidade no direito brasileiro*, 4ª ed., São Paulo, Saraiva, 2009, p. 202.

presente somente nessa última. Para ele, o efeito vinculante seria a somatória de duas consequências distintas. A primeira consequência seria a possibilidade de ajuizamento de reclamação constitucional por parte dos juridicamente interessados perante o STF, em caso de decisões judiciais proferidas pelos demais órgãos do Poder Judiciário que não respeitem à eficácia *erga omnes* das decisões proferidas em uma ADC. Trata-se de reclamação constitucional destinada a preservar a autoridade das decisões do STF, com fundamento no art. 102, inciso I, alínea "l", da Constituição Federal. A segunda consequência seria a extensão da declaração de constitucionalidade ou inconstitucionalidade do ato normativo questionado a atos normativos "de igual conteúdo". Como o Ministro advertiu, essa segunda consequência do efeito vinculante somente seria atribuída ao dispositivo da decisão do STF e atingiria atos normativos emanados da Administração Pública ou do Poder Judiciário, não atingindo atos emanados do Poder Legislativo.

O único voto vencido na ADC-QO 1 fora proferido pelo Ministro Marco Aurélio. Ele apontou a idêntica natureza da ADI e da ADC, nas quais se busca um provimento do STF com eficácia geral a respeito de um determinado ato normativo. O Ministro, entretanto, considerou inconstitucional a instituição do efeito vinculante para a ADC por ferir direitos e garantias individuais, nos termos do art. 60, § 4º, inciso IV, da Constitucional Federal. O primeiro direito individual violado seria o do acesso à jurisdição previsto no art. 5º, inciso XXXV, da Constituição Federal, em razão da falta de liberdade dos demais órgãos do Poder Judiciário em decidir livremente as demandas que lhes fossem submetidas. Nesse sentido, o Ministro aponta que as decisões judiciais seriam caracterizadas por uma "automaticidade imprópria ao ofício judicante, ou seja, sem a realização de um julgamento livre".[135] Também seriam violados os princípios do devido processo legal, do contraditório e da ampla defesa, previstos no art. 5º, incisos LIV e LV, da Constituição, uma vez que as partes não disporiam de nenhum meio processual para participar de uma decisão judicial que lhes afeta diretamente e que não poderá ser reformada pelas demais instâncias do Poder Judiciário. Tal posicionamento do Ministro Marco Aurélio ainda seria exposto em outros julgados a respeito do efeito

---

[135] Voto do Ministro Marco Aurélio, STF, ADC-QO 1, p. 60.

vinculante das decisões do STF proferidas em sede de controle abstrato de constitucionalidade.[136]

2.2.1.2. A adoção da teoria da transcendência dos motivos determinantes

O efeito vinculante das decisões do STF em controle abstrato de constitucionalidade passa a ganhar novos contornos, a partir do momento em que o Tribunal considera que o instituto atribui imperatividade não somente ao dispositivo, mas também à parcela da fundamentação de suas decisões perante a Administração Pública e as demais instâncias do Poder Judiciário. Trata-se da chamada "teoria da transcendência dos motivos determinantes". Dessa maneira, por exemplo, uma vez fixada a interpretação de um enunciado constitucional pelo STF no julgamento de uma ADI, ela se torna obrigatória para a Administração Pública e para as demais instâncias do Poder Judiciário, sendo desnecessário que o Supremo Tribunal se pronuncie novamente sobre a constitucionalidade de atos normativos semelhantes ao impugnado na ação originária.

Um dos primeiros precedentes em que essa questão foi amplamente debatida no STF foi a Rcl 1.987 (j. 01.10.2003), em que se alegou desrespeito ao que decidido na ADI 1.662 (j. 30.08.2001).[137] A ADI 1.662 fora ajuizada pelo Governador do Estado de São Paulo em face da Instrução Normativa 11/1997 do TST que buscava uniformizar os procedimentos para pagamentos de precatórios de natureza trabalhista. O STF declarou inconstitucionais os itens III e XII da Instrução Normativa, que estabeleciam a possibilidade de determinar-se o sequestro de verbas públicas para pagamentos de precatórios não incluídos no orçamento, não pagos após a expiração do prazo constitucional ou pagos a menor,

---

[136] Cf. STF, ADC-MC 5 (j. 17.11.1999), p. 63 e Rcl-AgR 1483 (j. 01.06.2000), p. 19.
[137] Cf. STF, Rcl 1.987 (j. 01.10.2003). Deve-se destacar que há outra decisão anterior do STF sobre o tema. Trata-se da Rcl 1.859 (j. 20.05.2002) que também foi julgada procedente para cassar decisão do Tribunal Regional do Trabalho da 15ª Região em razão de violação do decidido na ADI 1662. Entretanto, a decisão proferida pelo Tribunal na Rcl 1.859 não apresenta a mesma profundidade de reflexão sobre o efeito vinculante, razão pela qual se analisa em maiores detalhes a Rcl 1.987.

respectivamente.[138] O argumento utilizado pelo Tribunal, nos termos do Relator acompanhado pela maioria dos Ministros, foi o de que, no caso de precatórios de natureza alimentar, como o precatório trabalhista, a Constituição Federal, em seu então art. 100, § 2º, somente admitiria o sequestro de verbas em caso de preterição na ordem de pagamento, não se podendo criar novas hipóteses de seqüestro pelo legislador ou por autoridades administrativas.[139]

A Rcl 1.987 foi ajuizada pelo Governador do Distrito Federal em face de decisão da Presidência do Tribunal Regional do Trabalho da 10ª Região, que determinou o sequestro de verbas públicas para pagamento de precatório trabalhista já incluído no orçamento, mas não pago na data prevista. Essa decisão foi fundamentada diretamente em uma interpretação ampliativa do novo art. 78, do ADCT, inserido na Constituição pela Emenda Constitucional 30/2000 após a edição da Instrução Normativa 11/1997 do TST. O reclamante sustentou que tal decisão violou o que decidido na ADI 1.662.

Perante esse quadro, a questão que se colocou ao STF foi a seguinte: estaria a Presidência do Tribunal Regional do Trabalho da 10ª Região vinculada pelas razões de decidir adotadas na ADI 1.662? Em outras palavras, estaria a Presidência desse Tribunal impossibilitada de determinar o sequestro de verbas públicas para pagamento de precatório trabalhista em razão do vencimento de seu prazo?

De acordo com decisão majoritária do STF, a resposta a ambas as perguntas é positiva. Nos termos do voto do Relator acompanhado pela

---

[138] Instrução Normativa 11/1997, do TST:
"III – O não cumprimento da ordem judicial relativa à inclusão, no respectivo orçamento, pela pessoa jurídica de direito público condenada, de verba necessária ao pagamento do débito constante de precatório regularmente apresentado até 1º de julho, importará na preterição de que tratam os §§1º e 2º do art. 100 da Constituição da República e autorizará o presidente do Tribunal Regional do Trabalho, a requerimento do credor, expedir, após ouvido o Ministério Público, ordem de sequestro nos limites do valor requisitado; (...)
XII – "Nas hipóteses ressalvadas no item anterior [precatório de natureza alimentícia], caso efetivado o pagamento por meio inidôneo, a menor, sem a devida atualização ou fora do prazo legal, poderá o Juiz da Execução, a requerimento da parte interessada, requisitar ao Presidente do Tribunal o sequestro da quantia necessária à satisfação do crédito, após a atualização do débito e oficiada a entidade devedora com prazo para pagamento".
[139] Cf. STF, ADI 1.662, pp. 354 e s.

maioria, Ministro Maurício Corrêa, os demais órgãos do Poder Judiciário estão vinculados não somente ao dispositivo, mas também aos motivos determinantes presentes na fundamentação das decisões proferidas em controle abstrato de constitucionalidade em razão do efeito vinculante.[140] Não se pode determinar o sequestro de verbas públicas para pagamento de precatórios incluídos no orçamento, mas não pagos, uma vez que somente se admite o sequestro em caso de quebra da sequência cronológica de pagamentos, nos termos da interpretação do art. 100, § 2º da Constituição Federal, fixada na ADI 1.662. Por essa razão, foi dado provimento à reclamação para cassar a decisão do Tribunal Regional do Trabalho da 10ª Região.

A dissidência quanto à tese do efeito vinculante enquanto transcendência dos motivos determinantes foi liderada pelo Ministro Marco Aurélio e seguida pelos Ministros Sepúlveda Pertence e Ayres Britto. Em seu voto, o Ministro Marco Aurélio utiliza dois argumentos para afastar a vinculação dos demais órgãos do Poder Judiciário às razões de decidir adotadas pelo Supremo. Em primeiro lugar, o Ministro aponta que o Código de Processo Civil de 1973, em seu art. 469, era explícito ao apontar que a coisa julgada somente abarca o dispositivo da decisão judicial e não seus fundamentos. Como segundo argumento, o Ministro aponta que a atribuição de efeito vinculante aos fundamentos das decisões do STF implicaria um grande aumento do número de reclamações a serem julgadas, criando o risco de "inviabilização" operacional do Tribunal.[141]

Após a decisão proferida na Rcl 1.987, fixou-se na jurisprudência do STF, até meados de 2009, a tese de que os motivos determinantes das decisões proferidas em controle abstrato de constitucionalidade apresentariam imperatividade perante a Administração Pública e as demais instâncias do Poder Judiciário, nos termos do art. 102, § 2º, da Constituição Federal.[142] Contudo, trata-se de interpretação que seria posteriormente abandonada.

---

[140] Cf. voto do Ministro Relator Maurício Corrêa, STF, Rcl 1.987, p. 63.
[141] Cf. Voto do Ministro Marco Aurélio, Rcl 1.987, pp. 85 e ss.
[142] Cf. STF, Rcl 1.859 (j. 20.05.2002), Rcl 2.223 (02.10.2003), Rcl 4.587 (j. 19.12.2006), Rcl-AgR 4.049 (j. 23.03.2007), Rcl 2.067 (j. 14.06.2007), Rcl-AgR 2.475 (j. 02.08.2007), Rcl 4.906 (j. 17.12.2007), Rcl-AgR 5.928 (20.09.2008), Rcl-AgR 6.416 (j. 23.09.2009) e Rcl 8.025 (j. 09.12.2009).

2.2.1.3. A rejeição à teoria da transcendência dos motivos determinantes

Após alguns anos de aplicação da teoria da transcendência dos motivos determinantes, essa tese voltou a ser colocada em questão, no julgamento do Rcl-AgR 2.475 (j. 02.08.2007). Essa reclamação fora ajuizada em face de decisão da 2ª Turma do Superior Tribunal de Justiça (STJ), que adotou o entendimento de que uma isenção da Cofins, instituída pela Lei Complementar 70/1991, não poderia ter sido revogada por lei ordinária, mas somente por outra lei complementar. O reclamante sustentou que tal entendimento violou as razões de decidir da decisão proferida na ADC 1, em que se teria fixado a constitucionalidade e a natureza de lei materialmente ordinária da Lei Complementar 70/1991.

O Ministro Relator Carlos Velloso, acompanhado pela maioria do Tribunal, apontou que, embora a natureza materialmente ordinária da Lei Complementar 70/1991 tenha sido afirmada em alguns votos da ADC 1, essa questão foi analisada somente *a latere*, pois não era necessária para o julgamento da demanda. Isso implicaria que essa razão de decidir seria mero *obiter dictum* não vinculante para casos futuros.[143] Além disso, retomando a passagem mencionada acima do voto do Ministro Moreira Alves na ADC-QO 1, o Relator defendeu que o efeito vinculante somente abarcaria o dispositivo das decisões proferidas em controle abstrato de constitucionalidade, não sua fundamentação.[144]

Esse entendimento foi reafirmado em julgado pouco tempo depois realizado no Rcl-AgR 2.990 (j. 16.08.2007), em que se impugnava decisão de juiz de direito do Estado do Rio Grande do Norte, que determinou o pagamento de diferença remuneratória a determinados servidores públicos. O Estado do Rio Grande do Norte ajuizou a reclamação com base no argumento de que haveria violação das razões de decidir adotadas no julgamento da ADI 1.797 (j. 21.09.2000), em que se declarara inconstitucional a concessão de reajuste de vencimentos de servidores públicos por decisão administrativa do Tribunal Regional do Trabalho da 6ª Região (Recife – PE). O Ministro Relator Sepúlveda Pertence, acompanhado pela unanimidade dos demais ministros, apontou que o STF já

---

[143] Cf. voto do Ministro Carlos Velloso, STF, Rcl-AgR 2.475, p. 94. Para uma noção mais completa de *obiter dictum*, cf. item 4.2.3.4.

[144] Cf. voto do Ministro Carlos Velloso, STF, Rcl-AgR 2.475, pp. 95 e s.

haveria rejeitado a tese da transcendência dos motivos determinantes das decisões proferidas em controle abstrato de constitucionalidade no Rcl-AgR 2.475. Dessa forma, a Rcl 2.990 não foi conhecida, uma vez que o ato normativo questionado na ADI 1.797 – proferido em face de decisão aplicável ao Estado de Pernambuco – não poderia ter sido tomado como fundamento da decisão reclamada por ser ato de outro ente federativo.[145]

É interessante notar, entretanto, que nesse período houve certa inconsistência na jurisprudência do STF. Isso decorre do fato de que a tese da transcendência dos motivos determinantes fora efetivamente aplicada em julgados posteriores até pelo menos o final do ano de 2009, como apontado no item anterior. Embora a possível rejeição a essa tese tenha sido afirmada nos julgamentos proferidos no Rcl-AgR 2.475 e no Rcl-AgR 2.990, ela somente fora discutida em profundidade em decisão posterior na Rcl 3.014.

A Rcl 3.014 fora ajuizada pelo Município de Indaiatuba do Estado de São Paulo em face de uma decisão monocrática do Relator em Mandado de Segurança no Tribunal Regional do Trabalho da 15ª Região, que determinou o sequestro de verbas públicas para o pagamento de precatório trabalhista. A decisão impugnada declarou a inconstitucionalidade da Lei 4.233/2002 do Município de Indaiatuba do Estado de São Paulo,[146] que fixou o montante dos débitos da Fazenda Pública de pequeno valor para fins de pagamento imediato, sob argumento de que ela seria incompatível com o art. 87, do ADCT, conforme a redação da Emenda Constitucional 37/2002, pelo fato de não adotar o salário mínimo como critério de definição de tal quantia. O reclamante sustentou que tal decisão do Tribunal Regional violaria as razões de decidir da ADI 2.868 (j. 02.06.2004), na qual se declarou a constitucionalidade da Lei 5.250/2002 do Estado do Piauí[147]

---

[145] Cf. voto do Ministro Relator Sepúlveda Pertence, STF, Rcl 2.990, p. 89.
[146] Lei 4.233/2002 do Município de Indaiatuba do Estão de São Paulo:
"Art. 1º Para os efeitos do que dispõem o §3º do artigo 100 da Constituição Federal, e o artigo 78 do Ato das Disposições Constitucionais Transitórias, ficam consideradas de pequeno valor as dívidas ou obrigações consignadas em precatório judiciário que tenham valor igual ou inferior a R$ 3.000,00 (três mil reais)".
[147] Lei 5.250/2002 do Estado do Piauí:
"Art. 1º Para efeito do que dispõe o art. 100, §3º, da Constituição Federal no âmbito da Fazenda Estadual, serão considerados de pequeno valor os débitos ou obrigações consignados em precatório judiciário que tenham valor igual ou inferior a cinco salários mínimos."

e teria sido fixada a tese de que cada ente federativo poderia estipular livremente o montante dos débitos de pequeno valor que deveriam ser pagos diretamente ao credor da Fazenda Pública sem a expedição e processamento ordinários de precatório.

Em face do argumento do reclamante, colocou-se a questão a respeito da vinculação dos demais órgãos do Poder Judiciário às teses fixadas pelo STF em ações de controle abstrato de constitucionalidade. O Ministro Relator Ayres Britto afirmou que a obrigatoriedade dos motivos determinantes das decisões do STF já fora rejeitada pelo Tribunal e, portanto, votou pela improcedência da reclamação.[148]

Diante do voto do Relator no sentido acima, o Ministro Gilmar Mendes fez pedido de vista do caso. Em seu voto-vista, ele rejeitou a adoção da tese do efeito vinculante enquanto transcendência dos motivos determinantes das decisões de controle abstrato de constitucionalidade, mas apresentou nova proposta de interpretação do efeito vinculante, bem como do cabimento de reclamações para tutelá-lo. Ele defendeu em sua proposta o cabimento da reclamação constitucional em face de uma decisão judicial ou ato administrativo que fizesse um juízo de constitucionalidade em desacordo com o entendimento do STF fixado a respeito de "lei de teor idêntico ou semelhante" em ação de controle abstrato de constitucionalidade. Nesses casos, a "lei de teor idêntico ou semelhante" teria sua constitucionalidade aferida em caráter incidental à reclamação.

Em suas palavras:

> "Creio que a controvérsia reside não na concessão de efeito vinculante aos motivos determinantes das decisões em controle abstrato de constitucionalidade, mas na possibilidade de se analisar, em sede de reclamação, a constitucionalidade de lei de teor idêntico ou semelhante à lei que já foi objeto de fiscalização abstrata de constitucionalidade perante o Supremo Tribunal Federal.
>
> Após refletir sobre essa questão, e baseando-me em estudos doutrinários que elaborei sobre o tema, não tenho nenhuma dúvida de que, ainda que não se empreste *eficácia transcendente* (efeito vinculante dos fundamentos determinantes) à decisão, o Tribunal, em sede de reclamação contra

---

[148] Cf. voto do Ministro Ayres Britto, STF, Rcl 3.014, pp. 376 e ss.

aplicação de lei idêntica àquela declarada inconstitucional, poderá declarar, incidentalmente, a inconstitucionalidade da lei ainda não atingida pelo juízo de inconstitucionalidade."[149]

Como justificativa, o Ministro apontou a evolução do instituto da reclamação constitucional na jurisprudência do STF e a constante ampliação das suas hipóteses de cabimento. Argumentou que, mediante sua proposta, evitar-se-ia o efeito prático indesejável de que novas ações diretas de inconstitucionalidade fossem ajuizadas para analisar-se a constitucionalidade de atos normativos, cujo teor já fora examinado pelo Tribunal.[150] Com base em sua proposta, o Ministro Gilmar Mendes votou pela procedência da reclamação, ao afirmar que a Lei 4.233/2002 do Município de Indaiatuba deveria ter sua constitucionalidade incidentalmente reconhecida em razão de ter o mesmo teor da Lei 5.250/2002 do Estado do Piauí, que fora declarada constitucional na ADI 2.868.

Essa proposta será analisada em maiores detalhes no item 3.3. Para as finalidades do presente capítulo, é suficiente examinar a reação dos demais Ministros a ela.

Os Ministros Ricardo Lewandowski, Eros Grau, Cezar Peluso e Celso de Mello foram favoráveis à proposta e acompanharam o Ministro Gilmar Mendes, julgando a reclamação procedente para cassar o ato impugnado. Destacam-se as razões apresentadas pelo Ministro Ricardo Lewandowski, para quem a adoção da proposta do Ministro Gilmar Mendes teria o efeito prático positivo de se evitar repetidas discussões acerca da mesma questão jurídica no STF.[151] Já o Ministro Cezar Peluso, ao aderir à proposta, retomou a interpretação do efeito vinculante oferecida pelo Ministro Moreira Alves na ADC-QO 1 e defendeu que, uma vez avaliada a constitucionalidade de uma norma em uma decisão de mérito em ação de controle abstrato de constitucionalidade, as normas jurídicas semelhantes deveriam receber o mesmo juízo.[152]

Já os Ministros Sepúlveda Pertence, Marco Aurélio, Ellen Gracie, Ayres Britto e Joaquim Barbosa rejeitaram a proposta oferecida pelo Ministro

---

[149] Cf. voto do Ministro Gilmar Mendes, STF, Rcl 3.014, pp. 386 e s.
[150] Cf. voto do Ministro Gilmar Mendes, STF, Rcl 3.014, pp. 390 e ss.
[151] Cf. voto do Ministro Ricardo Lewandowski, STF, Rcl 3.014, pp. 429 e ss.
[152] Cf. voto do Ministro Cezar Peluso, STF, Rcl 3.014, p. 401.

Gilmar Mendes, julgando a reclamação improcedente. A Ministra Ellen Gracie, ao compreender a proposta como sendo idêntica à teoria da transcendência dos motivos determinantes,[153] rejeitou a ampliação das hipóteses de cabimento de reclamação constitucional, em razão do possível aumento expressivo de feitos dessa natureza que poderiam chegar ao STF. A Ministra afirmou que, caso adotada a proposta do Ministro Gilmar Mendes, logo seria necessário adotar a sistemática da repercussão geral também para as reclamações constitucionais com a finalidade de reduzir a sobrecarga do Tribunal.[154] Ela ainda adiantou que o instrumento correto para se fazer "valer" uma decisão do STF perante os demais órgãos do Poder Judiciário seria a decisão proferida em recurso extraordinário com repercussão geral reconhecida.[155] Para o Ministro Marco Aurélio, também haveria o mesmo inconveniente do possível aumento expressivo do número de reclamações ajuizadas ao STF, caso adotada a proposta do Ministro Gilmar Mendes. Em passagem emblemática, aponta o Ministro Marco Aurélio: "Ministro, daqui a pouco só teremos processos de capa rosa. Isso assusta".[156]

A Ministra Carmen Lúcia apresentou posicionamento interessante a respeito da proposta oferecida pelo Ministro Gilmar Mendes. Após também expressar preocupação com o grande crescimento do número de reclamações constitucionais,[157] a Ministra julgou a reclamação improcedente em razão de não vislumbrar no precedente invocado – a ADI 2.868 – uma decisão majoritária do Tribunal a respeito da possibilidade de cada ente federativo fixar livremente os débitos de pequeno valor perante a Fazenda Pública para fins de pagamento imediato. Entretanto, a Ministra apresentou "simpatia" pela proposta apresentada pelo Ministro Gilmar Mendes, reservando-se a possibilidade de apreciar a tese no futuro.[158]

---

[153] Cf. voto da Ministra Ellen Gracie, STF, Rcl 3.014, p. 447.
[154] Cf. voto da Ministra Ellen Gracie, STF, Rcl 3.014, p. 459.
[155] Cf. voto da Ministra Ellen Gracie, STF, Rcl 3.014, p. 449. Será investigado abaixo o significado dessa afirmação feita pela Ministra, em outras decisões posteriores após o julgamento da Rcl 3.014.
[156] Cf. voto do Ministro Marco Aurélio, STF, Rcl 3.014, p. 439. As reclamações ajuizadas perante o STF eram, conforme a praxe da Secretaria do Tribunal, autuadas sob capas de cor rosa.
[157] Voto da Ministra Carmen Lúcia, STF, Rcl 3.014, p. 403.
[158] Voto da Ministra Carmen Lúcia, STF, Rcl 3.014, p. 407: "De toda sorte, quero deixar registrado. Primeiro, caminho no sentido de ter uma certa simpatia pela proposta do Ministro

Da análise acima, podem se extrair três conclusões relevantes a respeito da decisão do STF na Rcl 3.014. A primeira delas é que, nos termos do voto da Ministra Ellen Gracie, as decisões posteriores do STF que citaram a Rcl 3.014 identificaram na proposta do Ministro Gilmar Mendes justamente a tese da vinculação aos motivos determinantes das decisões de controle abstrato de constitucionalidade.

A segunda delas é que não se pode afirmar que a tese da vinculação dos motivos determinantes das decisões do STF proferidas em controle abstrato de constitucionalidade tenha sido definitivamente rejeitada nessa decisão. Isso porque cinco ministros (Gilmar Mendes, Ricardo Lewandowski, Eros Grau, Cezar Peluso e Celso de Mello) manifestaram-se expressamente de modo favorável a essa proposta e outros cinco ministros rejeitaram-na também expressamente (Sepúlveda Pertence, Marco Aurélio, Ellen Gracie, Ayres Britto e Joaquim Barbosa). Um dos ministros (Ministra Carmen Lúcia), entretanto, não se manifestou definitivamente sobre a proposta, embora tenha se colocado, em princípio, favorável a ela.

A terceira conclusão é que a maior parte das discussões da Rcl 3.014 ficou centrada na questão de evitar-se um acúmulo de processos no STF, em especial de reclamações constitucionais. Praticamente todos os ministros demonstraram preocupação com o aumento de feitos dessa natureza, divergindo sobre se a adoção da proposta oferecida pelo Ministro Gilmar Mendes colaboraria para sua redução ou não. A preocupação com o tema é compreensível, uma vez que nesse período houve grande aumento do número de reclamações ajuizadas.[159] Não houve discussões sobre a relação entre a proposta e a forma de participação das demais instâncias do

---

Gilmar Mendes. Apenas seguirei, neste caso, ainda o Ministro Carlos Britto por causa da fundamentação de que o paradigma não poderia ser identificado, uma vez que isso não foi observado, não foi objeto, ainda, de uma decisão do Supremo.
Então, vou acompanhar o Ministro-Relator, porém com reserva quanto aos fundamentos apresentados, firmando-me exclusivamente nesse ponto sem deixar de reconhecer e voltar ao assunto, para depois não dizerem que, se eu for favorável, eu estaria em contradição. Não, sou simpática a essa proposta."

[159] Apenas como exemplo, verifica-se que, em 2003, foram ajuizadas 11 reclamações. Já em 2009 foram ajuizadas no STF 2.238 reclamações, como aponta a movimentação processual do Tribunal disponível em: http://www.stf.jus.br/portal/cms/verTexto.asp?servico=estatistica&pagina=pesquisaClasse

Poder Judiciário e da sociedade em geral no controle de constitucionalidade, tampouco menção às objeções feitas pelo Ministro Marco Aurélio na ADC-QO 1 à interpretação então majoritária do efeito vinculante atribuído à ADC. Trata-se, entretanto, dos temas fundamentais para compreensão do efeito vinculante como será aprofundado no item 3.6.

De todo modo, diversas decisões posteriores do STF reiteram a rejeição à tese da transcendência dos motivos determinantes das decisões de controle abstrato de constitucionalidade. Como exemplo, em julgado de 2020, a 1ª Turma do Tribunal no Rcl-AgR 37.871, expressamente julgou improcedente reclamação constitucional em face de decisão do Tribunal de Justiça do Estado de Minas Gerais, que partiu do pressuposto da constitucionalidade de lei estadual que estabeleceu taxa de combate a incêndios. A reclamante argumentava que tal decisão do Tribunal de Justiça, entre outros, afrontava o que o STF decidiu na ADI 1.942, em que foi declarada a inconstitucionalidade de lei do Estado do Pará, que instituiu cobrança de taxa para custear os serviços de segurança pública, sob o argumento de que tais atividades devem ser custeadas por impostos, por serem de benefício coletivo e indivisível. Pelo fato de o dispositivo decisório da ADI 1.942 recair sobre lei do Estado do Pará, o Tribunal entendeu que não houve afronta a sua autoridade em relação à declaração de constitucionalidade de lei semelhante do Estado de Minas Gerais.[160]

2.2.1.4. Retomada da teoria da transcendência dos motivos determinantes? Os exemplos da ADI 4.029 e da ADI 3.470

Embora diversas decisões do STF defendam a superação da tese da transcendência dos motivos determinantes, pode-se questionar se o Tribunal não a admite em outras circunstâncias. Uma hipótese seria nos casos em que o STF desloca a resolução de uma questão prévia para o dispositivo de suas decisões. Abaixo serão examinadas duas decisões nesse sentido.[161]

A ADI 4.029 (j. 08.03.2012) fora ajuizada em face da Lei 11.516/2007, que criou o Instituto Chico Mendes da Biodiversidade, fruto da Medida

---

[160] Rcl-AgR 37.871 (j. 15/04/2020).
[161] Como outros exemplos em que uma declaração incidental de inconstitucionalidade figura formalmente no dispositivo decisório, cf. as decisões proferidas pelo STF no HC 82.959 (j. 23.02.2006), HC 104.339 (j. 10.05.2012), RE 581.947 (j. 27.05.2010); HC 90.900 (j. 30.10.2008), e RE 218.874 (j. 07.11.2007).

Provisória 366/2007. Dentre outros argumentos, sustentou-se que a referida Lei seria formalmente inconstitucional, pelo fato de a Medida Provisória não ter sido apreciada pela comissão mista do Congresso Nacional, nos termos do art. 62, § 9º, da Constituição Federal. De modo diverso ao regramento constitucional, a tramitação da Medida Provisória 366/2007 seguiu as disposições da Resolução 1/2002, do Congresso Nacional, que regulamentou o processo legislativo relativo às medidas provisórias a partir da Emenda Constitucional 32/2001. Nos termos dos arts. 5º e 6º, da Resolução, caso uma medida provisória não fosse apreciada em 14 dias da data de sua edição pela comissão mista do art. 62, § 9º, da Constituição Federal, ela deveria seguir para a Câmara dos Deputados e posteriormente ao Senado Federal para apreciações separadas, prescindindo-se da análise conjunta pela comissão mista.

O Supremo Tribunal, por maioria, entendeu que uma medida provisória que não seja apreciada pela comissão mista do Congresso Nacional implica a inconstitucionalidade formal da lei originada. Por essa razão, o Tribunal, em um primeiro momento, julgou a demanda parcialmente procedente para declarar a inconstitucionalidade da Lei 11.516/2007 com a modulação temporal dos efeitos da decisão para que no prazo de 24 meses houvesse exame da Medida Provisória 366/2007 pela comissão mista do Congresso Nacional.[162] Além disso, nos termos do voto do Ministro Relator, o Supremo Tribunal também declarou incidentalmente a inconstitucionalidade dos arts. 5º, *caput*, e 6º, §§1º e 2º, da Resolução 1/2002, do Congresso Nacional, por estabelecer regramento incompatível com a Constituição para a tramitação de medidas provisórias.

Perante esse quadro, houve uma questão de ordem oferecida pela Advocacia-Geral da União em que se pleiteava a modulação temporal também da declaração incidental de inconstitucionalidade parcial da Resolução 1/2002, do Congresso Nacional. Nos debates acerca dessa questão de ordem, o Tribunal mostrou preocupação com a repercussão dessa declaração de inconstitucionalidade incidental sobre um grande número de leis oriundas de medidas provisórias aprovadas nos termos da Resolução sem o parecer da comissão mista. Como ressaltou o Ministro Relator Luiz Fux, haveria grande insegurança jurídica, caso por volta de 500 leis aprovadas sob o regime da Resolução 1/2002, do Congresso

---

[162] Cf. voto do Ministro Relator Luiz Fux, STF, ADI 4.029, p. 72.

Nacional, fossem também declaradas inconstitucionais pela mesma razão.[163] O Ministro Gilmar Mendes apontou a importância da modulação de efeitos da declaração incidental de inconstitucionalidade parcial da Resolução 1/2002, do Congresso Nacional, para salvaguardar a existência jurídica dessas leis em face dos demais órgãos do Poder Judiciário.[164] Nesse sentido, a Ministra Carmen Lúcia apontou que a decisão de modulação de efeitos da declaração incidental de inconstitucionalidade parcial da Resolução 1/2002, do Congresso Nacional, "vale para o Judiciário e também para o Legislativo".[165]

Após os debates, os Ministros, com exceção do Ministro Cezar Peluso, resolveram modificar o dispositivo da decisão para julgar improcedente a demanda, declarando a constitucionalidade da Lei 11.516/2007, e modular *ex nunc* os efeitos da declaração incidental de inconstitucionalidade dos arts. 5º, *caput*, e 6º, §§1º e 2º, da Resolução 1/2002, do Congresso Nacional. Veja-se a parte dispositiva da decisão:

> "Vistos, relatados e discutidos estes autos, acordam os Ministros do Supremo Tribunal Federal, em Sessão Plenária, sob a Presidência do Senhor Ministro Cezar Peluso, na conformidade da ata de julgamento e das notas taquigráficas, por maioria de votos, em acolher questão de ordem suscitada pelo Advogado-Geral da União, para, alterando o dispositivo do acórdão da Ação Direta de Inconstitucionalidade nº 4.029, ficar constando que o Tribunal julgou improcedente a ação, com declaração incidental de inconstitucionalidade do artigo 5º, *caput*, artigo 6º, §§ 1º e 2º, da Resolução nº 01/2002, do Congresso Nacional, com eficácia *ex nunc* em relação à pronúncia dessa inconstitucionalidade, nos termos do voto do Relator, contra o voto do Senhor Ministro Cezar Peluso (Presidente), que julgava procedente a ação."

Questiona-se: qual é a parte dispositiva da decisão do julgamento da ADI 4.029? Conforme atesta a petição inicial[166] e o relatório apresentado

---

[163] Cf. voto do Ministro Relator Luiz Fux, STF, ADI 4.029, p. 73.
[164] Cf. voto do Ministro Gilmar Mendes, STF, ADI 4.029, pp. 78 e s.
[165] Cf. voto da Ministra Carmen Lúcia, STF, ADI 4.029, p. 85.
[166] Cf. Petição Inicial da ADI 4.029, p. 8, disponível em http://redir.stf.jus.br/estfvisualizadorpub/jsp/consultarprocessoeletronico/ConsultarProcessoEletronico.jsf?seqobjetoincidente=2602441.

pelo Ministro Luiz Fux, o pedido da ADI 4.029 versava exclusivamente sobre a inconstitucionalidade da Lei 11.516/2007. Desse modo, pode-se compreender como questão prejudicial a questão da constitucionalidade dos arts. 5º, *caput*, e 6º, §§1º e 2º, da Resolução 1/2002, do Congresso Nacional. Essa questão – como toda questão prejudicial – deveria ser conhecida incidentalmente, sendo resolvida na fundamentação da decisão e não em seu dispositivo decisório. Isso porque, conforme os ensinamentos de Liebman, a parte dispositiva de uma decisão deve ser compreendida em "um sentido *substancial* e não *formalístico*, de modo que abranja não só a fase final da sentença, mas também qualquer outro ponto em que tenha o juiz eventualmente provido sobre pedido das partes".[167] Disso decorre que a identificação do dispositivo decisório de qualquer decisão judicial deve ser feito com base nos pedidos apresentados em juízo pelas partes e não, nas palavras de Liebman, de modo formalístico, considerando-se apenas a parte final do julgamento muitas vezes identificada textualmente como dispositivo.

A partir disso, torna-se claro que, a despeito do acórdão da ADI 4.029 referir-se à declaração de inconstitucionalidade dos arts. 5º, *caput*, e 6º, §§1º e 2º, da Resolução 1/2002, do Congresso Nacional, na parte da decisão usualmente e textualmente identificada como dispositivo, houve a tentativa de transformar-se uma questão prejudicial em questão principal. Com a inserção da resolução dessa questão prejudicial no trecho da decisão identificado como dispositivo, buscou-se estabelecer que ela "valesse" para as demais instâncias do Poder Judiciário, conforme as palavras da Ministra Carmen Lúcia acima destacadas, inclusive modulando-se os efeitos dessa declaração incidental de inconstitucionalidade.

Essa ideia é reforçada pela preocupação dos Ministros acima relatada do impacto da decisão em relação a centenas de leis aprovadas conforme o rito da Resolução, agora declarado inconstitucional, e do receio de que os demais órgãos do Judiciário permanecessem com discricionariedade para declará-las inconstitucionais. A partir dessa preocupação, o Tribunal resolveu modular os efeitos da declaração incidental de

---

[167] Cf. Enrico Tullio Liebman, *Eficácia e autoridade da sentença*, p. 57, nota 29. Nesse mesmo sentido, cf. Eduardo Talamini, *Coisa julgada e Constituição: limites à "relativização" da coisa julgada*, Tese de doutoramento apresentada à Faculdade de Direito da Universidade de São Paulo, 2004, p. 49.

inconstitucionalidade para que ela produza efeitos somente *ex nunc*, ou seja, a partir do momento em que tomada.

A modulação de efeitos da resolução de uma questão prejudicial pressupõe que essa resolução produza por si só efeitos. Em outras palavras, é evidente que somente se pode modular os efeitos daquilo que produz efeitos. Contudo, caso rejeitada a tese da transcendência dos motivos determinantes, não se poderiam modular os efeitos da resolução de uma questão prejudicial justamente pelo fato de que a fundamentação das decisões de controle abstrato não apresentaria obrigatoriedade.

Em julgado de controle abstrato mais recente utilizou-se o mesmo expediente. Na ADI 3.470 (j. 29/11/2017) foi questionada a constitucionalidade da Lei 3.579/2001, do Estado do Rio de Janeiro, que determina a progressiva proibição da extração e comercialização do amianto no Estado. Argumentava o autor, entre outros, que a matéria seria de competência da União, por estabelecer normas sobre extração mineral e normas gerais sobre produção e consumo, e, do ponto de vista material, incompatível com o princípio da liberdade de iniciativa. Destaca-se que a Lei Federal 9.055/1995 expressamente permitia a extração e comercialização do amianto crisotila sob condições de proteção à saúde, em sentido contrário, portanto, ao que estabelecido pela Lei do Estado do Rio de Janeiro.

Por maioria, o Tribunal declarou a constitucionalidade da Lei 3.579/2001 do Estado do Rio de Janeiro. Contudo, foi declarada incidentalmente a inconstitucionalidade do art. 2º da Lei Federal 9.055/1995. Entendeu-se que, em face do conhecimento científico mais recente, não haveria condições seguras à saúde humana para utilização do amianto crisotila, em violação ao direito fundamental à saúde e ao meio ambiente equilibrado.

A questão que se colocou, então, foi: quais seriam os efeitos da declaração incidental de inconstitucionalidade do art. 2º da Lei Federal 9.055/1995, tendo em vista que o pedido da inicial não recaia sobre ela? Assim como na ADI 4.029, a maioria do Tribunal entendeu por deslocar o julgamento dessa questão prejudicial para o dispositivo decisório:

> "Vistos, relatados e discutidos estes autos, acordam os Ministros do Supremo Tribunal Federal, por maioria, em julgar improcedente a ação e, incidentalmente, declarar a inconstitucionalidade do art. 2º da Lei nº 9.055/1995, com efeitos vinculante e *erga omnes*, nos termos do voto da Relatora, na conformidade da ata do julgamento e das notas taquigráficas.

Vencidos o Ministro Marco Aurélio, que votou pela procedência do pedido, e, em parte, o Ministro Alexandre de Moraes, que votou pela procedência parcial do pedido para dar interpretação conforme aos arts. 2º e 3º da Lei nº 3.579 do Estado do Rio de Janeiro, nos termos do seu voto. Indeferido o pedido de análise de modulação de efeitos suscitado da tribuna. Impedido o Ministro Roberto Barroso. Ausente, justificadamente, o Ministro Ricardo Lewandowski. Sessão plenária presidida pela Ministra Cármen Lúcia."

Diferentemente da decisão na ADI 4.029, no dispositivo decisório acima retratado há menção expressa ao efeito vinculante e eficácia *erga omnes* da declaração incidental de inconstitucionalidade. Há uma literal aproximação dos efeitos da declaração de inconstitucionalidade de um ato normativo questionado nessa sede e a resolução de uma questão incidental ao processo.

Essa aproximação foi objeto de intensos debates entre os Ministros. Expressamente cinco Ministros manifestaram-se pela identidade de efeitos das declarações de inconstitucionalidade incidentais – inclusive em casos concretos conhecidos pela via recursal – e das proferidas em controle abstrato (Min. Dias Toffoli, Min. Edson Fachin, Min. Cármen Lúcia, Min. Gilmar Mendes e Min. Luiz Fux). Nesse sentido, argumentaram que o art. 52, inciso X, da Constituição Federal, deve ser interpretado no sentido de o Senado Federal ter competência apenas para publicizar a decisão do STF que já tem eficácia contra todos e efeito vinculante.[168] Os Min. Marco Aurélio e Alexandre de Moraes expressamente rejeitaram a tese, em razão da visão tradicional competência do Senado Federal para suspender a lei declarada inconstitucional pelo STF, nos termos do art. 52, inciso X, da Constituição Federal.

Embora a tese da transcendência dos motivos determinantes não tenha sido objeto de debate expresso entre os Ministros, o Min. Gilmar Mendes menciona que se trata do "efeito vinculante do fundamento determinante".[169] Aqui fica clara uma inconsistência na jurisprudência do Tribunal: de um lado, como nos casos vistos acima, afirma-se que o Tribunal não adotou a tese da transcendência dos motivos determinantes para fins de cabimento de reclamação constitucional; de outro lado,

---

[168] STF, ADI 4.730 (j. 29.11.2017), pp. 73 e ss.
[169] STF, ADI 4.730 (j. 29.11.2017), p. 68

o Tribunal aponta para a nova interpretação do art. 52, inciso X, da Constituição Federal, em verdadeira mutação constitucional, de modo que os efeitos da decisão sobre questão prejudicial são os mesmos do controle abstrato de constitucionalidade.

Na ADI 4.029 e na ADI 3.740, houve, na verdade, a tentativa de atribuir-se imperatividade à resolução de uma questão prejudicial mediante sua inclusão formal no trecho do acórdão geralmente identificado como o dispositivo decisório. Isso, na verdade, é justamente o que propõe a tese da transcendência dos motivos determinantes. Como será visto abaixo, houve a atribuição de vinculatividade expressa a uma das *rationes decidendi* desses julgados.

Entretanto, a forma correta de compreender-se essa atribuição de imperatividade é mediante o instituto do efeito vinculante, da sistemática de precedentes e suas *rationes decidendi*; não da ampliação artificial do dispositivo decisório para abarcar questões que devem ser resolvidas na motivação da respectiva decisão. A razão para tanto, como será visto adiante, é que, enquanto o dispositivo de uma decisão se reveste de coisa julgada, a resolução de uma questão prévia pode apresentar apenas imperatividade, mas não imutabilidade, perante as demais instâncias do Poder Judiciário e a Administração Pública. Transformar uma *ratio decidendi* em questão decidida no dispositivo decisório pode gerar dúvidas sobre sua interpretação, além do risco de uma petrificação da jurisprudência constitucional por meio do instituto da coisa julgada. Essa questão será retomada no item 3.6.2.

2.2.2. As súmulas vinculantes

Ao lado do efeito vinculante atribuído às decisões de controle abstrato de constitucionalidade, o efeito vinculante atribuído às chamadas súmulas vinculantes também já é objeto de numerosa jurisprudência do STF. Houve a construção de uma linha de entendimentos nas decisões do STF a respeito do efeito vinculante das súmulas vinculantes, em que se aponta a imperatividade do entendimento enunciado nessas súmulas perante os demais órgãos do Poder Judiciário e da Administração Pública.[170]

---

[170] Cf., por exemplo, voto da Ministra Relatora Ellen Gracie, STF, Rcl 6.541 (j. 25.06.2009), p. 291. Nesse mesmo sentido, cf., STF, Rcl 7.358 (j. 24.02.2011), p. 28 e Rcl 8.321 (j. 13.04.2011), p. 60.

Entretanto, tal constatação não é suficiente para identificar a forma pela qual o Tribunal compreende esse instituto.

O exame da redação das súmulas vinculantes revela que elas sintetizam uma decisão sobre uma questão constitucional relacionada aos processos nos quais são embasadas. Com isso, a resolução de uma questão prévia, por exemplo, em um recurso extraordinário, apresenta imperatividade, nos termos do art. 103-A, da Constituição Federal. Pode-se citar a Súmula Vinculante 10, que fixou a inconstitucionalidade da decisão de órgão fracionário que "embora não declare expressamente a inconstitucionalidade de lei ou ato normativo do poder público, afasta sua incidência, no todo ou em parte." Embora as decisões que a embasaram reformassem apenas alguns julgamentos proferidos por determinados tribunais,[171] houve a atribuição de obrigatoriedade à resolução de uma questão prejudicial a recursos extraordinários (inconstitucionalidade da decisão de órgão fracionário de tribunal que afasta a incidência de lei) para que esse entendimento também seja seguido em outros casos, inclusive os que envolvam outros tribunais. Essa análise é válida para as demais súmulas vinculantes.

Em relação ao modo pelo qual o STF aplica as súmulas vinculantes já editadas, pode-se perceber que o Tribunal, em casos mais antigos, limitou-se a aplicá-las de modo literal, havendo a simples menção à redação do enunciado da súmula vinculante. Nesses casos, não houve menção aos precedentes que as embasaram ou a outros casos decididos de modo semelhante.[172] Deve ser destacado, contudo, que o art. 489, § 1º, inciso V, do CPC de 2015 passou a exigir que a aplicação de súmulas seja feita tendo em vista seus "fundamentos determinantes", ou seja, suas *rationes decidendi*.

Nesse sentido, em outras decisões, o Supremo Tribunal adotou a postura de examinar os precedentes que embasaram uma súmula vinculante

---

[171] Cf. STF, RE 240.096 (j. 30.03.1999), RE 319.181 (j. 21.05.2002), RE 544.246 (j. 15.05.2007), AI-AgR 472.897 (j. 18.09.2007) e RE 482.090 (j. 18.06.2008).

[172] Cf. STF, MS 26.117 (j. 20.05.2009), Rcl 6.541 (j. 25.06.2009), MS 26.393 (j. 29.10.2009), HC 92.702 (j. 18.02.2010), Rcl 7.814 (j. 27.05.2010), Rcl 7.856 (j. 23.06.2010), Rcl 7.322 (j. 23.06.2010), Rcl-AgR 9.353 (j. 18.08.2010), MS 22.693 (j. 17.11.2010), Rcl-AgR 8.150 (j. 24.11.2010), Rcl-AgR 9.894 (j. 24.11.2010), Rcl-AgR 6.970 (j. 24.11.2010), Rcl 7.218 (j. 24.11.2010), Rcl 8.321 (j. 13.04.2011), Rcl-AgR 11.755 (j. 01.07.2011), Rcl 8.998 (j. 20.10.2011) e Rcl 10.110 (j. 20.10.2011).

para definir seu alcance. Abaixo, serão analisadas duas decisões em maiores detalhes em razão da riqueza da argumentação apresentada: o Rcl-MC-AgR 6.650 (j. 16.10.2008) e o Rcl-AgR 10.036 (j. 30.11.2011).[173]

No Rcl-MC-AgR 6.650, fora impugnada uma decisão judicial liminar de primeiro grau proferida em ação popular, que suspendera a nomeação de uma pessoa para o cargo de Secretário de Estado, uma vez que ele era irmão da autoridade nomeante, o Governador do Estado do Paraná. Essa decisão judicial fundou-se na Súmula Vinculante 13, que dispõe:

> "A nomeação de cônjuge, companheiro ou parente em linha reta, colateral ou por afinidade, até o terceiro grau, inclusive, da autoridade nomeante ou de servidor da mesma pessoa jurídica investido em cargo de comissão ou confiança ou, ainda, de função gratificada na administração pública direta e indireta em qualquer dos poderes da União, dos Estados, do Distrito Federal e dos Municípios, compreendido o ajuste mediante designações recíprocas, viola a Constituição Federal."

O autor da reclamação impugnou a decisão mencionada, sob o argumento de que ela violava as razões de decidir do julgamento do STF proferido no RE 579.951 (j. 20.08.2008), o qual foi uma das decisões que embasou a edição da Súmula Vinculante 13. Segundo o reclamante, a decisão proferida no RE 579.951 ressalvava a licitude da nomeação de parentes até terceiro grau para cargos de natureza política, como o de Secretário de Estado. Nesse sentido, a Súmula Vinculante 13 vedaria a nomeação de parentes até terceiro grau somente para cargos de natureza administrativa, mas não para cargos de natureza política.[174] Já a autoridade reclamada defendeu a higidez da decisão judicial de primeiro grau, afirmando que "no texto da Súmula Vinculante n. 13 não existe comando que permita a nomeação de agentes políticos, (...) 'que é justamente o caso de Secretário de Estado'".[175]

---

[173] As demais decisões identificadas são: STF, MS 26.085 (j. 07.04.2008), p. 288, Rcl-AgR 6.396 (j. 21.10.2009), p. 117, Rcl 6.944 (j. 23.06.2010), p. 233, ADPF-MC 151 (j. 02.02.2011) e Rcl 9.324 (j. 24.11.2011).
[174] Cf. STF, Rcl-MC-AgR 6.550 (j. 16.10.2008), p. 279.
[175] Cf. STF, Rcl-MC-AgR 6.550, p. 281.

Perante essa situação, colocou-se a seguinte questão: estariam os demais órgãos do Poder Judiciário e a Administração Pública vinculados ao entendimento fixado em uma decisão que embasara súmula vinculante, ainda que esse entendimento não conste do texto súmula? A resposta foi positiva. A maioria do Tribunal entendeu que a Súmula Vinculante 13, em razão do decidido no RE 579.951, estabeleceu de modo vinculante não somente uma proibição, mas também a permissão de nomeação de parentes para cargos de natureza política. Em outras palavras, também apresenta obrigatoriedade a interpretação constitucional de que a autoridade nomeante tem discricionariedade para nomear parentes para cargos de natureza política. Desse modo, a maioria do Tribunal concedeu a medida cautelar para cassar a decisão de primeiro grau, em razão do desrespeito à Súmula Vinculante 13.[176]

O único voto vencido foi proferido pelo Ministro Marco Aurélio. O Ministro apontou que o enunciado da Súmula Vinculante 13 resume-se a estabelecer uma proibição de nomeação de parentes até terceiro grau para cargos de natureza administrativa. Essa proibição, entretanto, não significaria a existência de permissão, reconhecida de modo vinculante pelo STF, para nomeação de parentes para cargos de natureza política, ainda que tal permissão tenha sido examinada em precedente que embasou a Súmula Vinculante. Em suas palavras:

> "Indago: o Verbete Vinculante nº 13 prevê – não cabe interpretar verbete, muito menos a *contrario senso* e vou esquecer aqui o precedente, a ocupação do cargo público anterior – a possibilidade de nomeação de parente consanguíneo, no segundo grau, para secretaria de Estado? A resposta é negativa. Não se tem, no teor do verbete, qualquer referência a agente político. Aliás, versa proibição e não autorização. (...)
>
> Não posso julgar simplesmente, com queima de etapas, o ato do Juízo. O que me cabe perquirir é se houve desrespeito, ou não, ao Verbete Vinculante. A toda evidência não houve desrespeito. Dir-se-á que essa matéria foi versada no julgamento do Recurso Extraordinário n. 579.951, com acórdão pendente de publicação. Mas caberia reclamação, considerado esse precedente? Não caberia, porque o precedente foi formalizado em processo subjetivo, com muros subjetivos próprios, e um terceiro não poderia evocar o desrespeito

---

[176] Cf. voto da Ministra Relatora Ellen Gracie, Rcl-MC-AgR 6.550, p. 287.

à decisão, nesse processo, para pretender, com isso, fulminar ato de órgão investido no ofício judicante."[177]

O voto vencido do Ministro Marco Aurélio é de grande importância, pois revela a interpretação da maioria do Tribunal a respeito do alcance da Súmula Vinculante 13. Como ele aponta, a maioria dos Ministros entendeu que, na referida Súmula, não há somente uma proibição, como sua literalidade sugeriria, mas também uma permissão que apresenta caráter vinculante. Essa permissão, ainda que não conste do texto da Súmula, está expressada em um dos julgados que lhe embasaram e, por essa razão, também deve ser obrigatoriamente reconhecida pelos demais órgãos do Poder Judiciário e pela Administração Pública. Com isso houve a atribuição de imperatividade à resolução de uma questão prejudicial em um recurso extraordinário que embasou a Súmula Vinculante 13, ainda que o entendimento assim fixado não conste do texto da Súmula.

Outra decisão, em sentido semelhante, é o Rcl-AgR 10.036. Essa reclamação fora ajuizada contra decisão do Tribunal de Justiça de São Paulo, que indeferiu pedido de progressão de regime para condenado por crime hediondo. A decisão impugnada rejeitou o pedido de progressão de regime com base no argumento de que não teria sido respeitado o prazo determinado pela Lei 11.464/2007, que alterou o art. 2º, §1º, da Lei 8.072/90. O reclamante alegou que houve descumprimento da Súmula Vinculante 26,[178] uma vez que teria havido aplicação retroativa da Lei 11.464/2007 a crime cometido anteriormente à sua entrada em vigor, sendo que o correto seria aplicar os critérios gerais da Lei 7.210/1984 (Lei de Execução Penal) para a progressão de regime.

O Tribunal, em votação unânime e nos termos do voto do relator, negou seguimento à reclamação. O argumento principal utilizado pelo Ministro Relator Joaquim Barbosa foi o de que a questão da possibilidade de aplicação retroativa da Lei 11.464/2007 não foi objeto de discussão

---

[177] Cf. voto do Ministro Marco Aurélio, STF, Rcl-MC-AgR 6.650, pp. 296 e s.
[178] Súmula Vinculante 26: "Para efeito de progressão de regime no cumprimento de pena por crime hediondo, ou equiparado, o juízo da execução observará a inconstitucionalidade do art. 2º da Lei n. 8.072, de 25 de junho de 1990, sem prejuízo de avaliar se o condenado preenche, ou não, os requisitos objetivos e subjetivos do benefício, podendo determinar, para tal fim, de modo fundamentado, a realização de exame criminológico."

dos precedentes que embasaram a Súmula Vinculante 26. O Ministro reconhece que tal questão foi apreciada pelo Tribunal, nos debates a respeito da edição da Súmula, mas não foi apreciada nos precedentes que lhe embasaram. Nas palavras do Ministro:

> "Assim, ainda que a aplicabilidade da Lei n. 11.464/07 tenha sido mencionada, *obiter dictum*, durante os debates orais para aprovação do verbete sumular nº 26, tal fato não integrou os precedentes motivadores do aludido enunciado. Por conseguinte, os questionamentos acerca do acerto ou desacerto da aplicação de tal norma não constituem motivos bastantes a exigir a prestação jurisdicional desta Corte em sede de reclamação constitucional."[179]

Pelo trecho exposto, o Tribunal reforçou sua posição de que as súmulas vinculantes devem ser interpretadas tendo por base as decisões que lhes embasaram. Ainda que o exame dos debates para a aprovação de uma súmula possa auxiliar a compreensão de sua extensão, o decisivo para tanto são, em última análise, as razões de decidir adotadas nos precedentes que lhe deram origem.

Isso permite a conclusão de que, nesses dois casos e já antes mesmo do CPC de 2015, o STF admitia a obrigatoriedade da resolução de questões prévias tomadas no curso dos processos que deram origem às súmulas vinculantes. Em outras palavras, o Tribunal admitiu a transcendência dos motivos determinantes das decisões que embasam súmulas vinculantes, uma vez que não somente o dispositivo, mas também parcela de sua fundamentação vincula os demais órgãos do Poder Judiciário e da Administração Pública.

2.2.3. Efeitos das decisões tomadas em recurso extraordinário dotado de repercussão geral

Como ressaltado acima, há controvérsia atual relevante a respeito dos efeitos atribuídos às decisões de mérito proferidas em recursos extraordinários com repercussão geral reconhecida, a partir da sistemática da Emenda Constitucional 45/2004, da Lei 11.418/2006, que regulamentou o instituto, e do CPC de 2015.

---
[179] Cf. Voto do Ministro Joaquim Barbosa, STF, Rcl-AgR 10.036, p. 8.

Em um primeiro momento, o STF acolheu a ideia de vinculação de suas decisões somente acerca da existência ou não de repercussão geral de uma determinada questão constitucional. Desse modo, uma vez declarada a inexistência de repercussão de uma questão pelo Supremo Tribunal, os órgãos dos demais tribunais responsáveis pelo juízo de admissibilidade dos recursos extraordinários estariam obrigados a negar seguimento aos recursos sobrestados, nos termos do art. 543-A, §5º, do CPC de 1973.[180]

Em decisões posteriores, o STF tocou na problemática a respeito dos efeitos de suas decisões de mérito proferidas em sede de recursos extraordinários com repercussão geral reconhecida. A Rcl. 10.793 (j. 13.04.2011) fora ajuizada em face de decisão de Juiz do Trabalho que ordenou a satisfação de crédito trabalhista por empresa subsidiariamente responsável em relação à empregadora em recuperação judicial. A reclamante sustentou que essa decisão desrespeitou a tese fixada pelo STF no RE 583.955 (j. 28.05.2009) com repercussão geral reconhecida, mediante a qual a decisão a respeito de todos os créditos da empresa em recuperação judicial, inclusive trabalhistas, somente caberia ao juízo da recuperação judicial e não ao juízo trabalhista.

A Relatora Ministra Ellen Gracie liderou a maioria do Tribunal no caso. Em seu voto, entendeu que a reclamação constitucional, no caso, não era admissível, argumentando que caberia ao tribunal hierarquicamente superior a correção da decisão em questão e a aplicação do entendimento fixado pelo STF por qualquer meio processual idôneo para tanto, como um agravo de instrumento ou apelação, conforme o caso. Em suas palavras:

> "A cassação ou revisão das decisões dos Juízes de primeiro grau, contrárias à orientação firmada em sede de repercussão geral, deve ser feita pelo Tribunal a que estiverem vinculados, pela via recursal ordinária, normalmente mediante agravo de instrumento, apelação, agravo de petição, recurso ordinário ou recurso de revista, conforme a natureza da decisão recorrida.
>
> A atuação desta Corte há de ser subsidiária, só se justificando quando o próprio Tribunal a quo negar observância ao *leading case* da repercussão geral, ensejando, então, a interposição e a subida de recurso extraordinário para

---

[180] Cf. STF, RE-AgR 597.100 (j. 09.11.2010).

cassação ou revisão do acórdão, conforme previsão legal específica constante do art. 543-B, § 4º, do Código de Processo Civil.

Caso contrário, o instituto da repercussão geral, ao invés de desafogar esta Corte e liberá-la para a discussão das grandes questões constitucionais, passaria a assoberbá-la com a solução dos casos concretos, inclusive com análise de fatos e provas".[181]

A Ministra Ellen Gracie fez interessantes considerações a respeito da imperatividade de decisões proferidas pelo STF em sede de recurso extraordinário com repercussão geral reconhecida. Em sua visão, os demais órgãos do Poder Judiciário estão vinculados à tese fixada pelo Supremo Tribunal no julgamento desses recursos extraordinários. Pode-se falar que, nesse caso, a Ministra adotou a teoria da transcendência dos motivos determinantes das decisões proferidas em controle incidental de constitucionalidade pelo STF, uma vez que haveria vinculação dos demais órgãos do Poder Judiciário à fundamentação dessas decisões. Novamente em suas palavras:

"Tudo porque é inerente ao sistema inaugurado pela EC 45/2004 que decisões proferidas pelo Plenário do Supremo Tribunal Federal quando do julgamento de recursos extraordinários com repercussão geral vinculem os demais órgãos do Poder Judiciário no que diz respeito à solução, por estes, de outros feitos sobre idêntica controvérsia.

Cabe aos juízes e desembargadores respeitar a autoridade da decisão do Supremo Tribunal Federal tomada em sede de repercussão geral, assegurando racionalidade e eficiência ao Sistema Judiciário e concretizando a certeza jurídica sobre o tema.

Se assim não for, admitidas decisões díspares do entendimento firmado pelo Supremo Tribunal Federal em processos com repercussão geral, haverá gradativamente o enfraquecimento de toda a sistemática estabelecida pelo Congresso Nacional.".[182]

No julgamento da Rcl 12.600 (j. 17.11.2011), o STF, por meio de votação unânime nos termos do voto do Ministro Relator Ricardo Lewandowski, reafirmou a vinculação dos demais órgãos do Poder

---

[181] Cf. voto da Ministra Ellen Gracie, STF, Rcl 10.793, pp. 10 e s.
[182] Cf. voto da Ministra Ellen Gracie, STF, Rcl 10.793, pp. 8 e s.

Judiciário à tese fixada em recurso extraordinário com repercussão geral reconhecida.[183] Do mesmo modo como na Rcl 10.793, o Tribunal entendeu não ser cabível nesses casos a reclamação constitucional para impugnar decisões de juízos de primeira instância, devendo a parte buscar a correção da decisão impugnada por meio das vias processuais ordinárias. Outras decisões posteriores também apontam para a vinculatividade da *ratio decidendi* das decisões tomadas em sede de recurso extraordinário.[184]

Do exame das decisões acima mencionadas, nota-se que o Supremo Tribunal fez uma distinção importante. Nos termos do voto da Ministra Relatora Ellen Gracie na Rcl 10.793, há uma dissociação entre decisões cuja parcela da fundamentação é imperativa e as hipóteses de cabimento de reclamação constitucional diretamente ao STF. Admitiu-se a obrigatoriedade da interpretação jurídica adotada na fundamentação de decisões do Tribunal sem que, necessária e automaticamente, caiba um meio de impugnação autônomo como a reclamação constitucional perante o STF. Em outras palavras, do caráter vinculativo das teses fixadas em recursos extraordinários com repercussão geral reconhecida não se extraiu a conclusão de que seria cabível reclamação constitucional diretamente ao STF para tutelá-las, mas somente os demais meios processuais ordinários perante o órgão judiciário hierarquicamente superior.

Essa dissociação ficou clara com o CPC de 2015 e com a Lei 13.256/2016. Nos termos da redação vigente do art. 988, § 5º, inciso II, do CPC, não cabe reclamação constitucional "para garantir a observância de acórdão de recurso extraordinário com repercussão geral reconhecida ou de acórdão proferido em julgamento de recursos extraordinário ou especial repetitivos, quando não esgotadas as instâncias ordinárias". A parte final do dispositivo é de grande importância, pois revela que: a) o CPC de 2015 reforça a vinculatividade de decisões proferidas em sede de recursos extraordinários com um meio de impugnação autônomo (a reclamação constitucional) e b) a via ordinária de proteção processual a esses entendimentos não é a reclamação constitucional, mas as demais ações e recursos processuais. Com as inovações do CPC de 2015, a jurisprudência do STF tem entendido que somente é cabível a reclamação para tutela de *rationes decidendi* fixadas em recursos extraordinários após

---

[183] Cf. voto do Ministro Ricardo Lewandowski, STF, Rcl 12.600, p. 7.
[184] STF, Rcl-AgR 27.939 (j. 14/08/2018).

o julgamento do agravo interno de decisão monocrática da Presidência ou Vice-Presidência do Tribunal *a quo* que não admitam recurso extraordinário para STF.[185]

2.3. Conclusão

Da análise acima, pode-se afirmar que houve inegável expansão legislativa do instituto do efeito vinculante nas ações de controle abstrato de constitucionalidade, por meio das súmulas vinculantes e, após reformas do Código de Processo Civil de 1973 e o CPC de 2015, das *rationes decidendi* das decisões em recursos extraordinários. Já o exame da jurisprudência do STF revela quatro conclusões.

A primeira é a de que a tendência de centralização da interpretação constitucional por meio de precedentes vinculantes– já identificada nos regimes constitucionais pretéritos, como exposto no capítulo anterior – foi aprofundada a partir da Constituição Federal de 1988. Houve notável fortalecimento do controle abstrato de constitucionalidade, acompanhado da possibilidade de edição de súmulas vinculantes. Além disso, decisões recentes do STF apontam para a obrigatoriedade das teses jurídicas fixadas em decisões de mérito proferidas em recursos extraordinários com repercussão geral reconhecida.

A segunda refere-se ao fato de que os argumentos contrários ao efeito vinculante – seja o efeito vinculante entendido na forma como exposta pelo Ministro Moreira Alves, seja entendido na forma da tese da transcendência dos motivos determinantes –, variaram no tempo. Inicialmente, esses argumentos foram centrados no papel dos diversos órgãos do Poder Judiciário brasileiro no exercício da jurisdição constitucional e na posição ocupada pelos indivíduos afetados por decisões, de cujos processos não participaram. Em momento posterior, esses argumentos mudaram

---

[185] Veja-se passagem do Voto da Min. Rosa Weber, Realtora da Rcl-AgR 37.871, 1a T. (j. 15/04/2020), pp. 5-6: "A jurisprudência desta Suprema Corte vem se firmando no sentido de que o esgotamento da instância ordinária somente se concretiza após o julgamento de agravo interno manejado contra a decisão da Presidência ou Vice-Presidência da Corte que, no exame de admissibilidade do recurso extraordinário, aplica a sistemática da repercussão geral, nos termos do art. 1.030 e § 2º, do CPC/2015. Nesse sentido: Rcl 26194/SP, Rel. Min. Luiz Fux, DJe 03.3.2017; Rcl 26458/RN, Rel. Min. Roberto Barroso, DJe 10.3.2017; Rcl 26300/RS, Rel. Min. Ricardo Lewandowski, DJe 02.3.2017; Rcl 26336/SP, Rel. Min. Dias Toffoli, DJe 02.3.2017."

de natureza e passaram a centrar-se em questões processuais, como a impossibilidade de atribuição de coisa julgada à resolução de questões prévias e a ameaça ao bom funcionamento do Tribunal representada pelo aumento excessivo de reclamações constitucionais para tutela do efeito vinculante.

Como terceira conclusão, nota-se que, embora o STF apresente julgados em que se admite a obrigatoriedade das teses fixadas na fundamentação de decisões que embasam súmulas vinculantes e das decisões de mérito proferidas em recursos extraordinários com repercussão geral reconhecida, ainda há decisões recentes que não a admitem para casos de controle abstrato de constitucionalidade. Disso resulta uma incoerência dogmática de que a teoria dos motivos determinantes – inicialmente concebida como uma interpretação do efeito vinculante atribuído às ações de controle abstrato de constitucionalidade – é adotada para decisões de controle incidental de constitucionalidade, mas rejeitado para decisões de controle abstrato.

Como quarta conclusão pode-se compreender as decisões proferidas na ADI 4.029 e na ADI 3.470 como tentativas de superação dessa incoerência. Embora a jurisprudência do STF expressamente rejeite a adoção da teoria da transcendência dos motivos determinantes das decisões de mérito proferidas em controle abstrato de constitucionalidade, nessas decisões houve o deslocamento da resolução de uma questão prejudicial para o trecho usualmente identificado como dispositivo decisório, buscando-se a vinculação dos demais órgãos do Poder Judiciário a essa resolução. Houve, na verdade, uma tentativa de atingir-se um resultado prático semelhante à adoção da teoria da transcendência dos motivos determinantes, sem que ela seja aceita expressamente. Essa solução, entretanto, não é a melhor do ponto de vista dogmático, uma vez que o dispositivo de uma decisão não pode ser identificado de maneira simplesmente formal, mas deve ser compreendido em seu sentido substancial, em razão de existirem consequências jurídicas distintas para a resolução de questões prévias e para a decisão de questões principais em processos judiciais. De todo modo, a ADI 4.029 e ADI 3.470 mostram a permanência da problemática da atribuição de imperatividade à fundamentação de decisões do STF e a necessidade de se construírem respostas dogmáticas adequadas a esse problema. A busca por essas respostas será aprofundada nos capítulos seguintes.

3.
O efeito vinculante enquanto a transcendência dos motivos determinantes

Como visto no capítulo anterior, o efeito vinculante teve inegável expansão legislativa. Inicialmente previsto apenas para a ADC, posteriormente foi estendido à ADI, à ADPF, e às súmulas vinculantes, havendo discussão sobre sua extensão para os recursos extraordinários na sistemática da repercussão geral. Não obstante essa expansão, houve variação na jurisprudência do STF a respeito de sua compreensão, como visto no Capítulo 2. O presente capítulo tem por objetivo identificar a melhor compreensão dogmática do instituto do efeito vinculante atribuído às decisões proferidas pelo STF em sede de controle abstrato de constitucionalidade, às súmulas vinculantes e às decisões proferidas em recursos extraordinários com repercussão geral. Para tanto, serão analisadas criticamente as diferentes posições a respeito dessa questão oferecidas pela doutrina e pela jurisprudência do STF. Em seguida, será exposto o significado do efeito vinculante enquanto a transcendência dos motivos determinantes, abordando os argumentos favoráveis e contrários a essa interpretação.

3.1. Efeito vinculante enquanto reforço de eficácia ao dispositivo das decisões proferidas em controle abstrato de constitucionalidade
A primeira explicação para o instituto do efeito vinculante seria uma espécie de "reforço de eficácia" ao dispositivo de uma decisão de controle

abstrato de constitucionalidade. Ele atribuiria imperatividade *erga omnes* ao dispositivo decisório dessas decisões, tornando-o obrigatório perante toda a coletividade. Nas palavras de Teori Zavascki:

> "O efeito vinculante, que representa, em essência, a imposição obrigatória do cumprimento da decisão, constitui, no caso da ação direta de inconstitucionalidade, decorrência natural do sistema de controle de constitucionalidade. É paradoxo imaginar-se que, nesse domínio jurídico, uma sentença com eficácia *erga omnes* que não seja de observância obrigatória por todos e notadamente pelos órgãos jurisdicionais e autoridades administrativas encarregadas de aplicar a lei."[186]

Pela argumentação exposta, verifica-se que, do ponto de vista subjetivo, o efeito vinculante atribuído às decisões de controle abstrato de constitucionalidade significaria que essas decisões atingiriam imediatamente a esfera jurídica de toda a coletividade. Do ponto de vista objetivo, o efeito vinculante estaria restrito ao dispositivo decisório. É por essa razão que o autor afirma que o efeito vinculante seria inerente ao controle abstrato de normas, uma vez que suas decisões teriam pouca utilidade prática, caso não apresentassem obrigatoriedade *erga omnes*.

Considerando-se os processos de controle abstrato de constitucionalidade como processos objetivos, em que se busca a tutela da ordem jurídica mediante o exame da compatibilidade da legislação infraconstitucional com a Constituição Federal, a jurisprudência do STF e a doutrina já compreendiam que toda a coletividade era destinatária imediata de uma decisão proferida em representação genérica de inconstitucionalidade, sendo que seu respectivo dispositivo decisório se revestia também de coisa julgada *erga omnes*. Tanto foi assim que, como visto no Capítulo 1, o STF em uma decisão administrativa em 1977 reconheceu a eficácia *erga omnes* da decisão na antiga representação genérica de inconstitucionalidade,

---

[186] Cf. Teori Albino Zavascki, *Eficácia das sentenças na jurisdição constitucional*, São Paulo, Revista dos Tribunais, 2001, p. 53. No mesmo sentido, Ada Pellegrini Grinover, "Controle da constitucionalidade", *Revista Forense* 341 (1998), pp. 3-12, p. 7; Patrícia Perrone Campos Mello, *Precedentes: o desenvolvimento judicial do direito no constitucionalismo contemporâneo*, Rio de Janeiro, Renovar, 2008, pp. 77 e s.; e Marcelo Alves Dias de Souza, *Do precedente judicial à súmula vinculante*, Curitiba, Juruá, 2006, p. 210.

mesmo sem previsão constitucional ou legal expressa nesse sentido. Tal situação permaneceu a mesma com a criação das ações de controle abstrato na Constituição Federal de 1988.

Dessa maneira, não se pode falar que o efeito vinculante, instituído inicialmente pela Emenda Constitucional 3/1993, seria a "imposição obrigatória do cumprimento da decisão", uma vez que já era atribuída imperatividade ao dispositivo decisório de decisões proferidas em controle abstrato de constitucionalidade somada, ainda, à autoridade da coisa julgada *erga omnes*. O efeito vinculante é algo diverso da atribuição de imperatividade ao dispositivo de uma decisão de controle abstrato de constitucionalidade, uma vez que este já era obrigatório.[187]

3.2. Efeito vinculante enquanto obrigação funcional de respeito às decisões de controle abstrato de constitucionalidade

Interpretação diferente é oferecida por Elival da Silva Ramos. O autor sugere que o efeito vinculante seja compreendido como uma "obrigação funcional de respeito ao decidido, em termos assemelhados ao dever que os juízes e autoridades administrativas têm de fiel acatamento aos comandos emanados do legislador."[188] Isso porque, o art. 126, do CPC de 1973, apontava que o juiz estaria diretamente vinculado somente à lei e apenas indiretamente às decisões judiciais revestidas de coisa julgada.[189] Desse modo, a partir da instituição do efeito vinculante, os magistrados e autoridades administrativas que desrespeitem a coisa julgada *erga*

---

[187] Cf. Roger Stiefelmann Leal, *O efeito vinculante na jurisdição constitucional*, pp. 149 e s.; Elival da Silva Ramos, *Controle de constitucionalidade*, pp. 285 e s.; Ives Gandra da Silva Martins / Gilmar Ferreira Mendes, *Controle concentrado de constitucionalidade*, pp. 595 e s.; e André Dias Fernandes, *Eficácia das decisões do STF em ADIN e ADC: efeito vinculante, coisa julgada erga omnes e eficácia erga omnes*, Salvador, Jus Podium, 2009, pp. 168 e ss.

[188] Elival da Silva Ramos, *Controle de constitucionalidade*, p. 294. Gilmar Ferreira Mendes também defende a possibilidade de responsabilização da autoridade judicial ou administrativa que desrepeitar o que fixado em uma decisão que apresenta efeito vinculante. Cf. Gilmar Ferreira Mendes, *Direitos fundamentais e controle de constitucionalidade: estudos de direito constitucional*, 2ª ed., São Paulo, Celso Bastos, 1999, p. 451. Entretanto, sua proposta afasta-se da oferecida por Elival da Silva Ramos, uma vez que atribui imperatividade à motivação dessas decisões e não somente a seu dispositivo decisório.

[189] Código de Processo Civil de 1973: "Art. 126. O juiz não se exime de sentenciar ou despachar alegando lacuna ou obscuridade da lei. No julgamento da lide caber-lhe-á aplicar as normas legais; não as havendo, recorrerá à analogia, aos costumes e aos princípios gerais de direito."

omnes atribuída às decisões proferidas pelo STF em sede de controle abstrato de constitucionalidade poderiam ser responsabilizados civil e administrativamente.

Como exemplo de responsabilização, menciona-se o caso em que, mesmo "tendo conhecimento inconteste de uma decisão do STF afirmativa da inconstitucionalidade da lei, insista o magistrado em ignorá-la."[190] Nesse caso, haveria culpa grave que deveria ser equiparada ao dolo, para fins de responsabilidade civil.

Entretanto, Elival da Silva Ramos reconhece que os magistrados já estavam obrigados a respeitar, independentemente da provocação das partes, decisões revestidas de coisa julgada material, de acordo com os arts. 267, inciso VI, 471, *caput*, e 485, inciso IV, do Código de Processo Civil de 1973.[191] Diante disso, coloca-se a seguinte pergunta: poderia um magistrado ser responsabilizado, caso desrespeite, de modo doloso, a coisa julgada de uma decisão, ainda que ela seja proferida em processo objetivo? A resposta é positiva.

Isso porque o art. 126, do Código de Processo Civil, devia ser compreendido como estabelecendo o dever do magistrado respeitar o direito como um todo e não somente à lei em sentido estrito. Conforme ressalta Oreste Nestor de Souza Laspro:

> "Assim, seja para beneficiar a parte contrária, seja por mero espírito de vingança contra uma das partes, pode o juiz intencionalmente julgar contra o direito, hipótese em que poderá sofrer a persecução judicial pela vítima."[192]

O CPC de 2015, ao reforçar sistemática de precedentes, inclusive deixou de prever a expressa vinculação à lei, deixando de prever a norma do art. 126 do antigo Código de Processo Civil de 1973.[193]

---

[190] Elival da Silva Ramos, *Controle de constitucionalidade*, p. 294, nota 852.
[191] Cf. Elival da Silva Ramos, *Controle de constitucionalidade*, p. 294.
[192] Oreste Nestor de Souza Laspro, *A responsabilidade civil do juiz*, São Paulo, Revista dos Tribunais, 2000, p. 252. Em sentido semelhante, cf. Celso Agrícola Barbi, *Comentários ao Código de Processo Civil*, vol. I, t. II, Rio de Janeiro, Forense, 1975, p. 519. Nesse mesmo sentido, Luiz Guilherme Marinoni / Daniel Mitidiero, *Código de Processo Civil*, São Paulo, Revista dos Tribunais, 2008, p. 175.
[193] CPC de 2015: "Art. 140. O juiz não se exime de decidir sob a alegação de lacuna ou obscuridade do ordenamento jurídico."

Uma vez que o CPC estabelece a imutabilidade de determinadas decisões judiciais, não podem os magistrados simplesmente ignorá-las dolosamente em feitos futuros. Com base no art. 143, inciso I, e art. 502, do CPC, e no art. 49, inciso I, da Lei Complementar 35/1979 (Lei Orgânica da Magistratura), será responsabilizado o magistrado que dolosamente desconsiderar a coisa julgada que revista qualquer decisão judicial, seja ela proferida em processo subjetivo, seja ela proferida em processo objetivo.[194] No caso de autoridades administrativas, há diferentes regras conforme o ente da federação a que vinculada a autoridade. No caso de servidores públicos federais, pode-se mencionar o dever de "observar as normas legais e regulamentares", previsto no art. 116, inciso III, da Lei 8.112/1990, sob pena de responsabilização inclusive pelo ato culposo, nos termos do art. 122, *caput*, da mesma Lei.

Decisões judiciais revestidas de coisa julgada, ainda que não apresentem efeito vinculante, devem ser respeitadas por todos os órgãos jurisdicionais e autoridades administrativas, sob pena de responsabilização funcional, nos casos de dolo e, eventualmente, culpa. Não é o efeito vinculante que atribui esse dever funcional, mas outras regras do ordenamento jurídico brasileiro. A partir disso, nota-se que as decisões proferidas pelo STF em controle abstrato de constitucionalidade, por serem revestidas de coisa julgada *erga omnes*, já implicavam o dever funcional de respeito por parte das autoridades do Poder Público. Ainda que o efeito vinculante não existisse – como não existia no regime constitucional anterior à Emenda Constitucional 3/1993 –, já havia o dever funcional de respeitar as decisões revestidas de eficácia e coisa julgada *erga omnes* e a possibilidade de responsabilização de autoridades judiciárias ou administrativas, nos casos previstos em lei. A proposta acima, entretanto, tem a virtude de apontar a importante relação entre efeito vinculante e a possibilidade de responsabilização de magistrados e autoridades administrativas. Essa relação será examinada em maior profundidade no item 4.5.1.

---

[194] Embora os mencionados enunciados normativos façam referência ao dolo e à fraude, essas duas categorias podem ser reunidas apenas sob o conceito de dolo. Nesse sentido, cf. Celso Agrícola Barbi, *Comentários ao Código de Processo Civil*, vol. I, t. II, p. 542.

3.3. Efeito vinculante enquanto extensão do dispositivo de uma decisão de controle abstrato de constitucionalidade a atos normativos de conteúdo semelhante ao impugnado

Retomando-se o voto do Ministro Moreira Alves na ADC-QO 1, exposto no item 2.2.1.1, uma possível interpretação para o efeito vinculante seria a extensão do dispositivo de uma decisão de controle abstrato de constitucionalidade para atos normativos de conteúdo semelhante à norma impugnada. Não haveria a atribuição de imperatividade à fundamentação dessa decisão, mas somente a extensão do comando contido em seu dispositivo decisório. Em seu voto, o Ministro sustentou que o efeito vinculante somente atingiria atos normativos de "igual conteúdo" ao impugnado em uma determinada ação de controle abstrato.[195] É nesse sentido que André Dias Fernandes sustenta que o efeito vinculante implicaria uma "transcendência do dispositivo" de uma decisão de controle abstrato proferida pelo STF.[196]

A jurisprudência do STF também apresentou outra interpretação em sentido próximo ao defendido pelo Ministro Moreira Alves. Trata-se da proposta apresentada pelo Ministro Gilmar Mendes na Rcl 3.014, exposta no item 2.2.1.3, em que o Ministro sugere a possibilidade de declaração incidental de inconstitucionalidade em sede de reclamação constitucional de ato normativo "idêntico ou semelhante" ao já declarado inconstitucional em ação de controle abstrato de constitucionalidade.[197] Embora o Ministro tenha afastado a teoria da transcendência dos motivos determinantes, ou seja, da atribuição de imperatividade também à fundamentação das decisões proferidas pelo STF em sede de controle abstrato de constitucionalidade, ele entendeu ser possível estender o juízo de constitucionalidade de um ato normativo impugnado por ação de controle abstrato para outro ato normativo "idêntico ou semelhante".

Nesse mesmo sentido, por exemplo, Juliano Taveira Bernardes rejeita a ideia de atribuição de vinculatividade à fundamentação de uma decisão

---

[195] Nesse mesmo sentido, cf. Clèmerson Merlin Cléve, *A fiscalização abstrata da constitucionalidade no direito brasileiro*, 2ª ed., São Paulo, Revista dos Tribunais, 2000, p. 307; e Regina Maria Macedo Nery Ferrari, *Efeitos da declaração de inconstitucionalidade*, pp. 237 e s.
[196] Cf. André Dias Fernandes, *Eficácia das decisões do STF em ADIN e ADC*, pp. 214 e s.
[197] Cf. voto do Ministro Gilmar Mendes, STF, Rcl 3.014, pp. 386 e s.

de controle abstrato de constitucionalidade.[198] Entretanto, o mesmo autor, a partir da diferenciação entre enunciado normativo e norma jurídica, afirma que, uma vez fixado o juízo de constitucionalidade a respeito de uma norma no dispositivo de uma decisão de controle abstrato de constitucionalidade, estende-se o mesmo juízo para a mesma norma, ainda que extraída de enunciados normativos diferentes. Nas palavras do autor:

> "De conseguinte, se o dispositivo da decisão **x** [proferida em controle abstrato de constitucionalidade] declara a inconstitucionalidade da disposição **x**, paralelamente está estabelecendo a invalidade da norma **x**. Logo, se aquela mesma norma **x** pode ser obtida da disposição **y**, tal norma terá sido igualmente atingida pela decisão. Assim, como a disposição **y** fica esvaziada de sentido sem a norma **x**, esta disposição acaba sendo fulminada pelos efeitos da decisão **x**, ainda que não tenha sido alvejada".[199]

Perante as posições acima, questiona-se: é possível sustentar a extensão do dispositivo de uma decisão de controle abstrato de constitucionalidade a atos normativos de conteúdo semelhante sem necessariamente também atribuir imperatividade à sua fundamentação? A resposta é negativa.

Isso porque é impossível comparar dois elementos distintos sem um critério comum que os reúna na mesma categoria. Um enunciado normativo ou uma norma somente podem ter "conteúdo semelhante" ou serem "idênticos" a outros enunciados e normas, caso exista a identificação de um critério para compará-los. Para se conferir tratamento jurídico semelhante a dois elementos ou situações fáticas distintas deve-se fazer uma comparação entre eles e apontar a existência de razões jurídicas para que dois casos diferentes recebam tratamento semelhante. A comparação de dois elementos e o estabelecimento de semelhanças entre eles exige a identificação de uma norma jurídica que estabeleça a mesma consequência para os dois casos.[200] No caso de uma decisão proferida em controle

---

[198] Cf. Juliano Taveira Bernardes, *Controle abstrato de constitucionalidade: elementos materiais e princípios processuais*, São Paulo, Saraiva, 2004, pp. 420 e s.
[199] Juliano Taveira Bernardes, *Controle abstrato de constitucionalidade*, pp. 417 e s.
[200] Cf. Neil MacCormick, *Rethoric and the Rule of Law: a Theory of Legal Reasoning*, Oxford, Oxford University, 2009, pp. 208 e s.; Ronald Dworkin, *Justice in Robes*, Cambridge, Harvard University, 2006, p. 137 e Thomas da Rosa de Bustamante, "Analogia e argumento *a contrario*: um caso típico de argumentação por princípios", *Revista de Direito Privado* 29 (2007), pp. 255-276, p. 271.

abstrato de constitucionalidade, é justamente em sua fundamentação que se identifica esse critério de comparação. Dois exemplos simples serão analisados para ilustrar esse argumento.

Como primeiro exemplo, pode-se mencionar a decisão proferida pelo STF na ADI 873 (j. 03.02.2011). Nessa ação, o Tribunal declarou a inconstitucionalidade da Lei 6.457/1993 do Estado da Bahia, que tornava obrigatório o uso de cinto de segurança em transportes coletivos. Caso o legislador federal promulgue lei que também torne esse uso obrigatório, as demais instâncias do Poder Judiciário deverão considerá-la inconstitucional em razão do dispositivo decisório da ADI 873? A resposta é negativa. Isso porque, ao se examinarem os fundamentos da decisão na ADI 873, nota-se que a inconstitucionalidade da Lei do Estado da Bahia foi declarada com base em um vício de competência, uma vez que a matéria em questão é reservada à União, nos termos do art. 22, inciso XI, da Constituição Federal. Por essa razão, verifica-se que a norma estadual impugnada e uma eventual norma federal não guardam semelhança suficiente para que a segunda também seja considerada inconstitucional. Nesse exemplo, duas normas de conteúdo semelhante devem ser objeto de juízos de constitucionalidade diferentes.

O segundo exemplo pode ser construído com base na discussão travada no julgamento da Rcl. 3.014. Como visto, nessa ação colocou-se a questão da similaridade entre a Lei 5.250/2002 do Estado do Piauí – declarada constitucional na ADI 2.868 – e a Lei 4.233/2002 do Município de Indaiatuba do Estado de São Paulo. Questiona-se: as demais instâncias do Poder Judiciário deverão estender o juízo de constitucionalidade do dispositivo decisório da ADI 2.868 para a Lei Municipal em questão? A resposta a essa pergunta deve passar, necessariamente, pelo exame dos fundamentos da ADI 2.868. Somente os fundamentos dessa decisão podem apontar se os dois diplomas impugnados guardam semelhança suficiente para que o juízo de constitucionalidade do primeiro seja reproduzido sobre o segundo. No caso apresentado, deve-se verificar qual compreensão a respeito do art. 87, do ADCT, foi fixada pelo Tribunal na ADI 2.868. Apenas a título de exemplo, caso se entenda que na ADI 2.868 fixou-se a tese de que o ente federativo é livre para estipular o montante dos débitos da Fazenda Pública de pequeno valor para fins de pagamento imediato, a constitucionalidade da lei municipal deve ser declarada. Caso se entenda que na ADI 2.868 fixou-se a tese de que o ente federativo somente pode estipular o montante dos débitos de pequeno valor em múltiplos de salários mínimos para que exista uma forma de correção monetária desses valores, a inconstitucionalidade da lei municipal deve ser reconhecida.

Os exemplos acima demonstram que a semelhança entre enunciados normativos e normas jurídicas somente pode ser construída ou afastada com base em critérios normativos, que são expostos na fundamentação das decisões judiciais. Não é possível se falar em mera "transcendência do dispositivo" de uma decisão do STF, sem, ao mesmo tempo, falar-se em transcendência de sua motivação.[201]

3.4. Efeito vinculante enquanto reforço de proteção processual por meio de reclamação constitucional

Outra visão a respeito do efeito vinculante aponta que o grande efeito prático de sua adoção é a possibilidade do ajuizamento de reclamação constitucional para tutela de decisões em controle de constitucionalidade, nos termos do art. 102, alínea "l", da Constituição Federal. Essa visão foi inicialmente expressa no voto do Ministro Moreira Alves na ADC-QO 1 e depois adotada por outros autores.[202]

Desse modo, haveria o alargamento do cabimento da reclamação para a garantia da autoridade das decisões do STF para possibilitar a impugnação de uma decisão judicial em desconformidade com o dispositivo de uma decisão que apresenta efeito vinculante. Em caso de procedência da reclamação, a decisão impugnada é cassada para que outra seja proferida pelo juízo *a quo* com base na orientação fixada no dispositivo decisório da decisão que apresenta efeito vinculante.

Diante da posição acima retratada, deve-se questionar qual a relação existente entre efeito vinculante e a possibilidade de ajuizamento de reclamação constitucional. Pode-se entender que a atribuição de efeito vinculante a uma decisão judicial implica necessariamente o cabimento

---

[201] Nesse mesmo sentido, cf. Roger Stiefelmann Leal, *O efeito vinculante na jurisdição constitucional*, p. 151; Elival da Silva Ramos, *Controle de constitucionalidade*, p. 287, nota 828; Marcelo Alves Dias de Souza, *Do precedente judicial à súmula vinculante*, p. 220 e Glauco Salomão Leite, *Súmula vinculante e jurisdição constituciona brasileira*, Rio de Janeiro, Forense, 2007, p. 159.

[202] Cf. Ada Pellegrini Grinover, "Controle da constitucionalidade", p. 8; e Regina Maria Macedo Nery Ferrari, *Efeitos da declaração de inconstitucionalidade*, pp. 238 e s.

de um instrumento processual autônomo para sua tutela? A resposta é negativa.

A razão para tanto é que as decisões proferidas em sede de controle abstrato de constitucionalidade já apresentavam eficácia *erga omnes* antes mesmo da existência do efeito vinculante, conforme acima mencionado. Desse modo, caso se desejasse permitir que a reclamação constitucional fosse cabível para a tutela dessas decisões, não seria necessária a instituição de efeito vinculante, mas somente a compreensão do controle abstrato de constitucionalidade como um processo objetivo, em que as respectivas decisões atingem diretamente a esfera jurídica de todos aqueles que possam sofrer a incidência do ato normativo objeto de controle, e determinar o alargamento do instituto da reclamação constitucional para inibir a recalcitrância dos demais órgãos do Poder Público. Não obstante o entendimento do STF anterior à Emenda Constitucional 3/1993 a respeito da legitimidade restrita da reclamação constitucional às partes que participaram de um processo de controle abstrato, já era possível conceber o cabimento desse remédio processual para tutela da respectiva decisão do Tribunal, ainda que essa decisão não apresentasse efeito vinculante.[203] Essa constatação é reforçada pela dissociação feita pelo STF entre vinculatividade de uma tese jurídica e o cabimento de reclamação constitucional, como exposto no item 2.2.3. Isso demonstra que não há relação de equivalência entre efeito vinculante e a reclamação constitucional para tutela de decisões de controle abstrato de constitucionalidade, pois se trata de institutos diversos. A relação entre os dois institutos no direito brasileiro vigente será aprofundada no item 4.5.2.

3.5. A súmula vinculante enquanto norma geral e abstrata e as "teses" de recursos extraordinários com repercussão geral

No que se refere ao efeito vinculante conferido às súmulas vinculantes, é corrente a afirmação de que ele seria responsável por atribuir obrigatoriedade à interpretação do STF acerca de determinados enunciados normativos. Dessa forma, a súmula vinculante seria um texto revestido de autoridade do qual se extrairia uma norma geral e abstrata aplicável a

---

[203] Cf. Elival da Silva Ramos, *Controle de constitucionalidade*, pp. 287 e s.; Roger Stiefelmann Leal, *O efeito vinculante na jurisdição constitucional*, pp. 165 e s.; e Luiz Guilherme Marinoni, *Precedentes obrigatórios*, p. 323.

futuros casos concretos. Essa norma geral e abstrata desvincular-se-ia das decisões que embasam a súmula, devendo ser aplicada exclusivamente com base em seu enunciado. Em outras palavras, o efeito vinculante recairia sobre o enunciado da súmula e não sobre as decisões que embasaram sua edição. Nesse sentido, aponta André Ramos Tavares:

> "(...) a súmula não incorpora os casos concretos que foram a 'base' para sua edição. E, sendo a vinculação apenas ao enunciado desta, os magistrados terão de proceder a uma operação mental de verificação do cabimento da súmula ao caso concreto que tenham perante si, bem como das normas aplicáveis a ele".[204]

Esse entendimento, entretanto, não deve ser seguido.

Uma crítica a essa visão é feita por Castanheira Neves. Embora esse autor refira-se aos assentos vinculantes do direito português, seus argumentos podem ser direcionados à compreensão acima mencionada das súmulas vinculantes.[205] Ele faz severas críticas ao instituto dos assentos vinculantes do sistema jurídico português com base na ideia de que haveria uma confusão entre a função jurisdicional e a função legislativa, gerando-se grave violação à separação de poderes. Para o autor, os assentos vinculantes são espécie de legislação jurisdicional, inadmitida por um Estado Democrático de Direito, caso sejam compreendidos como

> "regras gerais abstraídas dos casos de sua gênese (...) para vincularem definitiva e formalmente, sem possibilidade de quaisquer modificações e correções, as posteriores decisões dos casos futuros de sua aplicação."[206]

---

[204] André Ramos Tavares, "O novo instituto da súmula vinculante no direito brasileiro", *Revista da Faculdade de Direito da Universidade de Lisboa* 47 (2006), pp. 333-345, p. 344. No mesmo sentido, cf. Marcelo Alves Dias de Souza, *Do precedente judicial à súmula vinculante*, p. 270.

[205] Deve-se destacar que os assentos vinculantes estabelecidos pelo art. 2º, do Código Civil Português, foram declarados parcialmente inconstitucionais pelo Tribunal Constitucional Português no Acórdão 810/1993. Entretanto, o Tribunal Constitucional admitiu a constitucionalidade do dispositivo em questão, caso os assentos possam ser alterados pelo órgão que os proferiu e sejam diretamente vinculantes exclusivamente para as instâncias judiciárias subordinadas a essse órgão. Cf. António Castanheira Neves, *O problema da constitucionalidade dos assentos: comentário ao Acórdão 810/93 do Tribunal Constitucional*, Coimbra, Coimbra, 1994, pp. 69 e ss.

[206] António Castanheira Neves, *O instituto jurídico dos 'assentos' e a função dos supremos tribunais*, p. 637.

Castanheira Neves aponta que, por essa visão, os assentos estabeleceriam regras gerais que seriam abstraídas dos casos nos quais utilizadas como fundamentação de uma decisão. Haveria uma cisão entre a regra enunciada no assento e as circunstâncias do caso em que originalmente aplicada. Em sentido semelhante em relação às súmulas vinculantes do direito brasileiro, Lenio Streck afirma que o maior perigo relativo às súmulas vinculantes é transformar seus enunciados em "premissas maiores" que teriam pretensão de oferecer respostas definitivas e universais para problemas jurídicos de forma descontextualizadas dos casos em que surgiram.[207]

Nessa perspectiva, os institutos dos assentos e das súmulas vinculantes seriam "puro anacronismo" presente em sistemas jurídicos nos quais legislação e jurisdição não são funcionalmente diferenciadas[208] ou ainda um retorno às "velhas teses neopositivistas do Círculo de Viena",[209] em que "os juristas continuam a tentar encontrar *no próprio texto* uma *essência* que permita dizer qual seu *real significado*. É como se o texto contivesse uma *textitude*."[210]

As críticas de Castanheira Neves e Lenio Streck são dirigidas à compreensão dos assentos e das súmulas vinculantes como textos normativos revestidos de alguma essência semântica que dispensasse sua interpretação à luz das circunstâncias presentes nas decisões em que originados. Contudo, como todo texto, o enunciado das súmulas vinculantes deve ser sempre interpretado nos futuros casos em que elas possam ser aplicadas. As súmulas vinculantes – bem como as decisões de controle abstrato de constitucionalidade – devem ser compreendidas de acordo com as circunstâncias dos casos em que originadas e não de forma descontextualizada. A razão para tanto se refere diretamente às diferenças entre legislação e jurisdição.[211]

---

[207] Cf. Lenio Luiz Streck, "O efeito vinculante das súmulas e o mito da efetividade: uma crítica hermenêutica", *Revista do Instituto de Hermenêutica Jurídica* 3 (2005), pp. 83-128, p. 95.
[208] Cf. António Castanheira Neves, *O instituto jurídico dos 'assentos' e a função dos supremos tribunais*, p. 621.
[209] Lenio Luiz Streck, "Súmulas vinculantes em *terrae brasilis*", p. 287.
[210] Lenio Luiz Streck, "Súmulas vinculantes em *terrae brasilis*", p. 294.
[211] Com essa afirmação não se pretende dizer que a interpretação e aplicação das leis seja tarefa de pouca complexidade. A intenção, neste ponto, é apontar que os argumentos utilizados para interpretação da legislação diferem dos argumentos utilizados para interpretar

Para as finalidades do presente argumento, é suficiente reconhecer que a atividade legislativa é uma das formas de criação do direito, mas não a única. É largamente admitida a ideia de que os juízes também criam direito, ainda que essa forma de criação seja diversa da legislação.[212] De um ponto de vista procedimental, as formas de criação do direito pela atividade legislativa e pela atividade jurisdicional são claramente distintas. Como ressalta Cappelletti, o processo de criação do direito pela via judicial é identificado pelas ideias de imparcialidade, contraditório e inércia, ao passo que o direito criado pela via legislativa desconhece essas características.[213] Para além do procedimento, legislação e jurisdição também são substancialmente diferentes do ponto de vista da forma de argumentação de produção do direito. MacCormick aponta que esse modo de argumentação no caso dos juízes aproxima-se de uma ideia de "desenvolvimento" do direito a partir de princípios jurídicos já existentes para que sejam solucionados casos concertos. Nesse sentido, os juízes poderiam, em casos determinados, criar direito novo desde que respeitem a relação de dedutibilidade entre os princípios jurídicos reconhecidos e as regras jurídicas a serem criadas – dedutibilidade não em sentido lógico, mas em sentido de "coerência normativa", em que regras concretizam um determinado conjunto de princípios.[214]

Caso se compreenda que as súmulas vinculantes são enunciados normativos dos quais se extraem normas gerais e abstratas desvinculadas dos casos concretos de que originadas, há uma confusão entre a atividade legislativa e a atividade jurisdicional, tanto em sentido procedimental, quanto em sentido substancial. Haveria o abandono das características procedimentais da jurisdição, especialmente do contraditório e da inércia, uma vez que o órgão julgador estabeleceria de ofício uma norma jurídica possivelmente desvinculada das circunstâncias dos casos que lhe foram

---

precedentes, especialmente no que se refere ao exame do caso concreto em que proferida a decisão judicial.

[212] Cf. António Castanheira Neves, *O instituto jurídico dos 'assentos' e a função dos supremos tribunais*, p. 614.

[213] Cf. Mauro Cappelletti, *Juízes legisladores?*, p. 75.

[214] Cf. Neil MacCormick, *Rethoric and the Rule of Law*, p. 192 e p. 265. Kelsen, ainda que com base em outros pressupostos, já reconhecia que todo ato de aplicação do direito também envolve, em alguma medida, a criação do direito. Cf. Hans Kelsen, *Teoria pura do direito*, 6ª ed., São Paulo, Martins Fontes, 2003, pp. 260 e s.

submetidos sem colher argumentos relevantes de partes interessadas. Também haveria o afastamento das características argumentativas da jurisdição, na medida em que o processo de produção do direito seria desvinculado de casos concretos, permitindo que magistrados criassem novas regras jurídicas para situações hipotéticas que possivelmente não apresentariam a complexidade fática de casos reais. O abandono dessas características da jurisdição transformaria o magistrado em legislador sem a legitimidade democrática representativa para tanto.

Além disso, as súmulas vinculantes não podem ser compreendidas como normas gerais e abstratas também pelo fato de que o enunciado do art. 103-A, *caput*, da Constituição Federal, é claro ao apontar que seus destinatários imediatos são somente as demais esferas do Poder Judiciário e a Administração Pública. Ainda que se possa afirmar que outros atores estejam indiretamente vinculados às súmulas vinculantes, como será visto abaixo no item 4.3, subsistem importantes diferenças em relação à eficácia produzida por atos normativos, como, por exemplo, as leis.

Tudo o que foi dito acima sobre as súmulas vinculantes deve ser reproduzido para compreensão das "teses" fixadas em sede de recursos extraordinários com repercussão geral. Esse tópico será aprofundado no item 4.2.3.4.3.

3.6. Efeito vinculante enquanto transcendência dos motivos determinantes

A melhor compreensão dogmática do instituto do efeito vinculante é a que o identifica como a "transcendência dos motivos determinantes", tanto de decisões de controle abstrato de constitucionalidade, quanto das decisões que embasam súmulas vinculantes e em recursos extraordinários com repercussão geral.[215] Não somente o dispositivo decisório, mas também parcela da fundamentação de uma decisão dotada de efeito vinculante apresenta a marca da imperatividade. Isso significa que as

---

[215] Em sentido semelhante, cf. Roger Stiefelmann Leal, *O efeito vinculante na jurisdição constitucional*, pp. 149 e s.; Gilmar Ferreira Mendes, *Direitos fundamentais e controle de constitucionalidade*, pp. 444 e s.; Luís Roberto Barroso, *O controle de constitucionalidade no direito brasileiro*, pp. 207 e s.; e Thomas da Rosa de Bustamante, *Teoria do precedente judicial: a justificação e a aplicação de regras jurisprudenciais*, São Paulo, Noeses, 2012, p. 324.

decisões revestidas de efeito vinculante são uma espécie de precedentes vinculantes, pois a interpretação jurídica fixada na fundamentação dessas decisões é imperativa.

A expressão "transcendência" não significa que a mesma eficácia produzida pelo dispositivo decisório seja produzida pela fundamentação de uma decisão, pois, como será visto abaixo, enquanto o dispositivo decisório de uma decisão de controle abstrato de constitucionalidade produz efeitos *erga omnes*, seu efeito vinculante tem por destinatários imediatos apenas as demais instâncias do Poder Judiciário e a Administração Pública. Essa expressão apenas acentua que também parcela da fundamentação de uma determinada decisão apresenta obrigatoriedade para determinados atores.

Os "motivos determinantes" devem ser compreendidos como as *rationes decidendi* de uma decisão judicial, como será examinado em maiores detalhes abaixo. Adianta-se que conferir efeito vinculante a uma decisão significa atribuir obrigatoriedade à sua fundamentação na parte em que resolve uma questão jurídica. Para as finalidades do presente trabalho, uma decisão judicial que apresenta efeito vinculante é, portanto, uma espécie de precedente vinculante que aqui se denomina "decisão vinculante". Em outras palavras, decisão vinculante é uma decisão judicial cuja parcela da fundamentação também apresente imperatividade para determinados atores. Abaixo será apresentada a natureza do instituto do efeito vinculante, diferenciando-o da eficácia *erga omnes* e da coisa julgada *erga omnes*. Em seguida, serão apresentados os argumentos favoráveis e contrários a essa interpretação.

3.6.1. As decisões que apresentam efeito vinculante como precedentes vinculantes

A utilização da expressão "precedente vinculante" não é mera preferência terminológica. Embora o termo "precedente" seja utilizado pela literatura estrangeira com diferentes significados, ele remete a uma ideia básica de que uma decisão anterior em um caso concreto pode servir, em alguma medida, como guia para uma decisão futura em uma situação semelhante.[216] Essa ideia, ainda que deva ser aperfeiçoada e analisada

---

[216] Cf. Frederick Schauer, "Precedent", *Stanford Law Review* 39 (1987-1988), pp. 571-605, p. 571; Neil MacCormick / Robert Summers, "Introduction", in Neil MacCormick / Robert

em maiores detalhes, é de fundamental relevância para compreensão do efeito vinculante no direito brasileiro.

Ao se atribuir obrigatoriedade à interpretação jurídica fixada em decisões judiciais, as normas jurídicas assim utilizadas não podem ser desvinculadas das circunstâncias dos respectivos casos concretos. A expressão "precedente vinculante" tem a virtude de apontar que uma decisão que fixa uma determinada interpretação que deverá ser obrigatoriamente seguida em casos futuros também é uma decisão destinada a resolver uma situação específica e é por meio de seus respectivos elementos caracterizadores que deve ser interpretada. Como afirmado acima no caso das súmulas vinculantes, não se pode afirmar que os precedentes vinculantes criem normas jurídicas gerais e abstratas desvinculadas dos casos concretos, sob pena de se confundir legislação e jurisdição.

Nesse sentido, Lenio Streck apresenta o seguinte argumento a respeito das súmulas vinculantes, que também pode ser estendido para os precedentes vinculantes de um modo geral:

> "Numa palavra: na verdade, quem transforma a Súmula vinculante em um *mal em si* são as suas equivocadas compreensão e aplicação. Explico: pensa-se, cada vez mais, que, com a edição de uma súmula, o enunciado se autonomiza da faticidade que lhe deu origem. É como se, na própria *common law*, a *ratio decidendi* pudesse ser exclusivamente uma proposição de direito, abstraída da *questão de fato*. Se isso é crível, então realmente a súmula e qualquer enunciado ou verbete (e como gostamos de verbetes, não?) será um problema. E dos grandes. E como respondo a isso? Com uma 'exigência hermenêutica' que se traduz na frase de Gadamer: 'só podemos compreender o que diz o texto a partir da situação concreta em que produzido.'"[217]

Em sentido semelhante, aponta Castanheira Neves:

> "(...) o julgador deve decidir, 'exprimindo-nos como Kant, de tal modo que possa querer que a máxima de sua decisão se converta numa lei geral',

---

Summers (org.), *Interpreting precedents: a comparative study*, Aldershot, Dartmouth, 1997, pp. 1-16, p. 1.
[217] Lenio Luiz Streck, "Súmulas vinculantes em *terrae brasilis*", p. 301.

pois o que assim se pretende é que a decisão concreta satisfaça a exigência da racionalidade (da universalidade), i. e., que a decisão concreta possa ser pensada em geral (para todos os casos da mesma natureza, para todos os casos 'iguais') sem contradição: que a decisão não se esgote intuitiva e indiscernivelmente naquele caso, mas que se justifique como decisão racional dele (nos seus fundamentos e consequências) e, portanto, justificada também todas as vezes que ele se repita. Mas diferente é propor-se a elaboração de uma regra ou norma geral e abstracta a partir da decisão concreta, pois essa regra ou norma visa o grau lógico geral-abstracto que permite mantê--la e aplicá-la sempre igualmente a casos do *mesmo gênero*, não obstante as diferenças especificantes ou as circunstâncias particulares e concretas com que esses casos realmente se apresentem; e para tanto terá juntamente de *abstrair-se* dessas diferenças e circunstâncias – é esta a índole de uma regra ou norma geral-abstracta e da sua aplicação igual: os casos são particulares--concretos e a norma inteciona-os geral-abstractamente. Naquela primeira pretensão judicativa pensa-se hipoteticamente o caso repetido com as suas circunstâncias concretamente relevantes – senão, não era aquele caso pensado universalmente –; nesta segunda pretensão normativa terá de abstrair-se, e pré-abstrair-se, de certas dessas circunstâncias – sem o que não seria construído um caso geral-abstracto, um gênero de caso. Daí que o primeiro tipo de juízo seja possível (logicamente possível), mas não já o segundo, em arbítrio: com efeito, não se pode saber antecipadamente de que circunstâncias se há-de abstrair, já que todas elas são concretamente relevantes naquele caso. (...) É por isso que a racionalidade jurídica de uma normatividade judicativa de precedentes e da utilização destes como critério normativo se não confunde com a racionalidade de uma normatividade lógico-normativista e de aplicação uniforme de regras ou normas gerais e abstractas – e é esta racionalidade, não àquela, que corresponde a racionalidade jurídica dos *assentos*, como sabemos."[218]

As considerações acima são de grande importância para a compreensão dos precedentes vinculantes no direito brasileiro. Como destacam os dois autores acima, a adoção de precedentes vinculantes não representa um problema em si para a separação de poderes e a divisão funcional de

---

[218] António Castanheira Neves, *O instituto jurídico dos 'assentos' e a função dos supremos tribunais*, p. 640, nota 1584.

tarefas entre legislação e jurisdição. Os problemas surgem no momento em que se adotam pressupostos hermenêuticos ultrapassados – como o que iguala texto e norma jurídica ou que entende as regras estabelecidas por precedentes de forma desvinculada de suas circunstâncias concretas.

Ao afastar esses pressupostos, Castanheira Neves ressalta o valor de se identificarem as máximas na fundamentação de decisões judiciais que possam ser universalizadas sempre tendo por base as circunstâncias do caso concreto, como um requisito de racionalidade do discurso jurídico. Como será visto no item 3.6.3.1, trata-se da exigência de universalizabilidade das razões jurídicas de uma decisão, fundada, em última análise, no pensamento de Kant. A partir dessa exigência, revela-se que as normas jurídicas utilizadas em decisões judiciais somente devem ser compreendidas com base nos casos em que utilizadas, sob pena do discurso jurídico, centrado no momento de aplicação do direito, descambar para um discurso similar ao discurso legislativo.

Nesse ponto, faz-se uma observação: a afirmação de que os precedentes vinculantes devem ser compreendidos de acordo com as circunstâncias dos casos em que emitidos pode criar alguma dúvida a respeito das decisões proferidas em controle abstrato de constitucionalidade.

Não se pode confundir o critério de classificação dos modelos de controle de constitucionalidade com a afirmação acima. O controle abstrato de constitucionalidade é denominado "abstrato" em contraposição ao controle "concreto": no controle abstrato, a questão de constitucionalidade surge diretamente da contraposição entre um ato e a constituição; já o controle concreto pressupõe a existência de uma lide a respeito de direitos e deveres entre duas ou mais partes, no bojo da qual surge, incidentalmente, a questão de constitucionalidade.

Também nos casos de controle abstrato de constitucionalidade, há circunstâncias que permitem individualizar a respectiva demanda. Não há uma lide entre duas ou mais partes a respeito da existência de direitos e deveres, mas há uma questão colocada a respeito da compatibilidade de um determinado ato normativo em relação à Constituição. Isso significa que também uma decisão de controle abstrato é proferida em um contexto que apresenta diversos elementos que devem ser considerados no momento de sua interpretação. Essas circunstâncias são a forma e o conteúdo do ato normativo impugnado, o estado da legislação e as circunstâncias fáticas existentes à época da decisão, entre outros.[219]

3.6.2. A distinção entre efeito vinculante, eficácia *erga omnes* e coisa julgada *erga omnes*

Como afirmado, o efeito vinculante deve ser interpretado como a atribuição de obrigatoriedade aos motivos determinantes (*rationes decidendi*) das decisões do STF de controle abstrato de constitucionalidade, das que embasam súmulas vinculantes e das tomadas em recursos extraordinários. Deve-se diferenciá-lo, primeiramente, da eficácia *erga omnes*, considerando-se que os arts. 102, §2º, e 103-A, *caput*, da Constituição Federal, fazem claramente essa distinção.

A eficácia *erga omnes* presente nas decisões de controle abstrato de constitucionalidade – como apontado no item 1.5.2 – significa que o dispositivo de uma decisão é obrigatório perante toda a coletividade, atingindo imediatamente a esfera jurídica de todos aqueles que possam ter alguma relação com o objeto tratado. No caso das decisões de controle abstrato de constitucionalidade, a eficácia *erga omnes* recai sobre o dispositivo decisório para atingir a esfera jurídica de todos aqueles que possam sofrer as consequências jurídicas da norma impugnada. Note-se que não somente as decisões de mérito, mas também as decisões cautelares proferidas em processos de controle abstrato de constitucionalidade apresentam eficácia *erga omnes*.

Há, inclusive, outros exemplos de ações para além do controle de constitucionalidade para os quais se reconhece, em alguns casos, eficácia *erga omnes*, como o mandado de injunção (art. 9º, § 1º, da Lei 13.300/2016), *habeas corpus* coletivo (como decidido pela 2ª Turma do STF no HC 143.641, j. 20/02/2018, que estabeleceu a prisão domiciliar para gestantes ou mães de crianças até 12 anos de idade) ou possivelmente a ação civil pública.[220]

Não se pode confundir a eficácia *erga omnes* com o efeito vinculante, pois enquanto a primeira refere-se à obrigatoriedade geral do dispositivo de decisões, o segundo atribui imperatividade à parcela da fundamentação

---

[219] Em sentido semelhante, cf. Luiz Guilherme Marinoni, *Precedentes obrigatórios*, p. 259.
[220] Veja-se a discussão em andamento no RE 1.101.937 sobre a constitucionalidade da restrição de eficácia das decisões proferidas em ações civis públicas do art. 16 da Lei 7.347/1985.

de decisões exclusivamente de mérito e para alguns atores, como será visto abaixo. Em razão disso, pode-se afirmar que as decisões que embasam súmulas vinculantes, caso proferidas em controle incidental de constitucionalidade, e as decisões proferidas em recurso extraordinário embora apresentem efeito vinculante, não apresentam eficácia *erga omnes*, pois seus dispositivos decisórios versam exclusivamente sobre a relação existente entre as partes em juízo e somente indiretamente atingirão a esfera jurídica de terceiros.

Tampouco se pode confundir o efeito vinculante com a coisa julgada *erga omnes*. A atribuição de imperatividade à fundamentação de decisões judiciais não significa que também seja atribuída imutabilidade a ela. A interpretação jurídica fixada na motivação de uma decisão de controle abstrato de constitucionalidade apresenta imperatividade, mas não apresenta a autoridade da coisa julgada, pois poderá ser modificada pelo próprio STF no futuro. Somente o dispositivo decisório (em sentido substancial e não formalístico, como afirmado no Capítulo 2) de uma decisão poder revestir-se de imutabilidade. Ressalte-se, inclusive, que o art. 26, da Lei 9.868/1999, e o art. 12, da Lei 9.882/1999, vedam o cabimento de recursos – exceto embargos de declaração – e ação rescisória das decisões de mérito proferidas em controle abstrato de constitucionalidade. Desse modo, não faz sentido afirmar que o efeito vinculante seria a extensão subjetiva ou objetiva da autoridade da coisa julgada.[221]

Com base na distinção entre efeito vinculante e coisa julgada, deve ser vista com reservas as decisões tomadas pelo STF na ADI 4.029 ou na ADI 3.470, examinada no item 2.2.1.4. Nessas decisões, houve o deslocamento textual da resolução de uma questão prejudicial para o dispositivo decisório. Entretanto, conforme a lição de Liebman, a resolução de uma questão prévia, ainda que textualmente seja deslocada para o "dispositivo da decisão" em um sentido formal, jamais pode ser considerada dispositivo da decisão em sentido substancial. A razão para tanto é que são atribuídas consequências jurídicas diversas para a resolução de questões

---

[221] Cf. Roger Stiefelmann Leal, *O efeito vinculante na jurisdição constitucional*, p. 145 e André Dias Fernandes, *Eficácia das decisões do STF em ADIN e ADC*, p. 169. Em sentido contrário, cf. Celso de Albuquerque Silva, *Do efeito vinculante: sua legitimação e aplicação*, Rio de Janeiro, Lumen Juris, 2005, pp. 223 e s.

prévias e de questões principais das decisões judiciais, inclusive as proferidas em ações de controle abstrato de constitucionalidade. Nos termos art. 503, do CPC, somente a resolução de questões principais reveste-se de coisa julgada.

Excepcionalmente, nesses dois casos, pode-se entender que o STF teria aplicado (mesmo sem ter mencionado) o § 1º do art. 503, que permite que uma questão prejudicial (inciso I) seja resolvida por decisão revestida de coisa julgada material, caso tenha havido contraditório e ampla defesa efetivos (inciso II) e o juízo tenha competência para decidir a matéria (inciso III). Nesse caso, as decisões do STF seriam menos problemáticas podendo-se entender, como o Tribunal fez na ADI 3.470, pela eficácia *erga omnes*, coisa julgada *erga omnes* e efeito vinculante da decisão sobre a inconstitucionalidade do art. 2º da Lei 9.055/1995.

Já os destinatários imediatos do efeito vinculante são as demais instâncias do Poder Judiciário e a Administração Pública, nos termos dos arts. 102, § 2º, e 103-A, *caput*, da Constituição Federal. Identifica-se o efeito vinculante das decisões de controle abstrato de constitucionalidade e das súmulas vinculantes como a atribuição de uma imperatividade cuja mutabilidade é restrita ao próprio órgão que as emanou – o STF. Essa "mutabilidade restrita" é próxima, por exemplo, da mutabilidade de decisões de tribunais em relação aos juízos que lhes são hierarquicamente subordinados. Um acórdão de um Tribunal de Justiça que julga uma apelação é uma decisão judicial que, via de regra, produz efeitos, antes mesmo de se revestir de coisa julgada, podendo ser executada imediatamente perante o juízo em que proferida a sentença originária. No caso da impugnação do acórdão por um recurso especial ou recurso extraordinário, a regra geral é que esses recursos não tenham efeitos suspensivos[222], ou seja, o acórdão do Tribunal de Justiça continuará a produzir seus efeitos ainda que possa ser reformado por um órgão judiciário hierarquicamente superior. Nesse exemplo, torna-se claro que o acórdão do Tribunal de Justiça também apresenta imperatividade e reveste-se de uma mutabilidade restrita, pois apenas um órgão superior poderá alterá-lo, sendo vedada sua reforma pelo tribunal *a quo* ou pelo juízo de primeira instância a que vinculado.

---

[222] Art. 995 do CPC.

Algo semelhante ocorre com o efeito vinculante conferido às decisões do STF em controle abstrato de constitucionalidade, às que embasam súmulas vinculantes e às proferidas em recursos extraordinários. A interpretação jurídica adotada pelo STF será revestida de imperatividade com mutabilidade restrita, pois somente ele poderá alterá-la em um caso futuro.

Em relação às súmulas vinculantes, deve-se notar que apresentam o mesmo efeito vinculante das decisões de controle abstrato de constitucionalidade. Nesse sentido, o efeito vinculante conferido às sumulas vinculantes significa a atribuição de imperatividade aos motivos determinantes das decisões que embasaram o enunciado da súmula.[223] As súmulas vinculantes apresentam exclusivamente efeito vinculante, pois não possuem eficácia *erga omnes* e não se revestem de coisa julgada. Nesse sentido, pode-se afirmar que a expressão "súmula vinculante" apresenta uma metonímia: na verdade, o efeito vinculante atribui imperatividade a determinadas *rationes decidendi* das decisões que embasam o enunciado sumular. Trata-se de interpretação que se compatibiliza com a prática do STF, como apontado no item 2.2.2.

Essa interpretação mostra que, na verdade, as súmulas vinculantes são concebidas para atuar sobre *rationes decidendi* de decisões proferidas, especialmente, no controle incidental-concreto de constitucionalidade. As ações de controle abstrato de constitucionalidade já apresentam efeito vinculante, de modo que é redundante estabelecer-se uma súmula vinculante tendo por base essas decisões. Em outras palavras, o efeito vinculante das súmulas vinculantes nada acrescenta ao efeito vinculante das decisões de controle abstrato.[224]

Já no caso das decisões proferidas em recursos extraordinários, após a sistemática da repercussão geral, deve-se reconhecer com base nas normas do CPC e da jurisprudência acima analisada do STF que elas

---

[223] Cf. Roger Stiefelmann Leal, *O efeito vinculante na jurisdição constitucional*, p. 177; Rodolfo de Camargo Mancuso, *Divergência jurisprudencial e súmula vinculante*, 3ª ed., São Paulo, Revista dos Tribunais, 2007, p. 362; e Glauco Salomão Leite, *Súmula vinculante e jurisdição constitucional brasileira*, pp. 164 e s.

[224] Cf. Roger Stiefelmann Leal, "A incorporação das súmulas vinculantes à jurisdição constitucional brasileira: alcance e efetividade em face da repercussão geral e da proposta de revisão jurisprudencial sobre a interpretação do art. 52, X, da Constituição", *Revista de Direito Administrativo* 261 (2012), pp. 179-201.

produzem efeito vinculante (imperatividade) em relação somente aos demais órgãos do Poder Judiciário (e não em face da Administração Pública também). Isso significa que, comparando-se o efeito das decisões em recursos extraordinários com o efeito vinculante das decisões de controle abstrato e súmulas vinculantes, constata-se que, do ponto de vista subjetivo, não são o mesmo. Em outras palavras, as decisões proferidas em recursos extraordinários têm efeito vinculante restrito às demais instâncias do Poder Judiciário.

A edição Súmula Vinculante 57, em sessão de 15 de abril de 2020, retrata bem essa distinção.[225] O STF, ao decidir o RE 330.817 (j. 08/03/2017), fixou a seguinte tese: "A imunidade tributária constante do art. 150, VI, d, da CF/88 aplica-se ao livro eletrônico (e-book), inclusive aos suportes exclusivamente utilizados para fixá-lo". Contudo, conforme a Proposta de Súmula Vinculante, constatou-se que diversas autoridades administrativas tributárias não seguiam tal entendimento, uma vez que não seriam vinculadas pelo entendimento do STF.

Diante de tal situação, o STF poderia ter entendido que seu entendimento deveria ser obrigatório para as autoridades administrativas por diferentes razões.

A primeira seria a tese da mutação constitucional do art. 52, inciso X, da Constituição Federal, ventilada no julgamento da ADI 3.470 (caso amianto), como visto no Capítulo 2. Com base nesse entendimento, todas as decisões proferidas pelo STF poderiam se revestir de eficácia *erga omnes* e efeito vinculante, independentemente de terem sido proferidas em controle abstrato ou concreto. Caso ratificada essa tese, não seria necessária a adoção da Súmula Vinculante, mas, entre outros remédios judiciais, apenas reclamação constitucional direta para que o STF cassasse a decisão administrativa.

Uma segunda alternativa seria a de entender que o efeito vinculante de uma decisão em recurso extraordinário apresentaria a mesma abrangência das decisões de controle abstrato de constitucionalidade e súmulas vinculantes, nos termos do art. 102, § 2º, ee art. 103-A, da Constituição

---

[225] A imunidade tributária constante do art. 150, VI, d, da CF/88 aplica-se à importação e comercialização, no mercado interno, do livro eletrônico (e-book) e dos suportes exclusivamente utilizados para fixá-los, como leitores de livros eletrônicos (e-readers), ainda que possuam funcionalidades acessórias.

Federal. Nesse caso, também seria desnecessária a edição de Súmula Vinculante, pois as autoridades administrativas em questão já estariam vinculadas ao entendimento do Tribunal.

A alternativa adotada, entretanto, foi a efetiva edição da Súmula Vinculante 57. Deve ser reconhecido que, nos debates para edição da Súmula, nenhum dos pontos acima foi enfrentado. Entretanto, a rejeição implícita das duas possibilidades acima aponta para a produção de efeito vinculante das decisões em recurso extraordinário tendo por destinatários apenas os demais órgãos do Poder Judiciário. Isso revela que há uma coexistência de mecanismos de vinculação por precedentes que acaba por dificultar a própria prática decisória do Tribunal. Para o problema da falta de uniformidade entre entendimentos judiciais são criados diferentes instrumentos processuais que acabam por tornar o sistema mais complexo e difícil de ser operacionalizado, sem que haja uma justificativa clara para a distinção dos efeitos das decisões do Tribunal.

Em suma, pode-se afirmar a respeito das decisões do STF que:

a) A eficácia *erga omnes* é a imperatividade de uma decisão contida no dispositivo decisório para todas as pessoas que possam ser afetadas por uma norma declarada constitucional ou inconstitucional;
b) A coisa julgada *erga omnes* é a imutabilidade da decisão com eficácia *erga omnes*, após esgotados todos os meios de impugnação judicial no próprio STF;
c) O efeito vinculante das decisões do STF é a imperatividade dos motivos determinantes (*rationes decidendi*) de suas decisões em controle abstrato de constitucionalidade, das decisões que embasaram súmulas vinculantes e das decisões proferidas em recursos extraordinários. Enquanto o efeito vinculante das decisões de controle abstrato e súmulas vinculantes atingem os demais órgãos do Poder Judiciário e Administração Pública (art. 102, § 2º, e art. 103-A, da Constituição Federal), o efeito vinculante das decisões em recursos extraordinários somente atingem os demais órgãos do Poder Judiciário (arts. 1.029 a 1.035 do CPC).

A interpretação do efeito vinculante acima defendida, entretanto, encontra sérias críticas na doutrina e na jurisprudência. Abaixo serão apontadas as razões pelas quais ela se sustenta como a melhor interpretação do efeito vinculante e, em seguida, examinadas as críticas a ela.

3.6.3. Igualdade e segurança jurídica como fundamentos dos precedentes vinculantes

Como exposto no item 2.1.2, já na justificativa da PEC 130/1992, inspiradora da criação do efeito vinculante pela Emenda Constitucional 3/1993, havia a clara noção de que esse instituto atribui obrigatoriedade à fundamentação da decisão de mérito proferida pelo Supremo Tribunal Federal em uma ADC. Posteriormente, o efeito vinculante foi estendido à ADI, à ADPF, às súmulas vinculantes e às decisões em recursos extraordinários. Almejava-se um mecanismo que fosse capaz de uniformizar a interpretação constitucional a partir das teses encampadas pelo Supremo Tribunal, que passariam a ser de observância obrigatória perante a Administração Pública e as demais instâncias do Poder Judiciário.

A melhor compreensão desses enunciados normativos aponta para a compreensão do efeito vinculante enquanto atribuição de imperatividade aos motivos determinantes (*rationes decidendi*) de determinadas decisões judiciais e pode ser justificada a partir de importantes princípios constitucionais. Abaixo serão examinados os impactos dessa proposta para a concretização dos princípios da igualdade e da segurança jurídica.

3.6.3.1. Efeito vinculante e igualdade

A primeira razão para a defesa da interpretação do efeito vinculante enquanto transcendência dos motivos determinantes aponta para o valor da igualdade tanto em sentido formal, no sentido de aplicação igualitária de regras jurídicas, quanto em um sentido substancial, no sentido de condições de acesso ao Poder Judiciário.

Em sentido formal, a igualdade implica a noção de se tratar de modo semelhante os que se encontram em situação semelhante e de modo diferente os que se encontram em situações diferentes. A atribuição de imperatividade às razões de decidir de decisões judiciais é um instrumento a serviço da igualdade em sentido formal, na medida em que essas razões sejam aplicadas a todos que se encontrem em situação semelhante. Com a ampliação da adoção de precedentes vinculantes, ultrapassa-se a perspectiva da submissão de todos aos mesmos enunciados normativos e busca-se, além disso, que todos sejam submetidos à mesma interpretação desses enunciados, ou seja, às mesmas normas jurídicas.[226]

Frederick Schauer, entretanto, aponta a vagueza da relação entre precedentes vinculantes e essa noção ampla de justiça formal.[227] Para ele, nesse nível elevado de abstração é simples apontar a relação entre esses dois elementos. A verdadeira questão não seria simplesmente identificar essa relação, mas conceber em que medida devem ser construídas as semelhanças e diferenças entre situações concretas. Em sentido semelhante, Neil Duxbury afirma que assemelhar duas situações diferentes pressupõe algum princípio ou regra jurídica, a despeito das inúmeras diferenças sempre existentes entre elas.[228] É por essa razão que o autor afirma que seria tautológico defender a existência da relação entre a ideia de igualdade formal e precedentes vinculantes: afirmar que uma regra deve ser aplicada a casos semelhantes significa dizer que ela deve ser aplicada aos casos em que ela deve ser aplicada.

Nesse ponto, deve ser reconhecido que toda decisão judicial é tomada com base em pelo menos uma regra jurídica.[229] Essa regra pode ser objeto de questionamentos e, desse modo, ser fundamentada por diferentes argumentos admitidos pelo discurso jurídico. A importância da identificação dessa exigência aponta para a ideia de universalizabilidade das razões utilizadas em decisões judiciais, como pressuposto de racionalidade do discurso jurídico e respeito à noção de igualdade em sentido formal.[230] Para fundamentar sua decisão, o juiz deve identificar uma regra que deverá ser aplicada ao caso presente e a todos os casos que apresentem características semelhantes.[231]

---

[226] Cf. Rupert Cross / J. Harris, *Precedent in English Law*, p. 103. Em sentido semelhante, cf. Roger Stiefelmann Leal, *O efeito vinculante na jurisdição constitucional*, pp. 115 e s.; e Luiz Guilherme Marinoni, *Precedentes obrigatórios*, pp. 141 e ss.
[227] Cf. Frederick Schauer, "Precedent", pp. 595 e ss.
[228] Cf. Neil Duxbury, *The Nature and Authority of Precedent*, Cambridge, Cambridge, 2008, p. 175.
[229] Cf. Robert Alexy, *Teoria da argumentação jurídica: a teoria do discurso racional como teoria da justificação jurídica*, 2ª ed., São Paulo, Landy, 2005, p. 219.
[230] Cf. Thomas da Rosa de Bustamante, *Teoria do precedente judicial*, p. 112. Em sentido semelhante, cf. José Joaquim Gomes Canotilho, *Direito Constitucional e Teoria da Constituição*, 7ª ed., Coimbra, Almedina, 2003, p. 427 e Martin Kriele, "Das Präjudiz in Kontinental-Europäischen und Anglo-Amerikanischen Rechtskreis", pp. 69 e s.
[231] Cf. Neil MacCormick, *Rethoric and the Rule of Law*, p. 99.

É justamente essa exigência de universalizabilidade do discurso jurídico que consolida a relação entre precedentes vinculantes e a ideia de igualdade formal. A suposta tautologia inferida por Duxbury mostra, na verdade, a necessidade de que uma regra efetivamente incida sobre as situações previstas em seu suporte fático,[232] exceto casos excepcionais. Uma vez adotada uma regra como fundamento de uma decisão judicial, a igualdade em sentido formal exige que outras situações sobre as quais ela incida sejam por ela efetivamente disciplinadas. Em outras palavras, a ideia de igualdade formal requer que uma regra jurídica utilizada em uma decisão judicial seja utilizada em outros casos nos quais possa incidir.[233]

Caso todo tomador de decisão – inclusive os destinatários de uma regra jurídica que devem a interpretar e aplicar para guiar suas condutas – pudesse levar em consideração todas as circunstâncias dos casos concretos independentemente da existência da regra, haveria um grande prejuízo para a igualdade em sentido formal, pois cada indivíduo estaria submetido ao seu exclusivo juízo de como avaliar essas circunstâncias à luz de valores mais abstratos.

As regras jurídicas desempenham um papel fundamental em sociedades democráticas e complexas. As regras têm a finalidade de reduzir a complexidade social a categorias previamente estabelecidas, possibilitando que os diferentes atores sociais planejem suas atividades com o mínimo de segurança e previsibilidade. Embora os indivíduos possam concordar com princípios gerais de justiça, como liberdade e igualdade, que devem ser utilizados na solução de conflitos intersubjetivos, a aplicação direta desses princípios a casos concretos geraria grave insegurança, uma vez que suas concretizações são objeto de constantes disputas. Por essa razão, Humberto Ávila faz uma crítica à realização de justiça no caso concreto mediante a aplicação direta de princípios, desconsiderando-se a existência de regras jurídicas que já estabelecem, pelo

---

[232] As regras jurídicas podem ser concebidas na forma de proposições do tipo "Se A, então B", em que "A" é o suporte fático no qual são descritas as circunstâncias a que se imputa a consequência jurídica "B". Cf. Marcos Bernardes de Mello, *Teoria do fato jurídico*, 12ª ed., São Paulo, Saraiva, 2003, p. 38.

[233] Cf. Zenon Bankowski / Neil MacCormick / Lech Morawski / Alfonso Ruiz Miguel, "Rationales for Precedent", in Neil MacCormick / Robert S. Summers (org.), *Interpreting Precedents: a Comparative Study*, Aldershot, Dartmouth, 1997, pp. 481-502, p. 488; e Celso de Albuquerque Silva, *Do efeito vinculante*, p. 31.

menos preliminarmente, as soluções desses casos. A aplicação de regras jurídicas previamente estabelecidas também é elemento de realização de justiça geral e igualdade em sentido formal.[234]

Em razão disso, na ausência de precedentes vinculantes, não há um critério compartilhado pelos juízes para interpretar textos normativos, de modo que cada julgador deverá analisar todos os argumentos possivelmente relevantes para chegar à melhor compreensão dos enunciados normativos naquele caso. Em um sistema como esse e especialmente em questões de interpretação constitucional, haverá grandes diferenças nas interpretações adotadas pelos órgãos judiciários para situações semelhantes, o que mina a busca por igualdade em sentido formal.

O outro aspecto da igualdade aponta para a equivalência nas condições de acesso ao Poder Judiciário. A Justiça brasileira experimentou profundas modificações nas últimas décadas, com um grande aumento do número de feitos ajuizados todos os anos, permitindo que cada vez mais pessoas tenham condições de defender seus direitos em juízo. No que se refere ao STF, esse aumento considerável do número de feitos implicou a restrição ao acesso ao Tribunal. Ainda antes da Emenda Constitucional 45/2004 e a partir da grande quantidade de decisões monocráticas proferidas, era possível cogitar-se a existência de uma espécie de "filtro informal" de recursos extraordinários destinados a selecionar os casos mais relevantes mediante os requisitos de admissibilidade recursal.[235] Após a Emenda Constitucional 45/2004, esse mecanismo de filtragem foi formalizado pelo requisito de repercussão geral das questões discutidas nos recursos extraordinários, de modo que o acesso ao STF foi consideravelmente restringido.

Nesse quadro, agravam-se as diferenças nas condições de acesso ao STF. Pode-se afirmar que litigar em instâncias superiores é um recurso disponível parar poucos, pois depende de informação, disponibilidade financeira e tempo consideráveis. O diagnóstico feito por Saulo Ramos permanece atual no sentido de que o acesso aos tribunais superiores brasileiros é "somente para os mais afortunados, que podem dispor de

---

[234] Cf. Humberto Ávila, "'Neoconstitucionalismo': entre a 'Ciência do Direito' e o 'Direito da Ciência', *Revista Brasileira de Direito Público* 23 (2008), pp. 9-30, pp. 24-5.

[235] Cf. Marcos Paulo Veríssimo, "A Constituição de 1988, vinte anos depois: Suprema Corte e ativismo judicial à Brasileira'", *Revista Direito GV* 8 (2008), pp. 407-440, p. 420.

outro tipo de recursos, os financeiros, aplicáveis no custeio da causa até instâncias maiores, todas situadas na longínqua e caríssima Brasília."[236]

As razões para tanto são as mais variadas e passam, entre outros, pela cultura jurídica brasileira, na qual as partes se utilizam de todos os expedientes processuais disponíveis para defesa de seus interesses, pela conformação dos requisitos de titularidade ativa de ações originárias e de admissibilidade recursal perante os tribunais superiores, dos custos envolvidos na tramitação de processos judiciais, além da dificuldade em se estabelecer uma estrutura efetiva de prestação de assessoria jurídica gratuita aos que dela necessitam. Perante essas circunstâncias, é suficiente reconhecer que o acesso ao STF é difícil, custoso e eventualmente demorado para a maior parte dos jurisdicionados.

A compreensão do efeito vinculante enquanto transcendência dos motivos determinantes de decisões do Supremo Tribunal permite que essa discrepância de acesso ao Tribunal seja reduzida. Mediante a adoção de decisões vinculantes, o juízo de primeiro grau já estará adstrito a adotar as razões de decidir fixadas pelo STF, não sendo necessário que a parte interessada continue a litigar até o Supremo Tribunal para que esse entendimento seja adotado. Grande parte das pessoas que pelas razões acima não teriam acesso ao STF já receberão a prestação jurisdicional em conformidade com as teses do Tribunal. Dessa forma, o acesso ao entendimento do Tribunal será em grande parte facilitado.

Deve ser reforçado que a adoção de decisões vinculantes não elimina as dificuldades de acesso ao STF, mas apenas as minimiza. A existência de certas barreiras ao acesso aos tribunais superiores é, inclusive, algo decorrente da estrutura hierárquica da Justiça, pois é inviável que todas as decisões proferidas pelos demais juízos sejam levadas ao conhecimento desses tribunais. É por essa razão que, inclusive em sistemas jurídicos que adotam precedentes vinculantes, o acesso às instâncias superiores do Poder Judiciário é também restrito.

Uma crítica pertinente é a de que a adoção da teoria da transcendência dos motivos determinantes acabaria por elitizar o acesso ao STF, uma vez que somente atores privilegiados continuariam a poder influenciar a

---

[236] Saulo Ramos, "Questões do efeito vinculante", *Cadernos de Direito Constitucional e Ciência Política* 16 (1996), pp. 24-38, p. 26. Em sentido semelhante, José Rogério Cruz e Tucci, *Precedente judicial como fonte do direito*, p. 280.

edição de precedentes vinculantes. No caso brasileiro, o acesso restrito ao Supremo Tribunal poderia levá-lo a fixar entendimentos vinculantes de maneira a desconsiderar a realidade da maioria dos jurisdicionados que a ele não tem acesso. Em última análise, haveria a adoção de precedentes vinculantes em favor daqueles atores que tem acesso ao Tribunal em detrimentos daqueles que não o tem.

Essa crítica pode ser afastada por três argumentos. O primeiro deles é que a adoção de decisões vinculantes retira o ônus dos litigantes de chegarem até Brasília para que o entendimento do STF seja adotado. Não há a necessidade de que as partes tenham grande capacidade para litigar, pois o entendimento do STF já lhes será oferecido pelo primeiro juízo que apreciar suas demandas. Caso o contrário, poderia ser necessário que toda causa chegasse ao Supremo Tribunal para correção do entendimento adotado pelas demais instâncias do Poder Judiciário. Trata-se de instrumento que, em vez de elitizar o acesso ao STF, é responsável por sua democratização.

O segundo argumento revela que, embora seja necessário acessar o STF para estabelecer ou alterar um precedente vinculante, o acesso de apenas um ou alguns casos já é suficiente para que esse entendimento seja aplicado para todos os jurisdicionados. Como exemplo, pode-se mencionar a situação da Defensoria Pública. No caso de um precedente vinculante desfavorável a seus assistidos, embora ela possivelmente não tenha condições de levar todos os seus respectivos casos ao conhecimento do STF, ela poderá levar alguns e concentrar seus esforços nesses processos. Caso o entendimento do STF seja revertido, todos os futuros casos a serem decididos serão beneficiados por essa mudança de interpretação.

O terceiro argumento aponta que os processos de controle abstrato de constitucionalidade, de edição de súmulas vinculantes e a decisão em recursos extraordinários admitem a participação de terceiros sem interesse jurídico na questão, por meio de *amici curiae* e em audiências públicas, facilitando a representação de diferentes interesses existentes na sociedade.[237] Isso possibilita que os precedentes vinculantes sejam

---

[237] No caso da ADI e ADC, a Lei 9.868/1999 permite a participação de *amici curiae*, a realização de audiências públicas, e a requisição de informações aos demais tribunais, em seu art. 7º, §2º, e art. 9º, §1º e §2º, respectivamente. No caso da ADPF, a Lei 9.882/1999 prevê mecanismos semelhantes em seu art. 6º, §1º. A Lei 11.417/2006 permite, em seu art. 3º,

adotados com base em um número maior de argumentos que ultrapassa aqueles trazidos pelas partes em juízo.

Em última análise, a compreensão do efeito vinculante enquanto a transcendência dos motivos determinantes permite que se tenha acesso facilitado à prestação jurisdicional em conformidade com o entendimento do STF, não se exigindo que todos os casos percorram a estrutura inteira do Poder Judiciário para tanto. No momento de edição ou alteração de um entendimento vinculante, é suficiente que um ou mais casos sejam levados ao Tribunal para que a questão seja apreciada, abrindo-se a possibilidade de que terceiros interessados participem desse expediente.

3.6.3.2. Efeito vinculante e segurança jurídica

A segunda razão para compreender o efeito vinculante enquanto transcendência dos motivos determinantes relaciona-se à concretização do princípio da segurança jurídica. Conforme clássico ensaio de Almiro do Couto e Silva, a segurança jurídica pode ser encarada por duas perspectivas.[238] Em seu aspecto objetivo, a segurança jurídica estabelece a garantia em favor dos indivíduos de que os atos estatais, via de regra, não terão efeitos retroativos, destinando-se a regular condutas futuras. Já em seu aspecto subjetivo, a segurança jurídica pode ser compreendida como a proteção à confiança dos indivíduos no sentido de que o Estado não adote comportamentos contraditórios.[239] Os precedentes vinculantes se ligam à ideia de segurança jurídica especialmente em seu sentido subjetivo.

Uma norma jurídica é, em geral, o resultado da interpretação de um ou mais textos normativos. Foi notória a tentativa histórica de países

---

§ 2º, a manifestação de terceiros no procedimento de edição, revisão ou cancelamento das súmulas vinculantes. No julgamento de recursos extraordinários com repercussão geral, admite-se a manifestação de terceiros, nos termos do art. 1.035, § 4º, do CPC.

[238] Cf. Almiro do Couto e Silva, "O princípio da segurança jurídica (proteção à confiança) no direito público brasileiro e o direito da administração pública de anular seus próprios atos administrativos: o prazo decadencial do art. 54 da lei do processo administrativo da União (Lei n. 9.784/1999)", *Revista de Direito Administrativo* 237 (2004), pp. 271-315, pp. 272 e ss. Em sentido semelhante, cf. José Joaquim Gomes Canotilho, *Direito Constitucional e Teoria da Constituição*, p. 257.

[239] Cf. Almiro do Couto e Silva, "O princípio da segurança jurídica", pp. 281 e ss.

filiados à tradição do *civil law* de buscar a proteção da confiança de seus cidadãos mediante a adoção de códigos legislativos que fossem capazes de regular com o maior nível de detalhamento e precisão os diferentes comportamentos humanos. Como visto no Capítulo 1, esse era o paradigma no qual, durante o século XIX e início do século XX, se fundava as concepções jurídicas vigentes de que caberia somente ao legislador a tarefa de interpretar o direito por meio de interpretação autêntica, relegando aos tribunais a tarefa de aplicar o direito na forma como legislado.

Entretanto, com a diversificação das relações sociais e o advento das sociedades de massa, há grande dificuldade de o direito legislado oferecer respostas a todas as situações sociais com rapidez e clareza.[240] Com a multiplicação de textos normativos e, ainda, o desenvolvimento do Estado Constitucional de Direito, em que a atividade legislativa deve subordinar-se a normas constitucionais tuteladas em procedimentos judiciais, acentua-se a complexidade da tarefa de uniformização do entendimento a respeito do direito. Cria-se a necessidade de uniformizar, não somente os textos normativos, mas especialmente a interpretação e a aplicação das normas jurídicas extraídas desses textos.

É justamente perante esse quadro que a ampliação da utilização dos precedentes vinculantes pode oferecer importante contribuição à segurança jurídica, especialmente em seu sentido subjetivo. Os jurisdicionados podem saber com maior precisão quais normas jurídicas serão utilizadas para avaliar seus comportamentos no futuro. Os diferentes atores sociais, inclusive os agentes públicos, aumentam a capacidade de planejar suas atividades, ao identificar interpretações obrigatórias de textos normativos.[241]

Entretanto, um sistema jurídico que adota precedentes vinculantes não pode e nem tem a pretensão de oferecer um grau completo e absoluto de segurança jurídica, enquanto previsibilidade de aplicação de

---

[240] Cf. José Eduardo Faria, *O direito na economia globalizada*, São Paulo, Malheiros, 2002, p. 117.

[241] Cf. Victor Ferreres Comella, "Sobre la posible fuerza vinculante de la jurisprudencia", *Apresentação na 6ª jornada da Fundación Coloquio Jurídico Europeu*, em 26.02.2007, disponível em: http://www.fcje.org.es/wp-content/uploads/file/jornada6/2%20V'ICTOR%20FERRERES.pdf,pp. 1 e s.

normas jurídicas. Certo grau tolerável de incerteza é inerente aos sistemas jurídicos contemporâneos, em razão da possibilidade de serem oferecidas diferentes interpretações razoáveis perante o mesmo problema jurídico.[242]

Todas as decisões judiciais, uma vez proferidas, também são manifestadas em texto. Como não existe texto "autointerpretável", as decisões judiciais deverão ser interpretadas no futuro e a correta compreensão delas também será objeto de disputa e controvérsia. Além disso, as regras jurídicas são formuladas para incidir sobre casos selecionados a partir de determinadas características. Como será apontado no item 4.4.2, toda regra jurídica – inclusive as desenvolvidas por meio de decisões judiciais – apresenta uma cláusula implícita de superabilidade, ou seja, a possibilidade de que sua aplicabilidade seja afastada, embora seu suporte fático esteja preenchido.

São por essas razões que se afirma que a segurança jurídica oferecida por precedentes vinculantes não é uma segurança absoluta. Os textos dos precedentes vinculantes deverão ser interpretados para que se identifiquem quais regras jurídicas deverão ser obrigatoriamente seguidas em casos futuros, sem excluir-se a possibilidade de afastamento ou superação dessas regras em casos excepcionais. O oferecimento de segurança jurídica limitada é, na verdade, uma das grandes virtudes de um sistema jurídico, pois permite que ele se adapte a novas realidades e não enrijeça demasiadamente o desenvolvimento social. Ada Pellegrini Grinover, apoiada em Carnelluti, afirma que a desejada uniformidade do direito deve revelar-se no espaço e não necessariamente no tempo, de modo que uma mesma questão jurídica seja compreendida uniformemente pelos diferentes órgãos jurisdicionais, sem que se exclua a possibilidade desse entendimento ser alterado no futuro.[243]

---

[242] Cf. Joaquim Falcão / Luiz Fernando Schuartz / Diego Werneck Arguelhes, "Jurisdição, Incerteza e Estado de Direito", *Revista de Direito Administrativo* 243 (2006), pp. 79-112, p. 97. No mesmo sentido, cf. Neil MacCormick, *Rethoric and the Rule of Law*, p. 28; e Neil Duxbury, *The Nature and Authority of Precedent*, p. 160.

[243] Cf. Ada Pellegrini Grinover, *Direito Processual Civil*, p. 135.

3.6.4. Críticas ao efeito vinculante enquanto transcendência dos motivos determinantes

Diferentes críticas são opostas à interpretação do efeito vinculante enquanto transcendência dos motivos determinantes, ou seja, imperatividade das *rationes decidendi* de decisões do STF. Abaixo elas serão examinadas.

3.6.4.1. Violação da separação de poderes

A primeira crítica aponta para uma possível incompatibilidade entre precedentes vinculantes e a separação de poderes em um Estado Democrático de Direito, no qual se reconhecem como diversas as funções legislativa e jurisdicional. Os precedentes vinculantes estabeleceriam regras obrigatórias que se assemelhariam às normas legislativas, implicando usurpação de competência pelo Poder Judiciário. Somente ao Poder Legislativo caberia editar normas de eficácia geral obrigatória em nome do princípio da tipicidade das leis.[244] Esse foi um importante argumento utilizado para a declaração da inconstitucionalidade dos prejulgados vinculantes trabalhistas e eleitorais, como visto no item 1.3.

Caso os precedentes vinculantes sejam compreendidos como textos revestidos de autoridade desvinculados dos casos concretos dos quais originados, poder-se-ia concordar com a crítica acima. Entretanto, reafirma-se que os precedentes vinculantes, inclusive aqueles que embasem súmulas vinculantes, devem ser compreendidos à luz das circunstâncias dos casos concretos em que emitidos. Ao se diferenciar texto normativo e norma jurídica, não se pode equiparar o enunciado textual de uma súmula ou o enunciado textual de uma regra utilizada na fundamentação de uma decisão judicial com a própria regra jurídica a ser extraída desses textos para ser obrigatoriamente aplicada em casos futuros. A utilização de regras jurídicas em decisões judiciais leva em conta necessariamente as circunstâncias do caso concreto. Abstrair esses elementos na aplicação da mesma regra em casos futuros significa cair no modelo acima rejeitado, em que o texto poderia apresentar um sentido imanente desvinculado das circunstâncias concretas em que emitido e das

---

[244] Cf. Luiz Flávio Gomes, "Súmula vinculante e independência judicial", *Revista dos Tribunais* 739 (1997), pp. 11-42, p. 32.

circunstâncias em que deva ser aplicado. É por essa razão que se afirma que "o precedente não cabe na súmula".[245]

Some-se a isso o fato de que, a partir da evolução da ideia de separação de poderes, o estabelecimento de normas jurídicas obrigatórias não é tarefa exclusiva do legislador. Como exemplo, menciona-se a atividade normativa de órgãos do Poder Executivo. Além disso, como ressaltado no Capítulo 1, o direito brasileiro conviveu em boa parte de sua história com precedentes vinculantes, dentre eles a representação genérica de inconstitucionalidade, cujas decisões já apresentavam eficácia *erga omnes* e também se revestiam de coisa julgada *erga omnes*.[246]

Isso implica a superação da clássica dicotomia entre interpretação autêntica e interpretação doutrinal do direito, bem como da ideia de que a criação de direito pelo Poder Judiciário implica alguma indevida forma de delegação legislativa – argumentos utilizados nos séculos passados para rejeitar-se a adoção de precedentes vinculantes no direito brasileiro. Contudo, deve ser reforçado que não se podem confundir as diferentes formas de criação do direito. Embora os juízes também participem da criação do direito, eles o fazem mediante processos e argumentos de natureza diferente do direito legislado.

Compreender que os precedentes vinculantes são construídos a partir de casos concretos e que não podem ser descontextualizados das circunstâncias das quais se originam permite reforçar a diferença entre legislação e jurisdição, afastando-se o risco de usurpação da atividade legislativa pelo Poder Judiciário. Os precedentes vinculantes são resultado de atividade jurisdicional e não legislativa, pois são fruto de um procedimento judicial e, principalmente, porque a forma de argumentar neles expressada é um modo típico de argumentação de decisões judiciais, em que se "desenvolvem" novas normas jurídicas, como apontado acima no item 3.5.[247] Dessa forma, eles devem ser compreendidos de acordo com as circunstâncias dos casos em que surgiram. É somente a

---

[245] Lenio Luiz Streck, "Súmulas vinculantes em *terrae brasilis*", p. 300.

[246] Nesse sentido, Rodolfo de Camargo Mancuso, *Divergência jurisprudencial e súmula vinculante*, pp. 351 e s.; e Roger Stiefelmann Leal, *O efeito vinculante na jurisdição constitucional*, p. 101.

[247] No que se refere às súmulas vinculantes e em sentido semelhante, Vanice Lírio do Valle, "Impasses sistêmicos da versão brasileira de precedentes vinculantes", *Revista de Direito Administrativo e Constitucional* 21 (2005), p. 69-88, pp. 511 e s.; e Elival da Silva Ramos, *Controle de constitucionalidade*, p. 376.

partir dessa perspectiva que os objetivos de igualdade e segurança jurídica acima retratados podem ser buscados, evitando-se, de um lado, a confusão entre a atividade jurisdicional com a legislativa, e, de outro lado, o surgimento de uma "automaticidade imprópria do ofício judicante",[248] em que a tarefa dos magistrados se resumiria a aplicar decisões judiciais de forma irrefletida e mecânica.

3.6.4.2. Enrijecimento da interpretação jurídica e diminuição da participação dos demais órgãos do Poder Judiciário na construção do sentido constitucional

Critica-se à atribuição de imperatividade à fundamentação de decisões judiciais pelo suposto enrijecimento da interpretação do direito. Um dos autores mais citados neste ponto é Klaus Schlaich que identifica, no caso do direito alemão, o risco de uma "canonização" das razões de decidir das decisões do Tribunal Constitucional Federal, de modo a excluir a participação de outros atores sociais na construção do sentido constitucional, em especial os demais órgãos do Poder Judiciário.[249] Trata-se de crítica já presente no direito brasileiro desde os escritos de Pimenta Bueno, que apontava o risco de cristalizar-se uma interpretação do direito que poderia, inclusive, ser equivocada.[250]

O primeiro fato a ser observado é que o direito brasileiro atual não se assemelha ao antigo regime dos assentos vinculantes, previsto na Lei da Boa Razão de 1769 e no Decreto 2.684/1875. Nesses regimes anteriores, havia a vedação de que a Casa de Suplicação e o Supremo Tribunal de Justiça do Império, respectivamente, alterassem um assento vinculante. Embora até recentemente existisse pelo menos um exemplo de regra semelhante no direito comparado, pode-se afirmar que essa vedação não subsiste mais nos sistemas jurídicos contemporâneos pela sua extrema rigidez, que acarretaria grandes inconvenientes em sociedades em constante transformação.[251] No caso das *rationes decidendi* fixadas em controle

---

[248] Voto do Ministro Marco Aurélio, STF, ADC-QO 1, p. 60.
[249] Cf. Klaus Schlaich / Stefan Korioth, *Das Bundesverfassungsgericht: Stellung, Verfahren, Entscheidungen*, 7ª ed., München, C. H. Beck, 2007, pp. 271 e ss.
[250] Cf. item 1.1.1.
[251] Trata-se da regra seguida até 1966 pela Câmara dos Lordes do Reino Unido, que prescrevia a estrita vinculação da Câmara a seus próprios precedentes. Mediante o *Practice Statement* de 1966, a Câmara dos Lordes anunciou que não se consideraria mais vinculada a

abstrato de constitucionalidade, admite-se que os particulares recorram até o STF para buscar a reforma de um entendimento vinculante. Já no caso das súmulas vinculantes, o art. 3º, da Lei 11.417/2006, prevê a possibilidade de diferentes atores, inclusive tribunais, proporem a adoção, modificação ou rejeição de um enunciado pelo STF.

O segundo ponto para afastar a crítica acima se refere ao modo de participação dos demais atores, em especial dos demais órgãos do Poder Judiciário, na construção da melhor interpretação constitucional. Como exposto no item anterior, a adoção da teoria da transcendência dos motivos determinantes não pode admitir uma postura de automatismo no momento de aplicação das decisões vinculantes. É necessário que o precedente seja interpretado com base no caso concreto em que emitido e tendo em vista as circunstâncias em que possivelmente aplicado. Essa tarefa de interpretação não é trivial e exige um esforço considerável do intérprete. As demais instâncias do Poder Judiciário têm papel fundamental, por exemplo, em identificar situações excepcionais, cujos fatos não se amoldam de modo razoável aos fatos e argumentos do precedente vinculante emitido pelo STF (*distinguishing*). Isso permite que elas participem efetivamente da construção do sentido constitucional, oferecendo novas soluções a casos supostamente resolvidos pela decisão do STF dotada de efeito vinculante. Além disso, ainda que não seja o caso de afastar um precedente vinculante e o juiz efetivamente o aplique, nada impede que ele ressalve sua desconformidade com a tese jurídica do STF, oferecendo subsídios às partes para que procurem modificar tal entendimento. Dessa forma, o juiz poderá contribuir para o desenvolvimento da interpretação do direito, sem deixar de cumprir corretamente seu dever de aplicar uma decisão vinculante.[252]

Um último aspecto da crítica acima deve ser examinado. Trata-se da afirmação de que não se deve atribuir imperatividade à fundamentação de decisões judiciais, uma vez que inexiste uma única decisão correta em

---

seus precedentes e os abandonaria quando os entendesse equivocados. Cf. Rupert Cross / J. Harris, *Precedent in English Law*, p. 104. No caso do direito brasileiro, deve-se fazer a ressalva do dispositivo decisório de decisões em controle abstrato de constitucionalidade que declaram a inconstitucionalidade de um determinado texto normativo ou norma jurídica, uma vez que tais dispositivos também se revestem de coisa julgada *erga omnes*.

[252] Cf. Marco Antonio Botto Muscari, *Súmula vinculante*, São Paulo, Juarez de Oliveira, 1999, p. 95.

direito, mas diversas soluções possivelmente admissíveis juridicamente. A adoção de precedentes vinculantes teria por pressuposto a ideia de que somente a decisão final de uma determinada questão seria a correta, reputando-se erradas as demais decisões em desconformidade com ela. Além de equivocadamente "eleger-se" uma interpretação como a única exclusivamente correta, correr-se-ia o risco de se obstruir novas discussões a respeito de uma determinada questão.[253]

Celso de Albuquerque Silva aponta com precisão que a adoção de precedentes vinculantes, não afasta, mas pressupõe a existência de diferentes decisões discursivamente possíveis em direito.[254] Caso se compreendesse que a interpretação jurídica adotada em uma decisão do STF fosse a única correta, não haveria necessidade do efeito vinculante, uma vez que essa decisão seria seguida simplesmente pela força de seus argumentos. Justamente em razão da possibilidade legítima de se questionar a correção de uma decisão judicial, inclusive as decisões vinculantes do STF, faz sentido a atribuição de efeito vinculante. Atribuir obrigatoriedade a uma determinada interpretação do direito, não significa "elegê-la" como a única resposta correta, mas apenas que ela deverá ser seguida em futuros casos até que seja modificada para que sejam assegurados valores de igualdade e segurança, como acima mencionado.

Isso possibilita reconhecer que as decisões vinculantes, embora devam ser aplicadas em futuros casos concretos pelos órgãos vinculados, podem e devem ter sua correção sempre questionada e reavaliada à luz do direito em constante transformação. Embora os juízes devam aplicar o entendimento fixado em decisões que apresentam efeito vinculante, é salutar que eles exponham eventuais discordâncias. De maneira semelhante, é tarefa fundamental da comunidade jurídica como um todo exercer uma fiscalização difusa sobre a interpretação do direito adotada em decisões

---

[253] Cf. Luiz Flávio Gomes, "Súmula vinculante e independência judicial", p. 25.
[254] Cf. Celso de Albuquerque Silva, *Do efeito vinculante*, p. 35. A afirmação de que, de um ponto de vista empírico, não é possível identificar-se um procedimento ou um conteúdo *a priori* de uma decisão judicial que lhe garanta ser a única resposta correta não exclui a permanência dessa tese enquanto um ideal regulativo do discurso jurídico. A ideia da única resposta correta desempenha um importante papel de assegurar a busca de racionalidade nesse tipo de discurso. Para maiores detalhes a respeito da rejeição dessa tese de um ponto de vista empírico, mas sua adoção enquanto padrão argumentativo, cf. Thomas da Rosa de Bustamante, *Teoria do precedente judicial*, pp. 137 e s.

judiciais, avaliando sua correção, ainda que a ela se atribua a marca da imperatividade. Permite-se que, no futuro, a tese adotada no precedente vinculante seja eventualmente modificada, afastando-se o risco de impedir o desenvolvimento do direito perante novas realidades concretas.

3.6.4.3. Violação da independência judicial

Não é de hoje que o estabelecimento de precedentes vinculantes é compreendido como um modo autoritário de uniformização do direito. Conforme mostrado no item 1.2.2, os assentos vinculantes que poderiam ter sido estabelecidos pelo Supremo Tribunal de Justiça do Império já eram criticados em 1928 por Pontes de Miranda justamente por essa razão. Nesse sentido, argumenta-se que a atribuição de imperatividade à fundamentação de decisões judiciais significaria a violação da garantia constitucional de liberdade decisória do magistrado decorrente do livre acesso à jurisdição prevista no art. 5º, inciso XXXV, da Constituição Federal.[255]

A primeira objeção a tal crítica é que, no caso do efeito vinculante atribuído às decisões do STF no controle abstrato de constitucionalidade, às súmulas vinculantes e em recursos extraordinários com repercussão geral, o entendimento obrigatório é fixado pelo órgão de cúpula do Poder Judiciário. Não se pode falar em uma violação à independência dessa instituição, uma vez que é seu órgão hierarquicamente superior que estabelece entendimentos obrigatórios aos demais.[256] É por essa razão que também não se pode conceber como violação da independência judicial, por exemplo, uma decisão de um órgão superior que cassa um provimento de um órgão subordinado, determinando que outro seja proferido conforme novo entendimento.[257] Como exemplo dessa situação, cita-se o provimento de uma apelação que determina o julgamento de mérito pelo juízo impugnado, ao cassar uma sentença que extinguira o processo em razão da ausência das condições da ação. Além disso, antes

---

[255] Cf., por exemplo, Manoel Soares Martins, "A perversão do efeito vinculante e da avocatória", p. 53; Luiz Flávio Gomes, "Súmula vinculante e independência judicial", p. 22; Rui Medeiros, *A decisão de inconstitucionalidade*, Lisboa, Universidade Católica, 1999, p. 816; e Eros Grau, "Sobre a produção legislativa e a normativa do direito oficial: o chamado efeito vinculante", p. 79.

[256] Cf. Voto do Ministro Moreira Alves, STF, ADC-QO 1, p. 24.

[257] Cf. Victor Ferreres Comella, "Sobre la posible fuerza vinculante de la jurisprudencia", p. 7.

mesmo da instituição do efeito vinculante, já se admitia a existência de precedentes vinculantes no direito brasileiro, uma vez que as decisões do STF proferidas em controle abstrato de constitucionalidade limitavam a liberdade decisória dos demais magistrados, pois já apresentavam eficácia *erga omnes* e se revestiam de coisa julgada *erga omnes*.

A segunda objeção à crítica em questão é a de que a independência dos magistrados é, antes de tudo, uma garantia do jurisdicionado em ter seus argumentos apreciados de forma imparcial e com base exclusivamente no direito, que não se resume à lei em sentido formal, como acima exposto.[258] Essa garantia objetiva impedir que os processos judiciais sejam decididos com base em critérios parciais, exteriores ao ordenamento jurídico ou ainda em razão de pressões externas de outros Poderes ou agentes sociais. Nesse sentido, ela significa que o Poder Judiciário é independente como um todo e não que cada órgão jurisdicional possa decidir cada caso concreto de forma livre e descomprometida com os demais órgãos judiciários.

Isso leva à terceira objeção a essa crítica. Cada órgão jurisdicional deve ser compreendido como um órgão estatal que desempenha uma função específica no sistema judiciário constituído por diversos órgãos hierarquicamente organizados. O magistrado atua como uma parte fundamental do sistema jurídico, mas ele não é o sistema inteiro. Os órgãos jurisdicionais compõem uma estrutura que é organizada hierarquicamente, inclusive para fins do estabelecimento de entendimentos vinculantes, para que os indivíduos recebam prestações jurisdicionais coordenadas entre si. A partir desse tipo de coordenação, o Poder Judiciário como um todo sai fortalecido, na medida em que é capaz de propiciar respostas coerentes e previsíveis para as diferentes questões que deve decidir.[259]

Compreender a independência do Poder Judiciário dessa maneira não significa transformar o juiz em um "computador",[260] que apenas replicaria os precedentes vinculantes emanados do STF. Reitera-se que deve ser evitada a noção de automatismo perante os precedentes vinculantes,

---

[258] Cf. Rodolfo de Camargo Mancuso, *Divergência jurisprudencial e súmula vinculante*, p. 354.
[259] Cf. Evaristo Aragão Santos, "Em torno do conceito e da formação do precedente judicial", in Teresa Arruda Alvim Wambier (coord.), *Direito jurisprudencial*, São Paulo, Revista dos Tribunais, 2012, pp. 133-201, p. 189.
[260] Luiz Flávio Gomes, "Súmula vinculante e independência judicial", p. 15.

pois eles são textos que apresentam imperatividade e, como todo texto, devem ser interpretados no momento de sua aplicação. A interpretação desses textos é tarefa que requer atenção, admitindo-se que, em casos excepcionais, a regra jurídica utilizada no precedente seja afastada pelos órgãos vinculados em razão da diversidade de circunstâncias do caso a ser decidido.

3.6.4.4. Celeridade processual como justificativa para precedentes vinculantes?

Há autores que defendem que o efeito vinculante, uma vez encarado como a transcendência dos motivos determinantes, seria responsável por um aumento da celeridade processual com a consequente diminuição de feitos ajuizados perante o Poder Judiciário.[261] Esse discurso foi incorporado aos debates legislativos da criação da súmula vinculante pela Emenda Constitucional 45/2004, como acima mencionado. A preocupação com a diminuição de processos também foi um dos principais argumentos utilizados em decisões do STF tanto por defensores, quanto por opositores da teoria da transcendência dos motivos determinantes. Contudo, existem importantes argumentos que questionam essa relação entre precedentes vinculantes, a celeridade e a economia processuais.

Barbosa Moreira aponta que tal afirmação foi feita sem maiores bases empíricas, mas somente com base em expectativas de comportamentos futuros.[262] Não existiriam dados e pesquisas suficientes para determinar com clareza em que medida diferentes fatores impactam na duração dos processos judiciais e como eles seriam afetados pela adoção de precedentes vinculantes. A despeito de algumas tentativas de mapear tais fatores, o autor aponta que nos Estados Unidos – um dos países referência em matéria de precedentes vinculantes – a alta litigância e os processos judiciais são marcados por notória morosidade. É nesse sentido que Lenio Streck critica a suposição de que a adoção do efeito vinculante enquanto

---

[261] Cf., por exemplo, Luiz Guilherme Marinoni, *Precedentes obrigatórios*, p. 186; Fábio Victor da Fonte Monnerat, "A jurisprudência uniformizadora como estratégia de aceleração do procedimento", in Teresa Arruda Alvim Wambier (coord.), *Direito jurisprudencial*, São Paulo, Revista dos Tribunais, 2012, pp. 341-490, p. 406; e Marco Antonio Botto Muscari, *Súmula vinculante*, p. 60.

[262] Cf. José Carlos Barbosa Moreira, "Súmula, jurisprudência, precedente: uma escalada e seus riscos", *Revista Síntese de Direito Civil e Processual Civil* 35 (2005), pp.5-16, pp. 12 e s.

atribuição de imperatividade à fundamentação de decisões do STF seria uma verdadeira "panacéia nacional" para os problemas da morosidade do Poder Judiciário.[263] Como esse autor reconhece, a crise de morosidade enfrentada pela Justiça está fundada em causas mais profundas relacionadas à sua estrutura e à cultura jurídica em que imersa.

Não se pretende analisar em profundidade as objeções acima. O que se pretende aqui apontar é que essa discussão não é decisiva para a compreensão do efeito vinculante.[264] Como já exposto, a compreensão do efeito vinculante enquanto transcendência dos motivos determinantes é justificada com base nos princípios da igualdade, em seus dois sentidos, e da segurança jurídica. Pode haver ou não reflexos de diminuição da litigância e do aumento da celeridade processual. Entretanto, qualquer afirmação nesse sentido seria precipitada, em razão dos poucos dados existentes sobre o tema, como ressalta Barbosa Moreira.

Reitera-se que esses reflexos são secundários para a compreensão do efeito vinculante. As principais razões para entender o efeito vinculante enquanto a transcendência dos motivos determinantes de decisões judiciais não se relacionam primordialmente ao funcionamento do Poder Judiciário, mas ao reforço de igualdade e segurança que os precedentes vinculantes trazem à sociedade como um todo, especialmente aos jurisdicionados.

Essa é uma mudança importante de postura para compreensão do instituto e que deveria ser levada em consideração nos debates legislativos, jurisprudenciais e acadêmicos sobre o tema. Para além de abordar o possível resultado de diminuição ou aumento de processos, as discussões sobre o efeito vinculante devem ser concentradas, por exemplo, no seu significado para a construção da interpretação constitucional vigente e na forma de participação dos diferentes atores sociais nessa empreitada.

---

[263] Cf. Lenio Luiz Streck, "O efeito vinculante das súmulas e o mito da efetividade", p. 102. Em sentido semelhante, Elival da Silva Ramos, *Controle de constitucionalidade*, pp. 381 e s.
[264] Cf., em sentido semelhante, Roger Stiefelmann Leal, *O efeito vinculante na jurisdição constitucional*, p. 181-2.

3.6.4.5. Violação de princípios processuais do contraditório, da ampla defesa, e da congruência entre pedido e prestação jurisdicional

Abaixo serão analisadas supostas violações a princípios processuais pela compreensão do efeito vinculante enquanto transcendência dos motivos determinantes.

A primeira violação seria aos princípios do contraditório e da ampla defesa. Como apontado no item 2.2.1.1, trata-se de argumento apresentado pelo Ministro Marco Aurélio no julgamento da ADC-QO 1. Na visão do Ministro, haveria inconstitucionalidade da Emenda Constitucional 3/1993 no ponto que atribuiu efeito vinculante à ADC em razão da falta de participação dos indivíduos afetados pela respectiva decisão do STF. Não lhes seria conferida a oportunidade de oferecer argumentos e exercer as faculdades processuais asseguradas pela legislação para defesa de seus legítimos interesses perante o STF, razão pela qual haveria violação dos princípios do contraditório e da ampla defesa.[265]

Pode-se afastar o vício apontado pelo Ministro com base na existência no direito brasileiro, antes mesmo da Constituição Federal de 1988, de precedentes vinculantes que atingiam diretamente a esfera jurídica de pessoas que não participaram dos processos em que proferidos. Como exposto, a representação genérica de inconstitucionalidade criada pela Emenda Constitucional 16/1965 já apresentava dispositivo decisório dotado de imperatividade geral e, além disso, coisa julgada *erga omnes*. Com o advento da Constituição de 1988 e a ampliação do controle abstrato de constitucionalidade, essa constatação é reforçada.

A atribuição de eficácia e coisa julgada *erga omnes* a determinadas decisões judiciais é possibilitada pela compreensão de que os legitimados processuais atuam nesses processos na qualidade de substitutos processuais, ou seja, tutelam em nome próprio um interesse alheio.[266] Além disso, como destaca Juliano Taveira Bernardes, o controle de constitucionalidade exercido pelo STF é cada vez mais aberto à participação de novos atores sociais, especialmente pelos mecanismos de *amici curiae* e de audiências públicas, criando-se uma espécie de "dialética proces-

---

[265] Cf. Voto do Ministro Marco Aurélio, STF, ADC-QO 1, p. 61.
[266] Cf. Ada Pellegrini Grinover, *O processo: estudos e pareceres*, 2ª ed., São Paulo, DPJ, 2009, p. 232; e André Dias Fernandes, *Eficácia das decisões do STF em ADIN e ADC*, p. 157.

sual" que escapa à noção tradicional de contraditório em processos subjetivos.[267]

A segunda violação decorrente da compreensão acima defendida do efeito vinculante seria do princípio da congruência entre pedido e provimento jurisdicional. Afirma-se que tal compreensão acabaria por esvaziar o princípio da congruência entre pedido e prestação jurisdicional, uma vez que o STF, embora não pudesse estender o exame da constitucionalidade de normas não impugnadas pelo autor da demanda, poderia fixar a interpretação constitucional de modo vinculante, exercendo reflexamente aquele exame vedado.[268]

As justificativas do chamado princípio da congruência consistem nas exigências de que o juiz somente decida os pedidos efetivamente colocados em juízo com o intuito de preservar sua imparcialidade no julgamento da demanda e de que as partes não sejam surpreendidas por provimento jurisdicional a respeito do qual não puderam produzir argumentos.[269] Nenhuma dessas justificativas está presente na atribuição de imperatividade a parcela da fundamentação de decisões judiciais, especialmente no caso do exercício da jurisdição constitucional. Ao formularem uma demanda para cujo julgamento seja necessária a interpretação e aplicação da Constituição Federal, as partes têm pleno conhecimento desse fato – trata-se de questão prejudicial colocada pelas partes em juízo e que deve ser necessariamente enfrentada na respectiva decisão. Em outras palavras, demandas que envolvam o exercício da jurisdição constitucional já apresentam em sua causa de pedir argumentos que buscam levar o juízo a adotar uma determinada interpretação constitucional. Nesse caso, interpretar o direito constitucional vigente é dever do magistrado e isso não irá de modo algum afetar sua imparcialidade ou surpreender as partes envolvidas. O que não se pode é simplesmente ignorar o pedido formulado em juízo e analisar objeto diverso a ele, interpretando enunciados constitucionais que não guardam nenhuma relação com o caso a ser decidido.

---

[267] Cf. Juliano Taveira Bernardes, *Controle abstrato de constitucionalidade*, p. 416.
[268] Cf. Rui Medeiros, *A decisão de inconstitucionalidade*, p. 817; e Juliano Taveira Bernardes, *Controle abstrato de constitucionalidade*, p. 420, nota 330.
[269] Cf. Cândido Rangel Dinamarco, *Instituições de direito processual civil*, vol. III, 5ª ed., São Paulo, Malheiros, 2005, p. 272.

3.6.4.6. Incompatibilidade de precedentes vinculantes com a cultura jurídica brasileira

Uma última crítica poderia ser elaborada em relação à compreensão do efeito vinculante enquanto transcendência dos motivos determinantes. Poder-se-ia afirmar que a cultura jurídica brasileira é filiada à tradição do *civil law*, ou seja, do direito romano-germânico, em que há preponderância do direito legislado sobre o direito judicial. Além disso, haveria grande dificuldade dogmática em se adotar precedentes vinculantes, uma vez que os juristas brasileiros não estariam acostumados a trabalhar com categorias específicas do exame dessas decisões.

A primeira objeção a essa crítica pode ser formulada tendo em vista as conclusões obtidas no Capítulo 1 a respeito dos instrumentos de uniformização da interpretação constitucional existentes no direito brasileiro. Durante quase toda a história do direito brasileiro houve a coexistência de mecanismos recursais e de precedentes vinculantes. É verdade que houve maior resistência a esse segundo modelo de uniformização, entretanto ele jamais fora afastado por completo da prática jurídica brasileira. Além disso, a partir da criação da representação genérica de inconstitucionalidade pela Emenda Constitucional 16/1965, houve uma contínua tendência de centralização da intepretação jurídica no Supremo Tribunal Federal. Essa tendência, como apontado no Capítulo 2, acentuou-se com a Constituição Federal de 1988 e é ampliada com a adoção do efeito vinculante, uma vez que também se atribui imperatividade à interpretação jurídica da Constituição adotada na fundamentação de algumas decisões do STF.

Dessa forma, ainda que o direito brasileiro continue a ser fortemente influenciado pela tradição da família a que pertence, há uma constante atribuição de maior relevo às decisões judiciais como instrumentos a serviço da uniformidade do direito, especialmente mediante a adoção de precedentes vinculantes.[270] Essa tendência foi, inclusive, expandida com o Código de Processo Civil de 2015, que prevê a existência de outros precedentes vinculantes para além das decisões do STF, especialmente mediante o "incidente de resolução de demandas repetitivas". Esse inci-

---

[270] Cf. Sálvio de Figueiredo Teixeira, "As tendências brasileiras rumo à jurisprudência vinculante", *Revista da Faculdade de Direito da Universidade de Lisboa* 40 (1999), pp. 223-239, p. 238.

dente é decidido pelos tribunais e versará sobre questões que possam se multiplicar em diversos feitos. Em breve síntese, uma vez decidido o incidente, a tese fixada deve ser obrigatoriamente observada por todos os juízos vinculados ao respectivo tribunal.[271]

O segundo argumento perante a crítica acima mostra a existência de outros sistemas jurídicos filiados à família do *civil law* que também adotam precedentes vinculantes. Também nesses sistemas constata-se que a obra do legislador deve ser necessariamente complementada pela atividade judicial, sob pena de paralisia e ineficiência do ordenamento jurídico.[272] Pode-se mencionar o caso do direito alemão, em que se reconhece que os fundamentos das decisões tomadas pelo Tribunal Constitucional Federal (*Bundesverfassungsgericht*) vinculam os demais órgãos públicos, nos termos do § 31, inciso I, da Lei do Tribunal Constitucional Federal (*BVerfGG*).[273] Outro exemplo é o caso do Tribunal Constitucional Espanhol. Os fundamentos de suas decisões são compreendidos como vinculantes, com destaque para o art. 40, apartado segundo, da Lei Orgânica do Tribunal Constitucional e o art. 5º, apartado primeiro, da Lei Orgânica do Poder Judiciário.[274] Na América Latina, pode-se mencionar o caso da

---

[271] Art. 985 do CPC.

[272] Cf. Victor Ferreres Comella, "Sobre la posible fuerza vinculante de la jurisprudencia", p. 3.

[273] Cf. Klaus Schlaich / Stefan Korioth, *Das Bundesverfassungsgericht*, p. 270. Destaca-se que esse autor, embora reconheça que a prática jurídica alemã admite a vinculação aos fundamentos determinantes das decisões do Tribunal Constitucional, critica essa interpretação, nos termos acima já mencionados.

Nos termos da Lei Tribunal Constitucional Federal Alemão: "§31, inciso I: "As decisões do Tribunal Constitucional Federal vinculam todos os órgãos constitucionais da União e dos Estados, bem como todos os tribunais e a Administração Pública."

[274] Cf. José Luis Brey / Julio Enrile / Juan José Rivas / Rafale Murillo / Javier Rodríguez / Francisco J. Zamora / Tomás Zamora, *Derecho Constitucional de España: Sistema de La Constitución de 1978*, Madrid, Universitas, 2006, p. 136; e Victor Ferreres Comella, "Sobre la posible fuerza vinculante de la jurisprudencia", p. 6.

Nos termos da Lei Orgânica do Tribunal Constitucional Espanhol: "Art. 40, 2: "Em todo caso, a jurisprudência dos Tribunais de Justiça que recaia sobre leis, disposições ou atos sujeitos ao juízo do Tribunal Constitucional deverá entender-se corrigida pela doutrina derivada das sentenças e despachos que resolvam recursos e questões de inconstitucionalidade".

Nos termos da Lei Orgânica do Poder Judiciário: "Art. 5º, 1: A Constituição é a norma suprema do ordenamento jurídico e vincula todos os juízes e tribunais, que interpretarão e aplicarão as leis e os regulamentos segundo os preceitos e princípios constitucionais, em

Colômbia[275] e do Peru[276], como países de tradição ligadas ao *civil law* que também adotam, em alguma medida, o sistema de precedentes vinculantes.

É suficiente reconhecer a existência dos exemplos acima para afirmar que não existe uma incompatibilidade absoluta entre precedentes vinculantes e sistemas jurídicos filiados à tradição do *civil law*. A dupla influência do *common law* e do *civil law* no direito brasileiro é, inclusive, uma constante que perpassa sua história.[277] No caso da jurisdição constitucional, pode-se afirmar que a criação do controle de constitucionalidade no Brasil, ainda no século XIX, foi influência inequívoca do direito estadunidense, como visto no item 1.2.

Isso não significa, entretanto, que a adoção desse instituto seja de fácil aceitação por operadores do direito acostumados a atribuir importância secundária a decisões judiciais. Seria ingênuo assumir que a ampliação da utilização de precedentes vinculantes no Brasil dependeria apenas do esforço do STF, pois os principais responsáveis pela entrega da prestação jurisdicional na grande maioria dos casos são os juízes de primeira instância e os tribunais a que vinculados. A concretização dos ideais de igualdade e segurança jurídica que a compreensão do efeito vinculante enquanto transcendência dos motivos determinantes de decisões do STF pode oferecer depende não somente desse Tribunal, mas do comprometimento da comunidade jurídica como um todo, especialmente dos demais órgãos jurisdicionais.

---

conformidade com a interpretação dos mesmos que resulte das resoluções emitidas pelo Tribunal Constitucional em todo o tipo de processo".

[275] Sobre o histórico da atribuição de vinculatividade à fundamentação das decisões do Tribunal Constitucional Colombiano, cf. Diego Eduardo López Medina, *El derecho de los jueces: obligatoriedad del precedente constitucional, análises de sentencias y líneas jurisprudenciales e teoría del derecho judicial*, 2ª ed., Bogotá, Legis, 2006, pp. 43 e ss.

[276] Cf. Johnny Tupayachi Sotomayor, "Anjos e demônios! A implementação do precedente vinculante no Peru", *Revista Brasileira de Estudos Constitucionais* 11 (2009), pp. 43-68, p. 64; e Víctor García Toma, "As sentenças constitucionais: o precedente vinculante", *Revista Brasileira de Estudos Constitucionais* 11 (2009), pp. 69-95, p. 84.

[277] Cf. José Carlos Barbosa Moreira, "A importação de modelos jurídicos", p. 260.

3.7. Conclusão

A definição dos contornos dogmáticos do efeito vinculante é objeto de grandes disputas doutrinárias e jurisprudenciais. No presente capítulo, foram examinadas criticamente as diferentes compreensões do instituto.

Rejeitou-se a interpretação de que o efeito vinculante seria um reforço de eficácia das decisões de controle abstrato de constitucionalidade, pois seus dispositivos decisórios já apresentam eficácia e coisa julgada *erga omnes*. De modo semelhante, afastou-se a compreensão de que o instituto estabeleceria um dever funcional de respeito por autoridades administrativas e judiciais, uma vez que tal dever funcional já existia em razão da coisa julgada *erga omnes*.

O efeito vinculante também não deve ser compreendido como a "transcendência do dispositivo decisório" de uma decisão de controle abstrato de constitucionalidade para abarcar outros atos normativos semelhantes ao impugnado. Tal concepção, presente nos votos do Ministro do Moreira Alves na ADC-QO 1 e do Ministro Gilmar Mendes na Rcl 3.014, pressupõe necessariamente a aplicação dos argumentos presentes na fundamentação das respectivas decisões a outros casos, não se podendo falar em "transcendência" exclusiva do dispositivo decisório. Tampouco merece prosperar a interpretação de que o efeito vinculante seria apenas um reforço de proteção processual por permitir o ajuizamento da reclamação constitucional em face de atos administrativos ou judiciais que as desrespeitem, pois essa possibilidade de ajuizamento já existia antes mesmo da instituição do efeito vinculante.

No caso das súmulas vinculantes, não se pode admitir que somente seus enunciados sejam obrigatórios, de modo que sejam aplicadas sem avaliação das circunstâncias dos casos em que proferidas. Tal visão acabaria por fundir indevidamente a função legislativa e a jurisdicional, transformando o magistrado em legislador sem legitimidade democrática para tanto. Em face das modificações constitucionais realizadas pela EC 45/2004 e as inovações legais do CPC de 2015, o mesmo pode ser dito em relação às teses fixadas em sede de recursos extraordinários com repercussão geral.

A melhor compreensão do efeito vinculante aponta para a "transcendência dos motivos determinantes" das decisões de controle abstrato de constitucionalidade, das decisões que embasam súmulas vinculantes e decisões adotadas em recursos extraordinários com repercussão geral.

Essas decisões são denominadas "decisões vinculantes" e são espécie de precedente vinculante, pois fixam de modo obrigatório a intepretação jurídica para futuras situações e devem ser interpretadas necessariamente conforme as circunstâncias dos casos em que emitidas. Nesse sentido, trata-se da atribuição de obrigatoriedade, mas não de imutabilidade, às *rationes decidendi* fixadas na fundamentação dessas decisões. Essa interpretação é resultado do exame do texto constitucional, dos debates parlamentares a respeito do instituto, das modificações feitas pelo CPC de 2015 e dos valores da igualdade e da segurança jurídica.

As críticas contundentes a essa interpretação podem ser afastadas, tendo-se em conta que as decisões vinculantes não pretendem tornar permanente e imutável a interpretação do direito por meio de enunciados abstratos que se desvinculam dos casos dos quais extraídos. De modo diverso, os precedentes vinculantes são concebidos como decisões cujos fundamentos devem ser universalizados para que incidam em outros casos em que as mesmas circunstâncias se encontrem presentes. Não se exclui a possibilidade de que, em face de contextos diversos, os precedentes vinculantes sejam afastados.

Do ponto de vista dogmático, afirmar que o efeito vinculante deve ser compreendido como a atribuição de obrigatoriedade a parcela da fundamentação de decisões judiciais é apenas o primeiro passo para sua compreensão. Outras questões de fundamental importância devem ser enfrentadas para que o instituto possa ser operacionalizado. Em que sentido pode-se afirmar que uma autoridade está obrigada a seguir uma tese jurídica? Qual parcela da fundamentação de uma decisão vincula? Quem são os destinatários das decisões vinculantes? Em que casos um entendimento obrigatório pode ser modificado ou afastado? Quais são os instrumentos disponíveis para tutela do efeito vinculante? Essas e outras indagações serão objeto do próximo capítulo.

4.
A interpretação, aplicação e tutela das decisões vinculantes

No presente capítulo serão enfrentadas questões relacionadas à compreensão do efeito vinculante enquanto transcendência dos motivos determinantes das decisões do STF. Essas questões são fundamentais para que sejam assegurados os valores de igualdade e segurança jurídica buscados por um sistema de precedentes vinculantes.

Antes de aprofundar as categorias relevantes para a interpretação, aplicação e tutela das decisões vinculantes no direito brasileiro são necessárias algumas reflexões a respeito do próprio termo "precedente".

Um precedente não pode ser confundido com uma noção difundida de "jurisprudência". Do ponto de vista quantitativo, enquanto o precedente judicial é apenas uma decisão proferida em um determinado caso, o termo jurisprudência aponta para um conjunto de julgados proferidos por um ou mais órgãos do Poder Judiciário. De um ponto de vista qualitativo, o precedente é uma decisão fundada em pelo menos uma regra universalizável construída e interpretada a partir das circunstâncias do caso concreto e que poderá ser aplicada a casos futuros; já a jurisprudência é um conjunto de decisões de casos assemelhados, cujos fundamentos geralmente se desprendem das circunstâncias fáticas de cada um deles para que tenham aplicação em futuras situações.[278] Retomam-se as

---

[278] Cf. Michelle Taruffo, "Precedente e giurisprudenza", *Rivista Trimestrale di Diritto e Procedura Civile* 61 (2007), pp. 709-725, pp. 712 e ss.

afirmações já feitas de que um precedente somente pode ser compreendido à luz das circunstâncias do caso em que emitido.

Toda decisão judicial é potencialmente um precedente, pois é uma decisão que resolve um caso concreto e poderá eventualmente ser utilizada como um guia para uma futura decisão em um caso semelhante. É por essa razão que Nelson de Sousa Sampaio afirma que "Toda sentença cria precedente"[279].

Adota-se o conceito de precedente vinculante enquanto decisão judicial que fixa – seja em seu dispositivo decisório, seja em sua fundamentação – um entendimento imperativo a respeito de uma norma jurídica. Isso significa que um precedente vinculante deve ser seguido, ainda que a corte vinculada o considere equivocado. Uma decisão judicial revestida de efeito vinculante é aqui denominada de "decisão vinculante" e é uma espécie de precedente vinculante, pois suas *rationes decidendi* deverão ser adotadas obrigatoriamente em casos futuros. Isso não afasta a constatação feita no item 1.5, de que as decisões nas representações de inconstitucionalidade e nas representações interpretativas, antes mesmo da instituição do efeito vinculante pela Emenda Constitucional 3/1993, eram outra espécie de precedente vinculante, pois seus dispositivos decisórios – mas não suas fundamentações – fixavam entendimentos obrigatórios.

Em outras palavras, uma decisão vinculante estabelece uma ou mais *rationes decidendi* que devem ser aplicadas a casos posteriores, mesmo que se considere que existiam melhores argumentos no momento de formação ou de aplicação do precedente que apontariam para outra solução. Como os demais precedentes vinculantes, ela é obrigatória e não pode ser afastada por um órgão vinculado com base em uma simples diferença de entendimento a respeito de qual seria a resposta correta para um problema jurídico. A argumentação fundada na autoridade de precedentes é justamente marcada por essa característica.

Com base nessas considerações, serão oferecidos subsídios dogmáticos para a identificação do significado da vinculação a partir dessas decisões, bem como de qual parcela de suas fundamentações apresenta

---

[279] Nelson de Sousa Sampaio, "O Supremo Tribunal Federal e a nova fisionomia do Poder Judiciário", p. 09. Em sentido semelhante, cf. José Rogério Cruz e Tucci, *Precedente judicial como fonte do direito*, pp. 12 e s.; e Evaristo Aragão Santos, "Em torno do conceito e da formação do precedente judicial", p. 145.

obrigatoriedade. Além disso, serão examinados os destinatários das decisões vinculantes, como elas podem ser revogadas ou afastadas em casos concretos e quais são os institutos de direito material e processual disponíveis para tutelá-las.

Uma advertência: não se tem por objetivo realizar uma "importação" de conceitos da prática do *common law* para o direito brasileiro. Embora esses conceitos facilitem a compreensão do tema, eles são insuficientes para o objetivo proposto. De modo diverso, busca-se a construção de respostas para problemas dogmáticos do direito brasileiro tendo por base a prática jurídica nacional.

4.1. A força argumentativa dos precedentes

Para bem compreender o efeito vinculante das decisões do STF, é necessário identificar o que significa a atribuição de imperatividade à interpretação jurídica constante na fundamentação dessas decisões. Em primeiro lugar duas noções de vinculação devem ser distinguidas. Em seguida, será analisado o tipo de vinculação exercido por um precedente de acordo com o intérprete vinculado.

4.1.1. Vinculação em sentido forte, vinculação em sentido fraco e precedentes meramente persuasivos

De um modo geral, concebe-se que a força argumentativa de um precedente pode ser classificada em três categorias: a) vinculação em sentido forte, b) vinculação em sentido fraco e c) força meramente persuasiva.

A primeira delas aponta para o fato de que o precedente vinculante estabelece uma regra de direito que deverá ser obrigatoriamente seguida em casos futuros, ainda que se discorde de sua correção. A regra assim estabelecida goza de autoridade que passa a excluir a possibilidade de outros argumentos que indicam uma solução contrária a ela. As decisões do STF dotadas de efeito vinculante são vinculantes em sentido forte, pois o ordenamento jurídico positivo atribui grau máximo de peso às suas respectivas *rationes decidendi*, de modo que elas devem ser obrigatoriamente aplicadas em casos futuros, exceto casos excepcionais como abaixo será examinado.[280] Torna-se claro que a vinculatividade em sentido forte corresponde à noção de imperatividade ou obrigatoriedade adotada

---

[280] Cf. Thomas da Rosa Bustamante, *Teoria do precedente judicial*, pp. 381 e s.

por Liebman, exposta no Capítulo 1, e é nesse sentido que se afirma que as decisões do STF que apresentam efeito vinculante são precedentes vinculantes. O instituto do efeito vinculante no direito brasileiro significa a atribuição de vinculatividade em sentido forte para parcela da fundamentação de uma decisão judicial. Do mesmo modo, são vinculantes em sentido forte os dispositivos decisórios das decisões proferidas em controle abstrato de constitucionalidade.

Já os precedentes vinculantes em sentido fraco são decisões judiciais que o intérprete "deve levar em consideração ainda que não obedeça a eles".[281] Esse "dever de consideração" pode ser desdobrado em dois deveres distintos. O primeiro deles é um dever de diálogo com as razões de decidir de um precedente em sentido fraco. Ele aponta para a necessidade de que o intérprete necessariamente identifique o precedente vinculante em sentido fraco e examine sua fundamentação, ainda que não concorde com a tese ali fixada. Essa primeira exigência guarda certa semelhança com as observações de Pedro Lessa a respeito da existência de um "dever de consulta" das decisões da justiça federal pela justiça estadual e vice-versa, nos termos do art. 59, § 2º, da Constituição de 1981, como exposto no item 1.2.1. No mesmo sentido, em relação às súmulas persuasivas dos tribunais superiores, Sidney Sanches afirma que os demais magistrados não podem "simplesmente ignorá-las" em casos futuros.[282] Alexy ainda aponta que: "Quando se puder citar um precedente a favor ou contra uma decisão, deve-se fazê-lo".[283] A partir desse dever de diálogo, busca-se prevenir a prática de que apenas sejam citados e examinados precedentes que favoreçam uma determinada tese, ignorando-se os argumentos de decisões em sentido contrário, em prejuízo aos objetivos de igualdade e segurança jurídica que também se fazem presentes por meio desse tipo de vinculação.[284]

O segundo dever relacionado à vinculação em sentido fraco refere-se à obrigatoriedade de o intérprete conferir carga argumentativa à tese fixada no precedente, independentemente da correção dessa tese. Isso significa que uma decisão judicial, ainda que não apresente vinculatividade

---

[281] Thomas da Rosa de Bustamante, *Teoria do precedente judicial*, p. 301.
[282] Sidney Sanches, *Uniformização da jurisprudência*, Revista dos Tribunais, São Paulo, 1975, p. 46.
[283] Robert Alexy, *Teoria da argumentação jurídica*, p. 267.
[284] Cf. Robert Alexy, *Teoria da argumentação jurídica*, pp. 265 e s.

em sentido forte de suas razões de decidir, pode, em determinadas situações, ser considerada um precedente obrigatório em sentido fraco, o que gera uma razão de autoridade para que a interpretação jurídica nele fixada seja seguida no futuro.[285] Nas palavras de Alexy: "Quem quiser se afastar de um precedente assume a carga de argumentação".[286] Tal razão de autoridade, entretanto, não possui a mesma força daquela presente em um precedente vinculante em sentido forte. Uma vez identificada a interpretação jurídica fixada em um precedente vinculante em sentido fraco, o intérprete deve avaliar sua força argumentativa em conjunto com as razões substantivas que apontam para a mesma e para outras soluções no caso concreto. Essa avaliação irá definir a força argumentativa a ser atribuída ao precedente, que, em determinados casos, será seguido e, em outros, superado.

Com base nas observações de Aleksander Peczenik, a força de um precedente vinculante em sentido fraco deve ser determinada caso a caso e depende da ponderação de diversos fatores como: a) a hierarquia da corte, b) se o precedente foi emitido por um órgão fracionário ou plenário, c) a reputação da corte ou do juiz que redigiu o acórdão, d) mudanças no contexto político, econômico ou social desde a edição do precedente, e) o lapso temporal passado desde sua edição, f) a presença ou ausência de votos divergentes, entre outros.[287]

É necessário ressaltar que a atribuição de vinculação em sentido forte e de vinculação em sentido fraco provém de fontes diferentes. No caso do direito brasileiro, a Constituição Federal e as Leis 9.868/1999

---

[285] Existem dois tipos de razões que justificam uma determinada regra jurídica: a primeira pode ser chamada de razão substantiva, que aponta para as finalidades pretendidas com a regra; a segunda pode ser denominada de razão de autoridade, que justifica a concretização de um valor por meio de uma regra independentemente de seu conteúdo. Cf. Frederick Schauer, *Playing by the Rules: a Philosophical Examination of Rule-Based Decision-Making in Law and in Life*, Oxford, Oxford University, 1991, p. 94. Em sentido semelhante, Alexy afirma que as regras jurídicas, além de concretizarem princípios materiais, são sustentadas por "princípios formais", que funcionam como razões de autoridade. Cf. Robert Alexy, *Teoria dos direitos fundamentais*, pp. 104 e s.

[286] Robert Alexy, *Teoria da argumentação*, p. 267.

[287] Cf. Aleksander Peczenik, "The Binding Force of Precedent", *in* Neil MacCormick / Robert S. Summers (orgs.), *Interpreting Precedents: a Comparative Study*, Ashgate, Aldershot, 1997, pp. 461-479, pp. 477 e ss.

e 9.882/1999 atribuem expressamente efeito vinculante às decisões do STF de controle abstrato de constitucionalidade e que embasam súmulas vinculantes; entende-se que o CPC, especialmente seu art. 927, atribui efeito vinculante também para as decisões proferidas em recursos extraordinários com repercussão geral – compreendido como vinculação em sentido forte das *rationes decidendi* dessas decisões.[288] Já a vinculação em sentido fraco decorre da própria exigência de universalizabilidade do discurso jurídico – em especial o discurso judicial – e da estrutura hierárquica do Poder Judiciário em que se estabelecem cortes superiores e cortes inferiores. Isso faz com que se exija que os órgãos jurisdicionais atribuam peso argumentativo autônomo a um precedente seu ou de órgãos superiores.[289]

Os precedentes meramente persuasivos são repositórios de argumentos que são admitidos no discurso jurídico, mas aos quais não se atribui nenhuma razão de autoridade para que prevaleçam em casos futuros. Os precedentes persuasivos apenas valem pela força da correção de suas razões substantivas e, caso essas se mostrem equivocadas, podem ser abandonados sem maiores constrangimentos. É o caso, por exemplo, de uma decisão de um juízo inferior quando examinada por um tribunal superior.

A partir das características apontadas acima, devem ser acentuadas as diferenças entre a vinculação em sentido forte, a vinculação em sentido fraco e a força persuasiva dos precedentes. Os três tipos de precedente

---

[288] Isso significa que se deve rejeitar a tese de que o efeito vinculante é inerente ao controle de constitucionalidade brasileiro. Como visto no Capítulo 1, antes da instituição do efeito vinculante concebia-se que somente o dispositivo das decisões de controle abstrato de constitucionalidade apresentaria imperatividade.

[289] Cf. Robert Alexy, *Teoria da argumentação jurídica*, p. 265. Em sentido semelhante, cf. Martin Kriele, "Das Präjudiz in Kontinental-Europäischen und Anglo-Amerikanischen Rechtskreis", pp. 65 e s.; Thomas da Rosa de Bustamante, *Teoria do precedente judicial*, p. 309 e Evaristo Aragão Santos, "Em torno do conceito e da formação do precedente judicial", p. 171. Isso significa que a existência da vinculação em sentido fraco não depende de normas processuais que, por exemplo, confiram possibilidades de julgamento monocrático ao relator em um tribunal (art. 557 do CPC) ou que admitam que o juiz singular julgue diretamente o mérito da lide sem ouvir o réu, no caso das questões exclusivamente de direito e da adoção de teses jurídicas já utilizadas pelo juízo em questão (art. 285-A do CPC). Ainda que não existissem esses instrumentos processuais, a vinculação em sentido fraco permaneceria. Em sentido contrário, Patrícia Perrone Campos Mello, *Precedentes*, p. 107.

desempenham papéis distintos na argumentação jurídica. A força de um precedente vinculante em sentido forte não deve ser determinada por um processo de ponderação, pois já é previamente estabelecida pelo ordenamento jurídico. Ele deve prevalecer nos casos em que incidam suas *rationes decidendi*, exceto em situações excepcionais como será visto. De modo diverso, a força dos precedentes vinculantes em sentido fraco não é preestabelecida pelo ordenamento jurídico e depende de uma série de fatores a serem avaliados pelo intérprete vinculado. No caso dos precedentes meramente persuasivos, sua força argumentativa equivale à correção das razões que o justificam. Caso essas razões sejam consideradas equivocadas, eles podem ser superados sem a necessidade da avaliação de razões de autoridade.

Reitera-se que a expressão "precedente vinculante" quando utilizada no presente trabalho sem maiores especificações refere-se a um precedente vinculante em sentido forte.

4.1.2. Dimensão horizontal e vertical do precedente

Michelle Taruffo aponta que para determinar a força argumentativa de um precedente é necessário identificar sua direção, ou seja, a relação existente entre a corte que o emitiu e a corte posterior que com ele se depara. Nesse sentido, pode-se falar em duas direções ou dimensões do precedente: vertical e horizontal.[290]

Em sua dimensão vertical, o precedente está no centro de uma relação hierarquicamente definida em que o juízo emissor do precedente está acima do intérprete do caso futuro. Trata-se, por exemplo, da relação entre um tribunal superior e um tribunal de justiça a ele vinculado.

Já em sua direção horizontal, o precedente figura em uma relação entre órgãos judiciários de mesma hierarquia, em que um não está subordinado a outro. Trata-se, por exemplo, da relação entre dois tribunais de justiça. Uma espécie importante de precedente em direção horizontal é denominada autoprecedente. Nesse caso, há uma decisão judicial que foi emitida por um órgão e que deverá ser posteriormente avaliada pelo

---

[290] Michelle Taruffo, "Precedente e giurisprudenza", pp. 718 e s. Em sentido semelhante, Michael C. Dorf, "Dicta and Article III", *University of Pennsylvania Law Review* 142 (1993-1994), pp. 1997-2069, pp. 2024 e s.; e Frederick Schauer, *Thinking like a Lawyer: a New Introduction to Legal Reasoning*, Cambridge, Harvard University, 2009, pp. 36 e s.

mesmo órgão. É no sentido de autoprecedente que a expressão *stare decisis* é geralmente utilizada no *common law*.[291]

Essa diferenciação entre dimensão horizontal e vertical dos precedentes permite uma compreensão mais clara de como identificar a vinculação a uma decisão judicial. Para analisar se um precedente é vinculante em sentido forte, vinculante em sentido fraco ou apenas persuasivo é necessário identificar em qual direção ele atua. Uma mesma decisão judicial poderá ser classificada como uma das três categorias acima, dependendo de qual relação se estabeleça entre corte e o intérprete .

A vinculação em sentido forte somente existe em uma dimensão vertical do precedente. A autoridade conferida a um precedente nessa direção exige que a interpretação jurídica adotada por órgãos superiores vincule órgãos inferiores, de modo que estes órgãos alcancem as mesmas conclusões obtidas por aqueles. Entretanto, não se pode admitir a existência de vinculação irrestrita em sentido forte na dimensão horizontal do precedente, em que as cortes de mesmo nível hierárquico – inclusive a corte emissora do precedente, – estejam vinculadas a todas as *rationes decidendi* do precedente sem a possibilidade de ponderação das razões de autoridade que dele emanam com razões substantivas relacionadas à correção de outras teses jurídicas possivelmente aplicáveis ao caso. Uma vinculação dessa natureza acabaria por petrificar a interpretação jurídica – solução inadmissível em sociedades em constante transformação que exigem um direito adaptável a novas realidades. Como apontado, a atribuição de ampla vinculação em sentido forte à dimensão horizontal do precedente, especialmente ao autoprecedente, não é aceita praticamente em todos os ordenamentos jurídicos estrangeiros desde a mudança de interpretação feita pela Câmara dos Lordes do Reino Unido pelo *Practice Statement* de 1966, em que ela afirmou que poderia revogar seus precedentes.[292]

Já a vinculação em sentido fraco existe especialmente em uma dimensão horizontal do autoprecedente.[293] Nesse caso, estabelece-se um dever de que a decisão anterior seja levada em conta em um futuro caso a ser decidido, de modo que sua força argumentativa seja determinada com base nos fatores acima elencados. No que se refere às decisões do STF,

---

[291] Frederick Schauer, *Thinking like a Lawyer*, p. 37.
[292] Cf. Rupert Cross / J. W. Harris, *Precedent in English Law*, p. 104.
[293] Cf. Celso de Albuquerque Silva, *Do efeito vinculante*, p. 247.

enquanto não for pacificada a tese da mutação constitucional do art. 52, inciso X, da Constituição Federal, deve-se entender que todas as suas demais decisões (que não sejam em controle abstrato de constitucionalidade, que embasam súmulas vinculantes ou proferidas em recursos extraordinários com repercussão geral) são, no mínimo, vinculantes em sentido fraco para os demais órgãos do Poder Judiciário.

No que se refere à força persuasiva do precedente, ela geralmente é estabelecida em casos em que o órgão emissor do precedente está subordinado ao órgão que examina o caso futuro ou em que não se estabelece relação de hierarquia alguma entre eles. A título de ilustração, podem-se mencionar decisões proferidas por juízos de primeiro grau em relação a tribunal de justiça a que vinculados, decisões proferidas por tribunais em relação a juízos de primeiro grau a eles não vinculados (como exemplo, uma decisão do TST em relação a um juízo eleitoral) e, inclusive, casos em que a corte emissora do precedente pertence a outros países.

Destaca-se que as observações acima a respeito de precedentes vinculantes em sentido fraco e precedentes persuasivos são apenas ilustrativas de possibilidades dogmáticas de concebê-los. Não se pretende fazer uma análise exaustiva do tema dos precedentes no direito brasileiro em todas suas hipóteses e características. Considerando-se que o presente trabalho tem por objetivo examinar o efeito vinculante no direito brasileiro, o central para o presente argumento é compreender corretamente a vinculação em sentido forte e suas diferenças para precedentes vinculantes em sentido fraco e precedentes persuasivos.

Diante disso, como compreender a força argumentativa da interpretação jurídica fixada na fundamentação de decisões do STF em controle abstrato de constitucionalidade, que embasam súmulas vinculantes ou proferidas em recursos extraordinários com repercussão geral? Com base nas dimensões dos precedentes, a resposta é depende. Caso uma decisão dessa natureza seja analisada pelos demais órgãos do Poder Judiciário, ela deve ser considerada vinculante em sentido forte. Entretanto, caso ela seja examinada pelo próprio STF, ela deve ser considerada vinculante em sentido fraco, como será examinado abaixo.

4.2. Extensão dos precedentes

No presente item será investigada a questão acerca de quais argumentos presentes na fundamentação dos precedentes do STF podem ser considerados vinculantes em determinadas circunstâncias. Já fora adiantado que esses argumentos são denominados *rationes decidendi* e são compreendidos como regras jurídicas que emanam dos precedentes e poderão ser aplicadas em casos futuros. Especialmente no direito estadunidense, a *ratio decidendi* é também denominada *holding*.[294] No presente trabalho, ambas as expressões são tratadas como sinônimas.

Já as considerações laterais no julgamento de um caso concreto são denominados *obiter dicta* e não são obrigatórias para futuros casos.[295] Fica claro que esses dois elementos não se confundem com a totalidade da fundamentação de uma decisão judicial: *ratio decidendi* e *obiter dictum* são parcelas da fundamentação.

Existe um relativo consenso de que o único elemento possivelmente vinculante para casos futuros é a *ratio decidendi*, entendida como a resolução de uma questão de direito exposta na fundamentação de uma decisão judicial.[296] Isso significa que todas as decisões judiciais podem ter suas *rationes decidendi* identificadas, ainda que não sejam vinculantes em sentido forte ou fraco para casos futuros.[297] Desse modo, a questão da força argumentativa de um precedente – tratada no item anterior – não se confunde com sua extensão, ou seja, os elementos de sua fundamentação que poderão ser ou não vinculantes.

Deve-se ter em mente que na literatura nacional e estrangeira existe grande controvérsia a respeito do tema. Isso revela que as diferentes

---

[294] Cf. James Hardisty, "Reflections on *stare decisis*", *Indiana Law Journal* 55 (1979-1980), pp. 41-69, p. 57; e Michael Abramowicz / Maxwell Stearns, "Defining Dicta", *Stanford Law Review* 57 (2004-2005), pp. 953-1094, p. 1048.

[295] Cf. José Rogério Cruz e Tucci, "Parâmetros de eficácia e critérios de interpretação do precedente judicial", *in* Teresa Arruda Alvim Wambier (coord.), *Direito jurisprudencial*, São Paulo, Revista dos Tribunais, 2012, pp.97-131, p. 124.

[296] Cf. Rupert Cross / J. W. Harris, *Precedent in English Law*, pp. 39 e s. Em sentido semelhante, cf. Luiz Guilherme Marinoni, *Precedentes obrigatórios*, pp. 222 e 250. Nesse ponto, adota-se o pensamento de MacCormick para quem o processo de decisão pode ser diferenciado em dois momentos: a) identificação da ocorrência de fatos passados e b) avaliação desses fatos. Em um sentido amplo, pode-se falar que a avaliação jurídica de determinados fatos é uma questão de direito. Cf. Neil MacCormick, *Rethoric and the Rule of Law*, p. 180.

[297] Cf. Neil MacCormick, *Rethoric and the Rule of Law*, p. 146; Neil Duxbury, *The Nature and Authority of Precedent*, p. 91; Michael C. Dorf, "Dicta and Article III", p. 2026; e Michael Abramowicz / Maxwell Stearns, "Defining Dicta", p. 958.

teorias que tratam do tema são, na verdade, teorias normativas da interpretação e aplicação de precedentes. Em outras palavras, a identificação de uma *ratio decidendi* em uma determinada decisão não é uma questão puramente descritiva. A própria definição de *ratio decidendi* em contraposição à noção de *obiter dictum* é uma definição normativa, em que diferentes valores são pressupostos para que se chegue à melhor compreensão do tema. Não se trata de identificar uma essência semântica de ambos os conceitos, mas de identificar qual a melhor compreensão de ambos à luz dos valores que justificam a prática das decisões vinculantes. Abaixo serão investigadas as diferentes posições a respeito dessas questões na busca do modelo a ser adotado para a interpretação e aplicação das decisões vinculantes do STF. Entretanto, é necessário refletir sobre a própria possibilidade de se identificar uma ou mais *rationes decidendi* em uma decisão judicial.

4.2.1. Ceticismo quanto à existência de uma *ratio decidendi*

O primeiro desafio a ser enfrentado refere-se ao ceticismo sobre a possibilidade de identificar-se uma *ratio decidendi* em decisões judiciais. Em conhecido ensaio sobre o tema, Julius Stone, por exemplo, aponta que esse conceito seria meramente "ilusório", pois seria definido, em última análise, não pela corte que estabelece o precedente, mas pelo intérprete que pretensamente o aplica em um caso posterior.[298] Nesse sentido, Michele Taruffo afirma que, na verdade, seria a corte vinculada quem "cria" o precedente.[299]

Julius Stone parte da constatação de que toda decisão judicial é fundamentada em determinados fatos. Esses fatos, por sua vez, podem ser objeto de diversas categorizações mais abrangentes – o que minaria a pretensão de igualdade e segurança jurídica oferecida pela prática de precedentes vinculantes. Essas categorizações seriam feitas com maior ou menor abrangência a critério exclusivo dos futuros intérpretes, de modo que um precedente poderia ser aplicado ou afastado com base no arbítrio da corte vinculada. Um precedente abarcaria uma série de diferentes possíveis *rationes decidendi* que seriam escolhidas livremente

---

[298] Cf. Julius Stone, "The ratio of the ratio decidendi", *Modern Law Review* 22 (1959), pp. 597-620, pp. 613 e s.
[299] Cf. Michelle Taruffo, "Precedente e giurisprudenza", p. 712.

pelo futuro intérprete apenas pretensamente vinculado pela decisão passada.[300]

Como exemplo, o autor menciona um famoso caso decidido pela Câmara dos Lordes a respeito da responsabilidade civil extracontratual.[301] Uma pessoa contraiu uma doença ao ingerir uma bebida servida em um restaurante, em razão da presença de uma lesma morta em uma garrafa opaca que continha o produto. Em face disso, essa pessoa ajuíza uma ação de indenização diretamente contra o fabricante da bebida. Após a causa percorrer as demais instâncias judiciárias, a Câmara dos Lordes condenou o fabricante a arcar com a indenização. Diante de tal situação, Julius Stone afirma que não há como identificar uma única *ratio decidendi* nessa decisão, uma vez que as circunstâncias fáticas do caso podem ser classificadas em diferentes categorias. Por exemplo, a circunstância "garrafa opaca" presente na decisão poderia ser classificada como "garrafa opaca", ou "qualquer garrafa", ou "qualquer recipiente de bebidas", ou "qualquer recipiente destinado a acomodar produtos consumíveis", ou "qualquer recipiente", ou ainda "qualquer bem para uso humano", entre outros. Em relação ao responsável pelo dano causado, ele poderia ser classificado como "o fabricante de produtos distribuídos nacionalmente", ou "qualquer fabricante", ou "qualquer pessoa que manuseie um objeto por fins comerciais", ou "qualquer pessoa que manuseie um objeto".[302]

Stone tem razão ao afirmar que ao se considerar um determinado fato ou circunstância, não há como se definir *a priori* a qual categoria ele pertence. Trata-se de reiterar a afirmação já feita de que para se comparar dois casos distintos é sempre necessária pelo menos uma categoria comum que os reúna ou separe para fins de tratamento jurídico. A questão que se coloca perante o ceticismo de Stone é se as categorias de classificação das circunstâncias dos precedentes podem ser livremente estabelecidas pelos intérpretes a eles vinculados. Pode uma corte vinculada classificar os fatos de um precedente da maneira que ela achar mais conveniente?

A resposta é não. A adoção de decisões vinculantes – em sentido forte ou mesmo no sentido fraco – tem por finalidade oferecer um mínimo de

---

[300] Cf. Julius Stone, "The ratio of the ratio decidendi", pp. 607 e s.
[301] Trata-se do caso *Donoghue v. Stevenson* julgado pela Câmara dos Lordes do Reino Unido em 1932.
[302] Julius Stone, "The ratio of the ratio decidendi", pp. 603 e ss.

igualdade e segurança, como já salientado. Isso somente é possível caso se entenda que os precedentes utilizam em suas fundamentações regras jurídicas que podem ser aplicadas a casos futuros, como decorrência da exigência de universalizabilidade do discurso jurídico. Pressupõe-se que essas regras sejam de alguma maneira identificáveis nos precedentes e não simplesmente criadas posteriormente pelo intérprete que deve aplicá-los. Como já ressaltado, a adoção de precedentes vinculantes não garante segurança jurídica absoluta, pois não está excluída a possibilidade de divergência a respeito de quais regras são estabelecidas por eles ou, como será visto abaixo, se essa regra deve ser afastada ou superada em face de circunstâncias excepcionais. Entretanto, da mesma forma como em relação à interpretação de textos legislativos, a segurança limitada oferecida pelos precedentes não significa que suas *rationes decidendi* sejam sempre criadas pelo intérprete no momento em que aplicadas.

A visão defendida pelo presente trabalho é encarada como formalista por alguns críticos, especialmente os fundados em uma visão apresentada pelo realismo jurídico para a qual seria o intérprete – em especial o juiz – quem, em última análise, cria o direito.[303] A rejeição a essa visão pressupõe levar a sério a ideia de Estado de Direito, em que o exercício do poder estatal é limitado por normas jurídicas prévias que, em algum grau, limitam as possibilidades decisórias futuras. A partir da adoção dessa visão, torna-se imperioso estabelecer critérios para que as regras jurídicas estabelecidas nos precedentes judiciais sejam identificadas com relativa precisão. Abaixo serão examinados esses diferentes critérios.

4.2.2. A *ratio decidendi* em um modelo de precedentes centrado no resultado

Larry Alexander afirma que uma das compreensões difundidas a respeito da vinculação por precedentes é centrada em um modelo que denomina de resultado.[304] Nesse modelo, a corte vinculada deve

---

[303] Cf. Neil MacCormick, *Rethoric and the Rule of Law*, p. 146. Para uma visão a respeito dos diferentes sentidos da expressão "formalismo", cf. José Rodrigo Rodriguez, "A persistência do formalismo: uma crítica para além da separação de poderes", in José Rodrigo Rodrigues / Calors Eduardo Batalha da Silva e Costa / Samuel Rodrigues Barbosa (orgs.), *Nas fronteiras do formalismo: a função social da dogmática jurídica hoje*, São Paulo, Saraiva, 2010, pp. 157-192.
[304] Cf. Larry Alexander, "Constrained by Precedent", *Southern California Law Review* 63 (1989-1990), pp. 1-64, p. 29.

chegar à mesma conclusão do precedente, tendo em vista a semelhança entre as circunstâncias dos casos. É por essa razão que esse modelo é denominado de "modelo de resultado": dado os mesmos fatos, a corte vinculada deverá adotar a mesma decisão. Dworkin é apontado como principal defensor desse modelo, para quem a tarefa do juiz, ao deparar-se com um ou mais precedentes, seria identificar o conjunto de normas que melhor os justifica, tendo em vista o valor da integridade do direito.[305]

Esse modelo, entretanto, peca pela indeterminabilidade. Em determinadas linhas de precedentes, pode existir um grande número de normas jurídicas que justificariam decisões diferentes.[306] Em outros casos, questões complexas decididas em casos anteriores dificilmente podem ser reconciliadas em um só conjunto de normas.[307] Por fim, um modelo centrado no resultado abre grande margem para que intérpretes futuros identifiquem novos fatos irrelevantes como causa de distinção entre o precedente e o caso a ser decidido. Isso acaba por minar os objetivos de igualdade e previsibilidade do direito, uma vez que – não obstante as decisões judiciais serem fundamentadas em razões expressas – essas razões seriam desconsideradas em casos futuros, sendo substituídas por outras razões no momento de decisão de novos casos.[308]

Uma variante desse modelo é defendida por Arthur Goodhart.[309] Ele afirma que para compreender a *ratio decidendi* de uma decisão não se pode desconsiderar a argumentação desenvolvida por uma corte, pois é necessário identificar quais fatos foram considerados relevantes (*material facts*) e vinculá-los à conclusão obtida. Não é todo e qualquer fato presente em uma decisão judicial que deve fazer parte de sua *ratio decidendi*. Nesse processo, é necessário analisar a fundamentação da decisão,

---

[305] Cf. Ronald Dworkin, *Law's Empire*, Cambridge, Belknap, pp. 229 e ss.
[306] Cf. Larry Alexander, "Constrained by Precedent", p. 38.
[307] Cf. Michael Abramowicz / Maxwell Stearns, "Defining Dicta", p. 1050 e Michael C. Dorf, "Dicta and Article III", p. 2024.
[308] Cf. Michael C. Dorf, "Dicta and Article III", pp. 2029 e s. Em sentido semelhante, cf. Frederick Schauer, *Playing by the Rules*, p. 184.
[309] Cf. Arthur L. Goodhart, "Determining the ratio decidendi of a case", *Yale Law Journal* 40 (1930), pp. 161-183 e Arthur L. Goodhart, "The ratio decidendi of a case", *Modern Law Review* 22 (1959), pp. 117-124.

pois é por meio dela que se identificam quais fatos foram considerados relevantes ou não. Desse modo, somente as circunstâncias identificadas como relevantes pela corte do precedente devem fazer parte de sua *ratio decidendi*.[310] Uma vez identificados os fatos relevantes na visão do juiz que estabelece o precedente, deve-se aplicar sua conclusão para todos os casos em que essas circunstâncias se repitam.

Apesar da simplicidade do modelo, ele também deve ser rejeitado. Como exposto acima, cada circunstância presente em um caso pode ser classificada em categorias com diferentes níveis de abstração. Simplesmente identificar quais fatos são relevantes na visão da corte do precedente não aponta a razão pela qual eles são relevantes.[311] É somente com base na argumentação apresentada na fundamentação das decisões judiciais que se torna possível identificar qual nível de abstração foi utilizado pela corte do precedente para classificar as circunstâncias do caso, possibilitando sua aplicação minimamente uniforme e segura para casos futuros.

4.2.3. A *ratio decidendi* enquanto regra jurídica

A compreensão mais difundida a respeito da *ratio decidendi* de um precedente é a que a identifica como uma regra jurídica utilizada e extraível de sua fundamentação.[312] Ainda que a identificação dessa regra seja objeto de controvérsias, esse modelo é denominado por "modelo de regra", pois a *ratio decidendi* de um precedente é concebida como uma regra que terá incidência em casos futuros.[313] Esse é o modelo que melhor se adapta às finalidades buscadas por um sistema de precedentes vinculantes, pois as regras jurisprudenciais são estabelecidas pela corte do precedente previamente aos casos futuros em que serão aplicadas, possibilitando um mínimo de igualdade e segurança jurídica.

É frequente a afirmação de que a analogia é o modo de raciocínio central para a aplicação de precedentes.[314] Aceitar o modelo de regra

---

[310] Cf. Arthur L. Goodhart, "The ratio decidendi of a case", p. 119.

[311] Cf. Rupert Cross / J. W. Harris, *Precedent in English Law*, p. 70.

[312] Cf., por exemplo, nesse sentido, Neil MacCormick, *Rethoric and the Rule of Law*, p. 153; Rupert Cross / J. W. Harris, *Precedent in English Law*, p. 72 e Martin Kriele, "Das Präjudiz in Kontinental-Europäischen und Anglo-Amerikanischen Rechtskreis", p. 69.

[313] Cf. Larry Alexander, "Constrained by Precedent", pp. 17 e ss.

[314] Cf., por exemplo, Luiz Guilherme Marinoni, *Precedentes obrigatórios*, p. 223.

dos precedentes significa, entretanto, afastar essa afirmação.[315] O processo típico de aplicação de precedentes é o processo de subsunção, em que há correlação entre o suporte fático de uma regra e as circunstâncias de um caso concreto.[316] Isso não significa que a analogia não guarda nenhuma relação com a aplicação de precedentes, mas apenas que ela não é o método principal para tanto. Em momento posterior será avaliada essa relação entre analogia e precedentes.

No presente momento é necessário reconhecer que, diferentemente dos textos legislativos, os textos dos precedentes muitas vezes não apresentam enunciados em forma canônica do tipo "Se A, então B". As decisões judiciais são fundamentadas em diversos tipos de argumentos que se inter-relacionam para que a decisão alcançada seja devidamente justificada sem a preocupação de que sejam enunciadas todas as regras utilizadas no caso. Isso, contudo, não impossibilita que as regras utilizadas sejam identificadas.

Para tanto, devem ser examinadas as generalizações utilizadas pela corte do precedente para classificar as circunstâncias do caso decidido em uma categoria mais abstrata que poderá ser aplicada para futuros casos. Imagine-se um caso em que se discuta a cobrança de taxa de matrícula em cursos de graduação oferecidos por universidades públicas. As circunstâncias do caso podem ser enquadradas em diferentes categorias, como "cursos de graduação", "universidade pública", "estabelecimento de ensino superior público", entre outros. Cada uma dessas categorias abarcará um conjunto diferente de situações. É a partir dessa classificação que deverá ser extraída a regra jurídica que funcionará como *ratio decidendi*.

Discussão semelhante foi travada no STF no julgamento dos recursos extraordinários que deram origem à Súmula Vinculante 12, cujo enunciado dispõe: "A cobrança de taxa de matrícula nas universidades públicas viola o disposto no art. 206, IV, da Constituição Federal".

---

[315] Nesse sentido, cf. Frederick Schauer, *Playing by the Rules*, pp. 181 e ss.; Neil MacCormick, *Rethoric and the Rule of Law*, p. 160; e Rupert Cross / J. W. Harris, *Precedent in English Law*, p. 194.

[316] Cf. Rupert Cross / J. W. Harris, *Precedent in English Law*, p. 47 e Martin Kriele, "Das Präjudiz in Kontinental-Europäischen und Anglo-Amerikanischen Rechtskreis", p. 71.

Considerando-se que os casos dos quais se originou a Súmula tratavam de universidades públicas federais e também pelo exame de seu enunciado, poderiam surgir dúvidas a respeito de se a *ratio decidendi* de tais precedentes abarcaria universidades públicas de estados e municípios, ou ainda outras instituições públicas de ensino que não sejam universidades. A resposta para essas dúvidas somente pode ser encontrada com base nas categorizações feitas pelo STF nos precedentes que deram origem à Súmula. Destaca-se a seguinte afirmação do Ministro Relator Ricardo Lewandowski, acompanhado pelos demais Ministros, em um dos precedentes que embasaram a súmula:

> "A rigor, o disposto no art. 208, longe de consubstanciar uma limitação à educação gratuita, em verdade assinala ao Estado a obrigação de manter uma estrutura institucional que permita ao cidadão comum, tenha ou não recursos financeiros, o aceso ao ensino superior, em vários níveis, de graduação ou de pós-graduação, ministrado em estabelecimentos oficiais, tendo como única limitação sua competência intelectual".[317]

Não se pretende afirmar que essa passagem define a única possível interpretação dos precedentes que deram origem à Súmula Vinculante 12. O objetivo aqui é apontar um exemplo de que forma as decisões judiciais categorizam determinados fatos dos casos que lhes são submetidos e de que maneira pode ser extraída uma *ratio decidendi* dessa categorização. Na passagem mencionada acima, o STF não diferenciou, por exemplo, universidades públicas e faculdades públicas, de modo que ambas – por serem classificadas na categoria "estabelecimentos oficiais" – não podem cobrar taxa de matrícula de seus alunos.

Entretanto, simplesmente afirmar que é com base nas categorizações feitas nos precedentes judiciais que devem ser extraídas suas *rationes decidendi* é insuficiente para identificá-las. Especialmente em matéria de interpretação constitucional, é frequente que sejam analisadas diferentes questões por diferentes perspectivas para que se chegue à solução do caso a ser resolvido. As partes produzem argumentos de diversas naturezas que são levados em conta pelos tribunais, que passam, entre outros, pela ponderação de princípios, pela vontade do legislador constituinte

---

[317] Voto do Ministro Ricardo Lewandowski, RE 562.779 (j. 13.08.2008), pp. 672 e s.

e do infraconstitucional, além de considerações a respeito da evolução de um instituto no direito constitucional brasileiro e de seu tratamento sistemático pela atual Constituição.

Retome-se a afirmação de que a distinção entre *ratio decidendi* e *obiter dictum* é uma distinção eminentemente normativa. Essa distinção é traçada para guiar os futuros intérpretes no momento de aplicação das decisões vinculantes. Para construir-se um modelo capaz de dar conta dessa diferenciação e que garanta um mínimo de igualdade e segurança jurídica, é necessário primeiramente avaliar quais valores mais específicos estão na base das distinções mais frequentes entre *ratio decidendi* e *obiter dictum*. Abaixo serão identificados esses valores.

Em seguida serão examinadas as diferentes propostas para a identificação das regras jurídicas que devem ser entendidas como *rationes decidendi* na busca por um modelo que se adapte ao ordenamento jurídico brasileiro e também à praxe decisória do STF. Imagine-se uma linha contínua dessas propostas na qual se situam definições mais restritas ou mais amplas de *ratio decidendi*. No primeiro momento será analisado um modelo situado em um desses extremos para o qual somente as "premissas necessárias" devem ser consideradas *rationes decidendi*. Em segundo lugar, será examinado o modelo situado no outro extremo, em que se sustenta que toda e qualquer regra jurídica utilizada em uma decisão judicial é uma *ratio decidendi*, o que implica o abandono da distinção entre *ratio decidendi* e *obiter dictum*. Por fim, será exposto o modelo mais adequado à realidade brasileira: a compreensão da *ratio decidendi* como uma regra suficiente para a resolução de uma questão jurídica.

4.2.3.1. Valores justificadores da diferenciação entre *ratio decidendi* e *obiter dictum*

Na busca pela compreensão da questão em comento, Michael Dorf identifica dois valores fundamentais que justificam a diferenciação sobre *ratio decidendi* e o *obiter dictum*.[318] O primeiro deles seria o valor da precisão, no sentido de que somente as questões que efetivamente devam ser decididas pela corte do precedente são analisadas em toda sua extensão e complexidade. Aquelas considerações laterais que apenas reforçam o argumento principal do caso devem ser consideradas *obiter dictum*,

---

[318] Cf. Michael C. Dorf, "Dicta and Article III", pp. 2000 e s.

uma vez que não foram objeto de profunda análise pela corte e, dessa maneira, correm grande risco de fazer afirmações imprecisas a respeito do direito vigente. O segundo valor seria o da legitimidade, uma vez que as cortes não têm poder para estabelecer precedentes vinculantes para além das questões que lhes são submetidas. Elas não podem interpretar e eventualmente criar direito novo de modo desvinculado das questões levantadas pelos casos concretos. Nesse sentido, as considerações feitas sobre outras questões que não aquelas que devam ser decididas são considerados *obiter dicta*.

Michael Abramowicz e Maxwell Stearns aperfeiçoam a análise de Dorf e apontam quatro valores que justificam a diferenciação entre *ratio decidendi* e *obiter dictum*.[319]

O primeiro valor é o da limitação (*constraint*). Esse é o principal valor que deve justificar a distinção em comento e se aproxima do valor da legitimidade na forma como identificado por Dorf. Ele aponta que os juízes, ao decidirem um caso, têm determinado grau de discricionariedade para escolher quais argumentos serão ou não utilizados em uma decisão. Isso não significa que se deva atribuir o caráter de *ratio decidendi* a todos os argumentos utilizados, mas somente àqueles que se relacionem aos problemas jurídicos levantados pelo caso. Esse valor tem relação direta com o princípio da inércia, com base no qual os magistrados somente podem apreciar as causas que lhes sejam submetidas. O contrário seria admitir que em um caso os juízes poderiam decidir qualquer questão a qualquer momento, de modo que tal "sistema judicial seria semelhante a um Poder Legislativo em que cada legislador poderia individualmente promulgar uma lei."[320] Nesse sentido, atribuir-se obrigatoriedade a toda e qualquer afirmação feita em uma decisão judicial acaba por distorcer a diferença funcional entre legislação e jurisdição, apontada no Capítulo 3.

O segundo valor relevante é o da devida consideração da questão a ser decidida (*consideration*). Esse valor aponta que a resolução de uma questão jurídica somente deve ser considerada *ratio decidendi* quando ela for devidamente analisada, de modo que as cortes não se precipitem em resolver questões ainda não suficientemente discutidas. Essa

---

[319] O que segue neste item reproduz os argumentos de Michael Abramowicz / Maxwell Stearns, "Defining Dicta", pp. 1017 e ss.
[320] Michael Abramowicz / Maxwell Stearns, "Defining Dicta", pp. 1019-1020.

preocupação se relaciona diretamente com a necessidade de contraditório entre as partes envolvidas e, no caso de decisões colegiadas, com a possibilidade de os juízes trocarem argumentos específicos e claros a respeito do tema a ser decidido. Questões prematuras para julgamento devem ter seu exame postergado para futuros casos, em que suficientes argumentos sejam produzidos e examinados.

O terceiro valor apontado pelos autores é o da clareza (*clarity*). Depois de uma questão posta perante a corte ser examinada em profundidade, abre-se a questão da amplitude das *rationes decidendi* com base nas quais o caso será decidido. O valor da clareza, diferentemente dos valores anteriores, aponta para regras amplas que abarquem um número maior de futuros casos. *Rationes decidendi* muito restritas podem implicar a falta de clareza do ordenamento jurídico, pois casos com semelhanças consideráveis correrão o risco de serem decididos de formas diferentes. Regras amplas permitem que os intérpretes tenham um guia firme de como os casos futuros deverão ser decididos, aumentando a coerência do ordenamento jurídico como um todo.

O quarto e último valor identificado por Abramowicz e Stearns refere-se à transparência (*candor*) na interpretação e aplicação dos precedentes. Esse valor aponta que a distinção entre *ratio decidendi* e *obiter dictum*, além de fomentar a clareza do direito, deve poder ser utilizada por um método de interpretação e aplicação dos precedentes que promova o respeito às regras neles fixadas. Os intérpretes vinculados não podem simplesmente ignorar o decidido anteriormente ao considerar uma verdadeira *ratio decidendi* como *obiter dictum*, escapando do ônus argumentativo de justificar o afastamento do precedente.

Os valores acima não pretendem ser uma lista exaustiva das considerações a serem feitas na distinção entre *ratio decidendi* e *obiter dictum* e tampouco apontam para uma direção única nessa distinção. Não obstante, eles mostram preocupações relevantes com questões sensíveis aos sistemas que adotam precedentes vinculantes, como as que se referem, por exemplo, à estabilidade do direito, à participação de diferentes atores na interpretação jurídica e à legitimidade das cortes para o estabelecimento de regras jurídicas para casos futuros. Em seguida, serão avaliadas à luz desses valores as diferentes propostas para a conceituação de *ratio decidendi* enquanto uma regra jurídica e sua diferenciação de *obiter dictum*.

4.2.3.2. *Ratio decidendi* enquanto regra necessária para a resolução do caso

A definição mais influente de *ratio decidendi* no *common law* é fundada na ideia de que ela seria a premissa necessária de um precedente para a resolução do caso concreto.[321] Essa definição utiliza o critério da necessidade de uma proposição para sua identificação como *ratio decidendi*. Em contrapartida, os *obiter dicta* são aquelas afirmações feitas na fundamentação de uma decisão judicial que são desnecessárias para o julgamento do caso.[322]

Essa definição remonta à visão de Eugene Wambaugh em estudo feito em 1894.[323] Uma *ratio decidendi* seria a regra jurídica cuja aplicação seja necessária para a resolução do caso. Nesse sentido, o autor propõe um teste simples: caso a inversão do sentido da regra também inverta o sentido da decisão no caso, essa regra é uma *ratio decidendi*. Em contrapartida, as demais razões oferecidas em uma decisão judicial seriam desnecessárias e, portanto, *obiter dicta*.

Tal modelo já fora adotado pelo STF em mais de uma ocasião. No julgamento do Rcl-AgR 3.293 (j. 25.10.2006), discutiu-se o possível desrespeito aos fundamentos determinantes da decisão proferida na ADI 1.662, já analisada no item 2.2.1.2, que declarou inconstitucionais dispositivos de um ato normativo do TST em que foram fixadas novas possibilidades de sequestro de verbas públicas fora as previstas no art. 100, da Constituição Federal. A reclamação fora ajuizada contra ato do Presidente do Tribunal de Justiça do Estado de São Paulo que determinara o sequestro imediato de verba do orçamento do Estado de São Paulo fundado na falta de pagamento das parcelas previstas no art. 78, § 4º, do ADCT. O reclamante sustentou a violação ao decidido na ADI 1.662, na

---

[321] Cf. Michael Abramowicz / Maxwell Stearns, "Defining Dicta", p. 1056. Em sentido semelhante, cf. James Hardisty, "Reflections on *stare decisis*", p. 58.

[322] Cf., nesse sentido, Rupert Cross / J. W. Harris, *Precedent in English Law*, p. 72; Martin Kriele, "Das Präjudiz in Kontinental-Europäischen und Anglo-Amerikanischen Rechtskreis", p. 72; José Jesus Cazetta Júnior, *A ineficácia do precedente no sistema brasileiro de jurisdição constitucional*, p. 81; Patrícia Perrone Campos Mello, *Precedentes*, p. 120 e Marcelo Alves Dias de Souza, *Do precedente judicial à súmula vinculante*, p. 126.

[323] Cf. Michael Abramowicz / Maxwell Stearns, "Defining Dicta", pp. 1056 e 958, nota 12; e Rupert Cross / J. W. Harris, *Precedent in English Law*, p. 52

medida em que se determinou o sequestro de verba do orçamento fora das hipóteses do art. 100, da Constituição Federal.

Ao analisar o tema, o Ministro Sepúlveda Pertence entendeu que somente as premissas necessárias ao julgamento da ADI 1.662 faziam parte dos motivos determinantes da decisão, de modo a serem obrigatoriamente aplicadas a casos futuros. Em suas palavras

> "(...) tenho decidido nessa linha, cingindo-me à extensão – à qual tinha restrições, mas que o Tribunal adotou, na linha mesma do voto recordado do Ministro Gilmar Mendes – de que a solução da questão constitucional seja absolutamente a 'premissa necessária' da decisão da ADIn 1.662, para aplicá-la a outras decisões que não se fundavam no ato normativo – a resolução do TST – então impugnada, até porque algumas alheias à Justiça do Trabalho.
>
> Agora, estou absolutamente convencido de que essa questão da interpretação do artigo 78, § 4º, do ADCT – superveniente, diga-se, à propositura da ADIn 1.662 – decididamente, não está alcançada, é óbvio, nem pelo dispositivo nem pelos fundamentos determinantes – que interpreto conforme a linguagem do antigo Código de Processo Civil: a 'premissa necessária' da decisão."[324]

Apesar da simplicidade do modelo, ele é rejeitado pela prática no *common law* e também deve ser rejeitado com base nos valores que sustentam a distinção entre *ratio decidendi* e *obiter dictum* no caso do direito brasileiro.

Como destaca Rupert Cross, esse modelo é incapaz de guiar com segurança a prática de precedentes vinculantes, pois, além de não oferecer critérios claros a respeito do que seria a "premissa necessária" ao julgamento, não é capaz de dar conta do fato de que se atribui o caráter de *ratio decidendi* a duas premissas independentes que resolveriam o caso.[325] Como exemplo, pode-se pensar na declaração de inconstitucionalidade de um ato normativo com base em dois fundamentos independentes – um vício de competência e um vício material, por exemplo. Cada regra jurídica utilizada para identificar os mencionados vícios constitui *ratio decidendi* do precedente. Caso se adotasse o critério de "premissa necessá-

---

[324] Voto do Ministro Sepúlveda Pertence no Rcl-AgR 3.293, p. 140. Em sentido semelhante, cf. STF, Rcl 2.475 (02.08.2007), p. 94.
[325] Cf. Rupert Cross / J. W. Harris, *Precedent in English Law*, pp. 52 e ss.

ria", nenhuma das regras seria *ratio decidendi*, pois haveria outro argumento na decisão capaz de levá-la ao mesmo resultado.

A atribuição do caráter de *ratio decidendi* às justificativas alternativas para a resolução de um caso respeita os valores da limitação (*constraint*) e da devida consideração (*consideration*), uma vez que as alternativas foram direcionadas a resolver o caso presente e também foram previamente debatidas entre as partes e os juízes. Também o valor da clareza (*clarity*) aponta que seja atribuído o caráter de *ratio decidendi* a essas justificativas, uma vez que aumenta a coerência do direito, ao facilitar a compreensão jurídica de um número maior de futuros casos.[326]

O mérito do modelo de Wambaugh consiste na preocupação de somente conferir-se a natureza de *ratio decidendi* às premissas que, de alguma maneira, levem à conclusão obtida.[327] Essa preocupação tem relação direta com o valor da limitação (*constraint*), acima identificado, para que os juízes não decidam questões completamente desvinculadas dos casos que lhes são submetidos, em prejuízo da divisão de competências entre legislação e jurisdição. Entretanto, essa visão é demasiadamente restrita, pois nega o caráter de *ratio decidendi* a regras jurídicas que também devem ser consideradas como tal.

4.2.3.3. A abolição da distinção entre *ratio decidendi* e *obiter dictum*

Em outro extremo da compreensão do tema, há autores que defendem que haveria uma distinção meramente quantitativa e não qualitativa entre *ratio decidendi* e *obiter dictum*. A diferença entre ambas as categorias estaria fundada nos diferentes graus de persuasão que os argumentos contidos nas decisões judiciais exerceriam em futuros casos.[328] Essa afirmação seria reforçada pelo fato de que, em algumas situações, determinados *obiter dicta* de um precedente gozariam de tanto prestígio no meio jurídico que exerceriam uma influência similar às suas *rationes decidendi*.[329]

Esse argumento foi aprofundado por Thomas Bustamante. Para o autor, não deve haver uma distinção "essencialistas" entre as categorias de *ratio decidendi* e *obiter dictum*, uma vez que cada premissa normativa de

---

[326] Cf. Michael Abramowicz / Maxwell Stearns, "Defining Dicta", pp. 1027 e s.
[327] Cf. Rupert Cross / J. W. Harris, *Precedent in English Law*, p. 56.
[328] Cf. James Hardisty, "Reflections on *stare decisis*", p. 59.
[329] Cf. Rupert Cross / J. W. Harris, *Precedent in English Law*, p. 77 e 80 e s.

um precedente apresentaria um determinado grau de força vinculante, conforme determinados fatores. Nas palavras do autor:

> "Uma teoria dos precedentes judiciais que busque contribuir para a coerência do sistema jurídico – que constitui um dos elementos da ideia de racionalidade – deve exigir dos aplicadores do Direito que estes extraiam do *case law* o maior número possível de enunciados gerais e universais. De um lado, a *universalidade* – isto é, o uso de conceitos que designam todas as coisas pertencentes a uma classe – é uma condição necessária para a coerência, pois toda teoria necessita utilizar conceitos e definições universais. De outro, quanto mais gerais forem os conceitos empregados em uma teoria, maior será seu alcance – e, assim, a chance de se produzir um resultado coerente (...). *Ceteres paribus*, quanto mais enunciados *universais* (sem nomes individuais) uma teoria usa, quanto maior o número de conceitos *gerais* empregados por ela, *mais coerente será dita teoria*."[330]

Prossegue o autor:

> "Como a questão da força ou vinculatividade dos precedentes é uma questão de graus, prefiro, ao invés de contrapor os conceitos de *ratio decidendi* e *obter dictum*, falar indistintamente em *rationes decidendi* e deixar para um momento posterior a decisão acerca da força ou da eficácia de cada *ratio* ou norma adscrita invocada como precedente judicial no discurso jurídico."[331]

Nesse sentido, o autor afirma que, uma vez fixada uma tese jurídica em uma decisão judicial, ela deverá ser seguida em futuros casos, independentemente de seu conteúdo ou se ela foi utilizada para resolver o caso concreto.[332]

No argumento acima, é evidente a preocupação do autor com um importante valor que está na base da justificação da distinção entre *ratio decidendi* e *obter dictum*: o valor da clareza (*clarity*). Como destacado, esse valor aponta para o ganho de coerência de um ordenamento jurídico a partir de *rationes decidendi* amplas que abarquem o maior número de casos

---

[330] Thomas da Rosa de Bustamante, *Teoria do precedente judicial*, pp. 274 e s.
[331] Thomas da Rosa de Bustamante, *Teoria do precedente judicial*, p. 277.
[332] Cf. Thomas da Rosa de Bustamante, *Teoria do precedente judicial*, p. 273.

possíveis. O valor da clareza, em última análise, supostamente justificaria a própria atribuição do caráter de *ratio decidendi* a toda premissa de uma decisão judicial para que o maior número de casos tenham soluções estabelecidas de antemão pelo precedente.

Entretanto, o valor da clareza não é o único que justifica a distinção entre *ratio decidendi* e *obiter dictum*, devendo-se avaliá-lo em relação às demais exigências da aplicação de precedentes vinculantes.[333] Especialmente os valores da limitação (*constraint*) e da devida consideração (*consideration*) exigem que uma premissa de uma decisão judicial somente seja considerada *ratio decidendi*, se ela de alguma maneira fizer parte do caminho argumentativo direcionado à resolução do caso concreto e for objeto de devida consideração pelas partes e pelo juízo. Na ausência da devida consideração, uma *ratio decidendi* poderá ser adotada precipitadamente fazendo com que um grande número de casos futuros seja decidido de forma equivocada. Se uma metáfora for aqui permitida, pode-se afirmar que o foco exclusivo no valor da clareza acaba por obscurecer a importância dos demais valores relacionados à prática dos precedentes.

Esses demais valores ganham ainda mais importância na prática decisória do STF. Como anota Gilmar Ferreira Mendes, o STF por vezes emite juízo de constitucionalidade sobre uma norma, ainda que isso fosse dispensável para resolução do caso.[334] No mesmo sentido, destaca-se que a prática decisória do STF é marcada, em algumas situações, pelo "maximalismo", ou seja, o oferecimento de amplas razões morais, políticas e sociais para resolver de forma abrangente mais questões do que aquelas colocadas de modo direto pelo caso concreto.[335] Além disso, deve-se reiterar que, nos casos em que admitira a tese da transcendência dos motivos determinantes, o STF efetivamente distinguiu *ratio decidendi* e *obiter dictum* no momento de aplicação do precedente vinculante.[336]

No caso das decisões vinculantes em sentido forte do STF, cuja força vinculante já é estabelecida *a priori* pelo ordenamento jurídico – como,

---

[333] Em sentido semelhante, Michael C. Dorf, "Dicta and Article III", p. 2028 e Frederick Schauer, *Playing by the Rules*, pp. 140 e s.

[334] Cf. Gilmar Ferreira Mendes / Paulo Gustavo Gonet Branco, *Curso de Direito Constitucional*, 6ª ed., São Paulo, Saraiva, 2011, pp. 1143 e s.

[335] Cf. Rodrigo Brandão, *Supremacia judicial versus diálogos constitucionais: a quem cabe a última palavra sobre o sentido da Constituição?*, Rio de Janeiro, Lumen Juris, 2012, pp. 163 e s.

[336] Cf., por exemplo, Rcl-AgR 2.475 e Rcl 3.293.

inclusive, reconhece Bustamante –,[337] abolir a distinção entre *ratio decidendi* e *obiter dictum* possibilitaria que o Tribunal pudesse criar direito novo em questões não relacionadas aos casos apresentados e sem a devida consideração de possíveis argumentos relevantes para tanto. Nesse cenário, haveria incentivo para que o Tribunal adotasse fundamentações excessivamente longas para resolver o maior número de questões jurídicas possível, sem a devida participação dos interessados afetados e sem a reflexão necessária sobre essas questões.

4.2.3.4. A *ratio decidendi* como a regra suficiente para resolução de questões jurídicas

Uma via intermediária entre os dois modelos acima descritos entende que a *ratio decidendi* é uma regra jurídica utilizada pela corte do precedente suficiente para a resolução de uma questão jurídica. Ela difere do primeiro modelo, pois aponta que a *ratio* é uma regra de direito suficiente, ainda que desnecessária, para a resolução de uma questão jurídica e não o caso como um todo. Também se diferencia do segundo modelo, por entender que existem diferenças relevantes entre *ratio decidendi* e *obiter dictum*.

Nesse sentido, destaca-se a influência do trabalho de Neil MacCormick a respeito da diferenciação entre *ratio decidendi* e *obiter dictum*.[338] Abaixo será examinada sua proposta, no que for útil para a compreensão das decisões vinculantes do STF. MacCormick formulou a seguinte conceituação:

> "Uma *ratio decidendi* é uma regra expressa ou implicitamente utilizada por um juiz a qual é suficiente para definir um ponto de direito colocado em debate pelos argumentos das partes em um caso concreto, sendo um ponto no qual uma resolução era necessária para justificativa do juiz (ou para uma de suas justificativas alternativas) para a decisão do caso. Argumentos sobre princípios jurídicos e argumentos que avaliam outros elementos normativos ou as consequências da regra utilizada e de outras regras conflitantes pertencerão à categoria de *obiter dicta*."[339]

---

[337] Cf. Thomas da Rosa de Bustamante, *Teoria do precedente judicial*, pp. 381 e s.
[338] Essa influência pode ser atestada pelo exame de Celso de Albuquerque Silva, *Do efeito vinculante*, p. 182; Luiz Guilherme Marinoni, *Precedentes obrigatórios*, pp. 232 e s.; e Thomas da Rosa de Bustamante, *Teoria do precedente judicial*, pp. 331 e ss.
[339] Neil MacCormick, *Rethoric and the Rule of Law*, p. 153.

O primeiro elemento da definição acima se refere ao fato de que uma *ratio decidendi* pode ser uma regra jurídica utilizada de modo expresso ou implícito. Como já ressaltado acima, os argumentos expostos nas decisões judiciais podem enunciar de forma canônica as regras que empregam. Nesses casos, há a utilização expressa de uma regra jurídica. Entretanto, em outros casos, é frequente que os juízes façam uma série de considerações a respeito do caso, sem realizar explicitamente a formulação das regras que estão aplicando. Em situações como essa, MacCormick afirma que o método a ser utilizado para identificar a regra de direito deve ser aquele concebido por Goodhart, acima apresentado. Identificam-se os fatos tratados como relevantes pelo juiz e a conclusão obtida para que ela seja imputada a fatos semelhantes no futuro.[340]

Quando uma decisão judicial utiliza em sua fundamentação uma regra expressa, há menores problemas interpretativos. Entretanto, a utilização do método de Goodhart para a compreensão de uma regra implícita como *ratio decidendi*, na forma como proposta por MacCormick, não pode ser aceita. Isso porque, como já exposto, cada fato considerado relevante por uma corte pode ser classificado em um grande número de categorias abstratas. O método de Goodhart é insuficiente para oferecer um guia seguro na interpretação e aplicação de precedentes, pois não define qual nível de abstração deve ser utilizado para compreender as circunstâncias de um precedente. A identificação de uma regra implícita não deve ser feita, portanto, simplesmente a partir dos fatos tidos por relevantes no precedente, mas a partir das generalizações utilizadas na fundamentação e das consequências jurídicas a elas imputadas. É dessa forma que essas consequências jurídicas deverão ser reproduzidas em casos futuros em que se possam subsumir suas circunstâncias às generalizações utilizadas no precedente.

O segundo elemento a ser destacado na definição de MacCormick é a afirmação de que a *ratio decidendi* é uma regra de direito suficiente para resolver um ponto de direito colocado em debate pelas partes e não o caso como um todo. Isso significa que a cada questão de direito resolvida pelo juiz haverá pelo menos uma *ratio decidendi* que a soluciona. Pode-se afirmar que esse elemento tem por base o valor da devida consideração (*consideration*) das questões a serem decididas, no sentido de que as partes possam produzir argumentos suficientes para tanto.

---

[340] Cf. Neil MacCormick, *Rethoric and the Rule of Law*, p. 159.

Com base na noção de questão como ponto de direito sobre o qual exista dúvida levantada pelas partes, deve-se aperfeiçoar a definição de MacCormick para que as *rationes decidendi* de um precedente abarquem não somente as questões levantadas pelas partes, mas também aquelas que o juiz examina de ofício. Considerando-se a existência no direito brasileiro do princípio da eventualidade, pelo qual o autor e o réu devem oferecer todos os argumentos para a defesa de suas posições na petição inicial ou na resposta a ela,[341] as partes têm o ônus de produzir argumentos sobre todas as questões que podem ser apreciadas pelo juiz da causa. Além disso, caso se entenda que uma questão não fora discutida pelas partes, é possível, inclusive, reabrir a oportunidade para que elas se manifestem a respeito. Desse modo, a preocupação com o valor da devida consideração dos argumentos de um caso *(consideration)* é reduzida no direito brasileiro a ponto de se poder conceber como *rationes decidendi* também as regras jurídicas suficientes para a resolução de questões conhecidas de ofício por um juízo.

O terceiro elemento da definição aponta que uma *ratio decidendi* é uma regra jurídica suficiente que resolve uma questão jurídica que deveria ser necessariamente analisada pela corte do precedente. Comparando-se essa definição com o modelo de Wambaugh acima analisado, nota-se que MacCormick desloca o critério da necessidade para o exame da questão jurídica em relação ao caso, ao passo que somente se utiliza do critério da suficiência para a regra que a resolve. Em outras palavras, a *ratio decidendi* é uma regra suficiente que resolve uma questão jurídica necessária à decisão do caso concreto. Como MacCormick aponta, "necessidade" deve ser compreendida como um termo que aponta uma obrigação argumentativa de uma corte e não uma relação lógica de imprescindibilidade entre a questão examinada e a conclusão obtida.[342] O exame de uma questão jurídica é "necessário" caso ela seja colocada em juízo pelo caso concreto e o juiz, para alcançar sua conclusão, deva resolvê-la.

Contudo, é reconhecido que os juízes possuem certa discricionariedade para definir qual o caminho argumentativo será percorrido por suas

---

[341] Cf. José Joaquim Calmon de Passos, *Comentários ao Código de Processo Civil*, vol. III, 9ª ed., Rio de Janeiro, Forense, 2005, p. 280.
[342] Cf. Neil MacCormick, *Rethoric and the Rule of Law*, p. 158.

decisões.[343] Por "caminho argumentativo" entendem-se quais questões serão enfrentadas e resolvidas para que se chegue a uma decisão em um caso. Como exemplo, imagine-se um caso em que o autor demanda a anulação de um contrato de doação pela a existência de dois vícios de consentimento: a) coação (art. 151 do CC) e b) fraude contra credores (art. 158 CC). Após o autor e o réu oferecerem seus argumentos, o juiz identifica que houve tanto coação quanto a fraude contra credores, de modo que o contrato é inválido pelas duas razões. Como já ressaltado acima, entende-se que nesse caso – em que há duas justificativas independentes e suficientes para a resolução de uma mesma questão – as duas regras jurídicas utilizadas para a resolução da questão da anulação do contrato são *rationes decidendi*.

Ainda com base no exemplo acima, pode-se imaginar que o juiz conheça as duas questões prévias. Embora afirme que não se configurou coação no caso concreto, houve a prática de fraude contra credores – razão pela qual o contrato deve ser anulado. Deve-se atribuir o caráter de *ratio decidendi* à regra que resolveu a questão da coação, ainda que ela não seja necessária nem suficiente para a decisão de anulação do contrato? A resposta é positiva, pois a questão da coação fazia parte do caminho argumentativo que o juiz poderia legitimamente percorrer. Os valores da limitação (*constraint*) e da devida consideração da questão (*consideration*) não impedem que se atribua o caráter de *ratio decidendi* àquela regra, pois ela guarda relação direta com o caso e foi objeto dos argumentos produzidos pelas partes. De outro lado, o valor da clareza (*clarity*) fornece uma razão importante para considerar tal regra *ratio decidendi*, na medida em que se aumenta a coerência do direito ao definir-se um entendimento que poderá ser aplicado a situações futuras semelhantes. Esse exemplo destaca que uma regra jurídica utilizada em uma decisão judicial é uma *ratio decidendi* caso seja suficiente para, em tese, resolver uma questão principal ou prévia presente no caminho argumentativo escolhido pelo juiz para decidir o caso.

A liberdade de escolha do caminho argumentativo a ser percorrido pelo magistrado, entretanto, não é absoluta. Retomando-se o valor da limitação (*constraint*) e o princípio da inércia, uma corte não pode resolver toda e qualquer questão jurídica que deseje em qualquer situação,

---

[343] Cf. Michael Abramowicz / Maxwell Stearns, "Defining Dicta", p. 1027.

mas somente aquelas que se relacionem com os casos concretos que lhes são submetidos. Mas o que significa exatamente essa relação? Como identificar quais questões pode ou não o juiz resolver em uma decisão?

Aqui deve ser ressaltada a natureza bifronte de uma demanda oferecida em juízo e a classificação de questões em principais e prévias – divididas em preliminares e prejudiciais. Toda demanda deduzida em juízo é bifronte, pois apresenta, pelo menos, dois pedidos distintos: a) o primeiro para que seja proferida uma decisão de mérito e b) o segundo para que, caso decidido positivamente o primeiro, o provimento de mérito tenha o conteúdo pretendido pelo autor.[344] O juiz deve analisar separadamente a questão da admissibilidade da demanda e, caso essa questão seja julgada positivamente, a questão do conteúdo do provimento a ser emitido. Essas duas dimensões da demanda geram duas questões principais que existem em todo processo jurisdicional.[345]

Caso no exemplo do contrato mencionado o juiz extinga a ação sem julgamento de mérito por entender, por exemplo, ausentes as condições da ação, ele não poderá resolver questões relacionadas ao mérito da causa. Ainda que o faça, somente as regras utilizadas para a resolução de questões relacionadas à extinção da ação devem ser consideradas *rationes decidendi*. Isso porque a resolução de questões de mérito não faz parte do caminho argumentativo a ser percorrido para a decisão alcançada. Uma *ratio decidendi* somente pode ser uma regra jurídica que resolva uma questão principal ou uma questão prévia que pelo menos potencialmente possa afetar o resultado obtido em um caso concreto. O exame de uma questão de mérito, em uma ação não conhecida, não é capaz de influenciar em nenhum sentido a decisão pela extinção do processo.

Torna-se claro que o juiz, embora tenha certa margem de liberdade para definir quais questões prévias irá analisar e quais regras utilizará para resolvê-las, está adstrito às questões prévias relacionadas às questões principais levadas a juízo. A liberdade de escolha do caminho argumentativo está restrita às questões prévias, pois são essas questões que fazem

---

[344] Cf. Cândido Rangel Dinamarco, *Instituições de Direito Processual Civil*, vol. II, pp. 108 e s.
[345] Não se pode esquecer que a questão da admissibilidade da demanda, embora seja questão principal do ponto de vista da obrigatoriedade do juiz conhecê-la, é questão prévia preliminar ao conhecimento da questão principal de mérito.

parte do caminho argumentativo para a tomada de uma decisão quanto às questões principais do caso. O exemplo da demanda para anulação do contrato mostra que naquele caso havia duas questões principais: a) a obtenção de um provimento de mérito e b) a anulação do contrato. As questões relativas à coação e à fraude contra credores são questões prejudiciais que condicionam o conteúdo do provimento de mérito a ser emitido. Uma corte tem certa discricionariedade, conforme o caso, para decidir apenas uma ou as duas questões prévias, mas deve decidir necessariamente a segunda questão principal, caso seja reconhecida a admissibilidade da demanda.

Retome-se a definição de questões prévias como questões cujo conhecimento é do ponto de vista argumentativo anterior a uma questão subordinada – seja ela uma questão principal ou outra questão prévia. Torna-se claro que a noção de caminho argumentativo aponta não somente para a relação existente entre as questões principais de uma demanda e suas questões prévias, mas também para questões prévias que passam a ser subordinadas a outras questões prévias. Em outras palavras, identificar o caminho argumentativo de uma decisão judicial é reconstruir sua justificativa interna, em que se identificam quais premissas são utilizadas para resolver suas questões prévias e principais.[346]

Dessa maneira, adaptando-se o conceito exposto por MacCormick, deve-se entender as *rationes decidendi* das decisões judiciais como as regras jurídicas utilizadas de modo explícito ou implícito em uma decisão judicial suficientes para a resolução de questões principais e prévias. Regras explícitas são aquelas enunciadas textualmente em forma canônica pela

---

[346] De um ponto de vista interno, uma decisão é justificada pela dedutibilidade de sua conclusão a partir das premissas adotadas. Destaca-se que as premissas adotadas em uma decisão judicial podem ser e geralmente são questionadas. Nesses casos, para considerar-se que uma decisão judicial esteja fundamentada, não basta analisar sua justificativa de um ponto de vista interno, ou seja, a correta dedutibilidade de sua conclusão a partir das premissas adotadas. Torna-se necessário que a decisão também seja justificada de um ponto de vista externo, no sentido da correta fundamentação de suas premissas a partir de todos os argumentos admitidos no discurso jurídico. Para fins da identificação do caminho argumentativo percorrido por uma decisão judicial, é suficiente centrar-se em sua justificativa interna. Cf. Robert Alexy, *Teoria da argumentação jurídica*, p. 224; Michele Taruffo, *La motivazione della sentenza civile*, Padova, Cedam, 1975, pp. 275 e s.; e Manuel Atienza, *As razões do direito: teorias da argumentação jurídica*, São Paulo, Landy, 2006, pp. 39 e s.

corte. Já as regras implícitas são extraídas do precedente mediante a identificação das generalizações utilizadas para descrever as circunstâncias do caso concreto somada às consequências jurídicas imputadas a essas generalizações. Destaca-se que o conhecimento de questões prévias é, em uma medida restrita, determinado pela escolha do caminho argumentativo feito pelo magistrado para chegar à decisão do caso concreto.

Já a definição de *obiter dictum* de MacCormick procura afastar certos elementos da noção de *ratio decidendi*, como os princípios jurídicos ou as justificativas fornecidas para sustentar as regras utilizadas, ainda que sejam de grande relevância para a argumentação desenvolvida. Essa observação é fundamental para que não se expanda demasiadamente a noção de *ratio decidendi*. Como já apontado, a argumentação jurídica envolve grande complexidade. As diferentes regras jurídicas utilizadas como premissas para a resolução de questões principais e prévias estão abertas a disputa e devem ser fundamentadas, se for necessário. A justificativa dessas premissas pode ser feita com argumentos de variada natureza e que dificilmente podem ser todos reconduzidos a outras regras jurídicas. Dessa forma, são somente as regras jurídicas e não suas diferentes justificativas de outras naturezas que podem se revestir do caráter de *ratio decidendi*. Admitir o contrário traria grande prejuízo para a limitação (*constraint*), clareza (*clarity*) e transparência (*candor*) da interpretação e aplicação das decisões judiciais, uma vez que elas se utilizam de uma série de considerações de caráter moral, econômico, político, entre outros, que poderiam ser aplicadas equivocadamente em casos futuros.

Dentre esses argumentos, devem ser destacados aqueles fundados na ponderação de princípios. O conflito entre princípios deve ser resolvido mediante uma ponderação, em que se atribuem pesos diferentes a eles conforme as circunstâncias dos casos concretos.[347] Mediante a ponderação, verifica-se qual princípio prevalecerá sobre os demais, de modo que sua consequência jurídica seja imputada às circunstâncias do caso concreto. Nesse processo argumentativo, há, na verdade, a construção de uma nova regra, cujo suporte fático é formado pelas circunstâncias do caso e cuja consequência jurídica é aquela estabelecida pelo princípio pre-

---

[347] Cf. Ronald Dworkin, *Taking Rights Seriously*, Cambridge, Harvard University, 1977, p. 26; e Robert Alexy, *Teoria dos direitos fundamentais*, pp. 93 e s.

valecente.[348] Essas considerações ajudam a compreender a preocupação de MacCormick. Ele aponta que os argumentos utilizados para atribuir peso a determinados princípios devem ser encarados como *obiter dicta*. Entretanto, após a realização da ponderação de princípios conforme as circunstâncias de um caso concreto, a regra jurídica emergente deve ser considerada *ratio decidendi*, pois resolve uma questão jurídica colocada perante a corte.

Com base nos quatro valores identificados que sustentam a distinção entre *ratio decidendi* e *obiter dictum*, pode-se afirmar que a definição proposta respeita os valores da limitação (*constraint*) e da devida consideração das questões a serem resolvidas (*consideration*), na medida em que a resolução de questões principais e prévias faz parte do caminho argumentativo a ser percorrido para a tomada de uma decisão. As cortes devem solucionar as questões principais que lhes são submetidas e, para tanto, devem solucionar determinadas questões prévias que deverão ser objeto dos argumentos das partes. A proposta apresentada também respeita o valor da clareza (*clarity*), pois permite que sejam identificadas quais regras jurídicas irão disciplinar futuros casos concretos, afastando do conceito de *ratio decidendi* argumentos de diferentes naturezas que justificam a adoção dessas regras. Por fim, atende o valor da transparência na interpretação e aplicação dos precedentes (*candor*), pois facilita sua operacionalização, ao utilizar como categoria central um conceito já enraizado na tradição dogmática brasileira – a noção de questões jurídicas e sua classificação em principais e prévias.

4.2.3.4.1. A *ratio decidendi* em decisões de controle abstrato de constitucionalidade

Considerando-se que o efeito vinculante atribui imperatividade aos motivos determinantes das decisões de controle abstrato de constitucionalidade, é necessário examinar de que modo devem se identificar suas *rationes decidendi*. Como já afirmado, todas as *rationes decidendi* das decisões de controle abstrato de constitucionalidade devem ser consideradas vinculantes em sentido forte.

---

[348] Cf. Robert Alexy, *Teoria dos direitos fundamentais*, pp. 96 e s. No mesmo sentido, Thomas da Rosa de Bustamante, *Teoria do precedente judicial*, p. 343.

O primeiro passo é verificar que em uma ação de controle abstrato de constitucionalidade as questões principais referem-se à admissibilidade da respectiva demanda e à constitucionalidade de um ato normativo. Por exemplo, em uma ADI, um mesmo ato normativo pode ser integralmente ou apenas parcialmente impugnado. Cada enunciado normativo ou norma jurídica extraída desses enunciados pode ser objeto de uma impugnação autônoma, de modo que podem existir tantas questões principais de mérito quantos forem os enunciados normativos ou as normas jurídicas impugnadas.

Em seguida, devem ser identificadas as questões prévias a essas questões principais para que seja possível delimitar as *rationes decidendi* das respectivas decisões. Um mesmo ato normativo, enunciado normativo ou norma jurídica pode ter sua validade impugnada ou defendida a partir de diversos argumentos. Cada vício de constitucionalidade alegado ou afastado constitui uma questão prévia, cuja resolução gera uma *ratio decidendi*. Um exemplo pode clarificar o argumento.

Na ADI 2.447 (j. 04.03.2009) foi impugnada a Emenda Constitucional 47/2000 à Constituição do Estado de Minas Gerais. Esse ato normativo modificava a Constituição Estadual para estabelecer um percentual mínimo de aplicação de recursos orçamentários para duas universidades do Estado.[349] O autor da demanda ofereceu, basicamente, duas alegações

---

[349] Emenda Constitucional 47/2000 à Constituição do Estado de Minas Gerais:
"Art. 1º – O inciso IV do art. 161 da Constituição do Estado fica acrescido a seguinte alínea 'f':
Art. 161 – ....
IV – ....
f) a destinação de recursos para a Universidade do Estado de Minas Gerais – UEMG – e para a Universidade Estadual de Montes Claros – UNIMONTES –, prevista no art. 199.
Art. 2º – O art. 199 da Constituição do Estado de Minas Gerais fica acrescido dos seguintes §§ 1º e 2º, passando o seu parágrafo único a § 3º:
Art. 199 – ....
§ 1º – O Estado destinará dotações e recursos à operacionalização e à manutenção das atividades necessárias à total implantação e desenvolvimento da Universidade do Estado de Minas Gerais – UEMG – e da Universidade Estadual de Montes Claros – UNIMONTES –, no valor de, no mínimo, 2% (dois por cento) da receita orçamentária corrente ordinária do Estado, repassados em parcelas mensais equivalentes a um doze avos do total, no mesmo exercício.
§ 2º – Dos recursos a que se refere o parágrafo anterior, 7,5% (sete e meio por cento) serão destinados prioritariamente à criação e à implantação de cursos superiores nos vales do

de inconstitucionalidade. Em primeiro lugar, haveria uma inconstitucionalidade formal por vício de iniciativa na proposta legislativa de autoria parlamentar que dera origem ao ato impugnado, pois ela seria de competência exclusiva do chefe do Poder Executivo por tratar-se de matéria orçamentária. Em segundo lugar, haveria uma inconstitucionalidade material, uma vez que o art. 164, inciso IV, da Constituição Federal, somente admitiria a vinculação de receitas oriundas de impostos para a manutenção do ensino e não receitas orçamentárias provenientes de qualquer fonte, como fizera o ato impugnado.

O STF, em acórdão unânime, declarou a inconstitucionalidade da Emenda Constitucional 47/2000 à Constituição do Estado de Minas Gerais com base no primeiro argumento, mas rejeitou o segundo.[350] Foi decidido que toda e qualquer proposição legislativa que verse sobre matéria orçamentária deve ser iniciada pelo chefe do Poder Executivo, ainda que se trate de proposta de Emenda à Constituição Estadual. Por essa razão, o ato impugnado foi declarado inconstitucional. Entretanto, rejeitou-se a alegação de que a Constituição Federal somente admitiria que os entes federativos estabelecessem a vinculação de receitas de impostos para a manutenção do ensino. De modo contrário, foi fixado o entendimento de que é possível a vinculação de receitas oriundas de outras fontes para custeio dessa atividade.

Do exame do caso exposto, depreende-se que a inconstitucionalidade do ato impugnado era questão principal que deveria ser resolvida pelo Tribunal. Para tanto, houve a resolução de duas questões prévias levantadas e discutidas pelas partes. As duas regras respectivas utilizadas pela Corte poderiam ser enunciadas da seguinte maneira: a) "somente o chefe do Poder Executivo pode dar início ao processo legislativo de matéria orçamentária" e b) "é permitida a vinculação de diferentes receitas orçamentárias para a manutenção do ensino". As duas regras jurídicas utilizadas constituem *rationes decidendi* da decisão proferida na ADI 2.447 e, em razão do efeito vinculante, devem ser obrigatoriamente seguidas

---

Jequitinhonha e do Mucuri pela Universidade do Estado de Minas Gerais – UEMG – e pela Universidade Estadual de Montes Claros – UNIMONTES –, podendo, justificadamente, ser empregados na manutenção de outras atividades das respectivas universidades."

[350] Cf. Voto do Ministro Relator Joaquim Barbosa, ADI 2.447, pp. 126 e ss.

em futuros casos pela Administração Pública e demais órgãos do Poder Judiciário. Destaca-se que inclusive a segunda regra utilizada é *ratio decidendi*, ainda que a ADI 2.447 tenha sido julgada pela inconstitucionalidade do ato impugnado, pois ela se situa no caminho argumentativo legitimamente escolhido pela Corte para resolver a demanda.

Uma última observação a respeito das *rationes decidendi* das decisões de controle abstrato de constitucionalidade. Afirma-se que o efeito vinculante também recairia sobre as decisões cautelares nessas ações, de modo que suas *rationes decidendi* também seriam vinculantes em sentido forte.[351] Entretanto, não se pode concordar com tal argumentação. Em primeiro lugar, porque o art. 102, § 2º, da Constituição Federal, é claro ao estabelecer o efeito vinculante somente às decisões de mérito dessas ações. Em segundo lugar, pelo fato de que decisões cautelares são tomadas com base em juízos de plausibilidade, nos quais não se realiza uma profunda análise das questões envolvidas em um caso.[352] Atribuir imperatividade às *rationes decidendi* de decisões cautelares implicaria grave prejuízo para o valor da devida consideração das questões a serem decididas (*consideration*). Em terceiro lugar, as decisões cautelares podem ser revistas no curso do mesmo processo, gerando grande dose de incerteza incompatível com a previsibilidade buscada pelos precedentes vinculantes. Nos termos do art. 11, § 1º, da Lei 9.868/1999, essas decisões terão eficácia *erga omnes*, mas não coisa julgada *erga omnes* (por não se revestirem de imutabilidade) ou efeito vinculante.

4.2.3.4.2. A *ratio decidendi* das decisões que embasam súmulas vinculantes

Perante a definição de *ratio decidendi* enquanto uma regra suficiente para a solução de uma questão jurídica prévia ou principal de uma decisão surge o problema de determinar como essa noção deve ser compreendida no caso das súmulas vinculantes. É possível afirmar que as súmulas vinculantes têm *rationes decidendi?*

Nesse ponto, devem ser retomadas as conclusões obtidas no Capítulo anterior. O termo "súmula vinculante", na verdade, expressa uma

---

[351] Cf. Patrícia Perrone Campos Mello, *Precedentes,* pp. 77 e s.; Luiz Guilherme Marinoni, *Precedentes obrigatórios,* p. 322; e Celso de Albuquerque Silva, *Do efeito vinculante,* pp. 230 e ss.
[352] Cf. Roger Stiefelmann Leal, *O efeito vinculante na jurisdição constitucional,* p. 163.

metonímia, pois o efeito vinculante é atribuído às decisões que a embasam. Isso porque compreender-se a súmula vinculante como um enunciado normativo desvinculado dos casos dos quais é oriunda seria confundir indevidamente as funções legislativas e jurisdicionais, atribuindo-se o poder ao STF para criar direito novo de forma semelhante ao legislador. É possível a edição de uma Súmula Vinculante, inclusive a partir de decisões proferidas em processos de competência originária da corte ou recursal para além das ações de controle abstrato e recursos extraordinários, como *habeas corpus*, ações civis originárias e reclamações constitucionais. A partir da noção de *ratio decidendi* acima defendida, torna-se possível explicitar com maior clareza o significado da advertência de que as súmulas vinculantes devem ser compreendidas à luz das circunstâncias dos precedentes dos quais se originam. Para tanto, utiliza-se um exemplo.

A Súmula Vinculante 31 dispõe: "É inconstitucional a incidência do Imposto sobre Serviços de Qualquer Natureza – ISS sobre operações de locação de bens móveis." A primeira decisão que a embasa fora proferida no curso do RE 116.121 (j. 11.10.2000), em que se discutia, em sede de embargos de execução opostos contra a Fazenda Pública do Município de Santos do Estado de São Paulo, a constitucionalidade do item 52 da Lista de Serviços da Lei 3.750/1971 do Município, que estabelecia a incidência de ISS sobre a "locação de bens móveis".[353] O STF declarou a inconstitucionalidade desse enunciado normativo, com base no entendimento de que a locação de móveis não pode ser considerada prestação de serviços e que, portanto, não pode incidir ISS sobre esse tipo de operação.

Quais são as *rationes decidendi* da decisão proferida no RE 116.121? A questão principal do caso referia-se ao pedido de extinção da execução fiscal promovida pelo Município de Santos. Como primeira questão prévia prejudicial, colocou-se a constitucionalidade do item 52 da Lista de Serviços da Lei 3.750/1971 do Município de Santos. No caso, ela foi resolvida com base em uma regra que poderia ser enunciada da seguinte forma: "É inconstitucional o art. 52 da Lista de Serviços da Lei 3.750/1971 do Município de Santos do Estado de São Paulo."

Essa primeira questão, entretanto, era argumentativamente subordinada à resolução de uma segunda questão prévia prejudicial relacionada à competência tributária do Município para estabelecer a incidência de

---

[353] Cf. Voto do Ministro Nelson Jobim, STF, RE 116.121, p. 693.

ISS sobre a locação de bens móveis. O STF resolveu essa segunda questão prévia com base em uma regra que poderia ser enunciada como: "É inconstitucional a incidência de ISS sobre a locação de bens móveis".

Por sua vez, essa segunda questão dependia da resolução de uma terceira questão prévia prejudicial a respeito da possibilidade de entender-se a locação de bens móveis como um "serviço". A regra que foi utilizada para solucionar essa terceira questão prévia poderia ser enunciada da seguinte forma: "A locação de bens móveis não pode ser considerada a prestação de um serviço".

Aqui fica claro o caminho argumentativo percorrido pelo STF para resolução do RE 116.121. Com base em três regras jurídicas, o STF resolveu três questões prévias para dar provimento ao recurso extraordinário.

Nos outros casos que embasaram a Súmula Vinculante 31, também se discutiu a constitucionalidade de leis municipais que estabeleciam a incidência de ISS sobre a locação de bens móveis.[354] Em todas essas decisões, foi expressamente adotada a regra jurídica que resolvera a segunda questão prévia do RE 116.121 ("É inconstitucional a incidência de ISS sobre a locação de bens móveis"). Desse modo, o enunciado da Súmula Vinculante 31 retrata uma das *rationes decidendi* do RE 116.121 que também fora adotada em outras decisões que deram origem à Súmula.

É interessante observar que outras duas decisões que embasaram a Súmula Vinculante 31 também adotaram a regra jurídica que resolvera a terceira questão prévia prejudicial do RE 116.121, no sentido de que a locação de bens móveis não poderia ser considerada um serviço.[355] Nesse ponto, deve-se reconhecer a possibilidade de o STF, a partir desses e outros casos, adotar uma súmula vinculante cujo enunciado poderia ser: "A locação de bens móveis não pode ser considerada prestação de serviços". Essa regra jurídica é bem mais abrangente que a Súmula Vinculante 31, pois poderia cobrir, apenas a título de exemplo, casos em que se discuta a incidência de ICMS sobre a locação de equipamentos de telecomunicação.

---

[354] Cf. STF, RE-AgR 455.613 (j. 19.12.2007), RE-AgR 552.223 (j. 14.12.2007), RE 465.456 (j. 18.05.2007), RE-AgR 450.120 (j. 20.04.2007), RE-AgR 446.003 (j. 04.08.2006), AI-AgR 551.336 (j. 03.03.2006) e AI-AgR 546.588 (j. 16.09.2005).

[355] Cf. STF, RE-AgR 446.003, p. 1098 e AI-AgR 546.588, p. 2174.

Isso mostra que o enunciado de uma súmula vinculante desempenha o papel de apontar quais *rationes decidendi* de um conjunto de julgados do STF irá apresentar vinculação em sentido forte, ou seja, imperatividade. Ressalta-se que a regra jurídica utilizada como *ratio decidendi* desses julgados poderá versar sobre a interpretação e aplicação de dispositivos constitucionais ou infraconstitucionais.[356] Em razão da exigência da existência de "reiteradas decisões" do art. 103-A, *caput*, da Constituição Federal, o STF deverá atribuir vinculatividade àquelas *rationes decidendi* que já estejam pacificadas no Tribunal de modo a preservar a igualdade e segurança jurídica da interpretação e aplicação do direito. Com base no pensamento do Ministro Victor Nunes Leal a respeito da Súmula da Jurisprudência Predominante do STF, exposto no item 1.4, pode-se afirmar que a súmula vinculante expressa a existência de uma tese pacificada no Tribunal que deverá ser obrigatoriamente seguida em tais casos, não se devendo interpretá-la como os demais atos normativos.

A prática do STF demonstra que a aplicação das súmulas vinculantes em casos concretos, na maior parte das vezes, não é problemática, pois a simples menção ao enunciado de uma súmula já é suficiente para identificar a *ratio decidendi* comum dos precedentes que a embasam. Considerando a grande quantidade de processos a serem julgados, essa prática não é necessariamente negativa, mas, ao contrário, aponta a funcionalidade do sistema. Isso, entretanto, não permite afirmar que é exclusivamente o enunciado da súmula que apresenta efeito vinculante, pois haveria a confusão entre as funções jurisdicionais e legislativas, como acima afirmado. É por essa razão que, em casos mais complexos, deve a *ratio decidendi* indicada pela súmula ser analisada à luz das circunstâncias dos precedentes em que utilizada.

Tendo por base o exposto acima, qual postura o intérprete deve adotar caso identifique alguma inconsistência entre a regra enunciada em uma súmula vinculante e a *ratio decidendi* comum aos precedentes por ela indicados? A resposta já tornada clara nesse momento é a de que a *ratio*

---

[356] Cf. Samantha Meyer-Pflug / Gilmar Ferreira Mendes, "Passado e futuro da Súmula Vinculante: considerações à luz da Emenda Constitucional n. 45/2004", *in* Sérgio Rabello Tamm Renault / Pierpaolo Bottini (orgs.), *Reforma do Judiciário*, São Paulo, Saraiva, 2005, pp. 327-375, p. 345 e Elival da Silva Ramos, *Controle de constitucionalidade*, p. 374.

decidendi dos precedentes que embasam uma súmula deve prevalecer sobre seu enunciado. A complexidade fática e argumentativa das decisões judiciais não pode ser reduzida a um único enunciado. Essa circunstância é inclusive expressamente adotada pelo CPC de 2015, em seu art. 489, § 1º, inciso V, aplicável a todos os precedentes.

Desse modo, em caso de incompletude ou inconsistência entre texto da súmula e *ratio decidendi* indicada, esta última deve prevalecer. Argumentar o contrário seria equivalente a entender que o enunciado sumular pudesse prevalecer desvinculado das razões que o originaram, em prejuízo à separação funcional entre legislação e jurisdição, como já mencionado.

Interessante questão a respeito das súmulas vinculantes é levantada por Rodolfo de Camargo Mancuso. Ele questiona se as súmulas vinculantes poderiam ter sua constitucionalidade controlada na via incidental--difusa.[357] O autor afirma que, caso os pressupostos constitucionais para a edição da súmula vinculante não sejam atendidos, ela deve ser declarada inconstitucional por qualquer órgão judiciário. Essa afirmação deve ser vista com temperamentos.

Considerando-se os objetivos do efeito vinculante – entendido como atribuição de imperatividade a determinadas *rationes decidendi* das decisões do STF – de promover a isonomia e segurança jurídica, haveria grande prejuízo caso todo órgão jurisdicional ou administrativo pudesse apreciar, por exemplo, se a controvérsia dirimida acarreta "grave insegurança jurídica" e "relevante multiplicação de processos", nos termos do art. 103-A, §1º, da Constituição Federal. Em razão de esses requisitos serem de natureza altamente subjetiva, deve-se atribuir somente ao STF a competência para decidir a respeito. Já os requisitos de reiteradas decisões e o quórum de 2/3 para aprovação da súmula vinculante podem ser analisados pelos órgãos judiciários e, caso não estejam presentes, a súmula vinculante deverá ser considerada inconstitucional.

Por fim, o inciso IV do art. 927 do CPC estabelece que serão observados "os enunciados das súmulas do Supremo Tribunal Federal em matéria constitucional". Questiona-se: haveria o CPC de 2015 transformado as tradicionais Súmulas da Jurisprudência Dominante do STF em Súmulas Vinculantes ou, pelo menos, vinculantes em

---

[357] Cf. Rodolfo de Camargo Mancuso, *Divergência jurisprudencial e súmula vinculante*, p. 369.

sentido forte para as demais instâncias do Poder Judiciário? Caso o STF edite suas tradicionais Súmulas (sem os requisitos do art. 103-A da Constituição Federal) devem elas ser consideradas vinculantes em sentido forte?

A resposta aqui aponta por entender que, a partir do novo CPC, as Súmulas tradicionais do STF passam a ser vinculantes em sentido forte para as demais instâncias do Poder Judiciário. Não se trata de equipará-las às Súmulas Vinculantes, pois não apresentam duas características a) elas não vinculam diretamente a administração pública e b) não se pode ajuizar, diretamente, reclamação constitucional perante o STF. Aqui há mais uma complexidade do sistema de precedentes vinculantes brasileiro que prevê um regime jurídico diferenciado entre Súmulas tradicionais e Súmulas Vinculantes.

Deve ser rejeitado, portanto, o argumento de que as Súmulas tradicionais somente seriam vinculantes em sentido fraco, pois não seria cabível a reclamação constitucional.[358] É verdade que não há cabimento da reclamação constitucional para sua tutela. Contudo, o cabimento de reclamação constitucional não é o critério pelo qual se deve reconhecer vinculatividade em sentido forte a um precedente. Em outras palavras, a vinculatividade em sentido forte não depende da existência de um instrumento processual específico para sua tutela. Esse ponto se aprofundado abaixo.

4.2.3.4.3. A *ratio decidendi* das decisões em recurso extraordinário com repercussão geral reconhecida

É correto afirmar que as *rationes decidendi* dos recursos extraordinários decididos na sistemática da repercussão geral são vinculantes em sentido forte para as demais instâncias do Poder Judiciário. Como visto isso decorre das modificações feitas pela EC 45/2005, pelas normas pertinentes do CPC (especialmente, art. 927, inciso III e art. 1.029 e seguintes) e pela jurisprudência do STF.

---

[358] Cf., em sentido contrário, Patrícia Perrone Campos Mello, "O Supremo Tribunal Federal e os precedentes vinculantes: os desafios impostos pelo Novo Código de Processo Civil", in A nova aplicação da jurisprudência e precedentes no Código de Processo Civil/2015: estudos em homenagem à Professora Teresa Arruda Alvim, São Paulo, Revista dos Tribunais, 2017, Capítulo 31.

Nesse caso, nota-se que o STF desenvolveu prática de fixar uma "tese" a partir do julgamento de mérito dos recursos extraordinários, ou seja, um enunciado sintético que retrata o julgamento realizado naquele caso concreto. Há casos em que as "teses" são apresentadas apenas na ementa do julgado. Há outros em que a "tese" é exposta no dispositivo decisório do acórdão. São exemplos:

a) "Não existe direito público subjetivo do aluno ou de sua família ao ensino domiciliar, inexistente na legislação brasileira." Nesse caso, a tese consta da ementa do acórdão.[359]
b) "São imprescritíveis as ações de ressarcimento ao erário fundadas na prática de ato doloso tipificado na Lei de Improbidade Administrativa". Nesse caso, a tese consta do dispositivo decisório.[360]

Qual é a natureza jurídica dessas "teses"? Há diferença entre elas serem retratadas na ementa, na fundamentação ou no dispositivo decisório dos acórdãos do STF?

Tudo o que se disse a respeito das Súmulas Vinculantes se aplica para as teses em repercussão geral. O enunciado da tese não pode ser confundido com um enunciado normativo autônomo: isso seria desconsiderar a complexidade fática e argumentativa dos casos concretos decididos. A separação funcional entre legislação e jurisdição exige que as *rationes decidendi* de decisões judiciais sejam compreendidas como regras jurídicas criadas para a resolução de casos concretos, sem a pretensão de se descolarem dessas circunstâncias.

As "teses" nada mais são do que a indicação de qual *ratio decidendi* se deseja atribuir vinculatividade em sentido forte. O Tribunal seleciona uma das possíveis *rationes decidendi* utilizadas no julgado e aponta com maior clareza sua formulação. Naturalmente, caso exista algum conflito entre o enunciado da tese e a *ratio* de um determinado caso, esta deve prevalecer.

Isso mostra que não há diferença jurídica em relação ao trecho do acórdão em que retratada a tese. Seja na ementa, fundamentação ou, até mesmo, no dispositivo decisório, a *ratio decidendi* indicada pela tese terá

---

[359] STF, RE 888.815 (j. 12/09/2018).
[360] STF, RE 852.475 (j. 08/08/2018).

efeito vinculante para os demais órgãos do Poder Judiciário. Retoma-se o argumento de Liebman de que o dispositivo decisório não deve ser compreendido de maneira formalística. Esse ponto é de grande relevância para que não se adote a visão equivocada de que, caso indicada no dispositivo decisório, haveria coisa julgada na fixação da tese. Como já exposto, isso levaria a uma inadmissível petrificação dos precedentes, o que é amplamente rejeitado na doutrina e no direito comparado.

4.2.3.4.4. Efeito vinculante, modelo deliberativo e volume de julgados do STF

No caso do STF, a realização do incremento de segurança jurídica e isonomia pelos precedentes vinculantes enfrenta dois desafios: a) seu modelo deliberativo e b) a grande quantidade de decisões proferidas todos os anos.

Quanto ao modelo deliberativo, considerando-se que as decisões do STF são construídas a partir dos votos de seus onze ministros, é pertinente o questionamento de como identificar *rationes decidendi* em decisões colegiadas dessa natureza.

O STF, bem como cortes de outros países[361], tem a prática decisória de agregar os votos de seus ministros com base no dispositivo decisório. Trata-se de prática definida pelo próprio Tribunal, que variou no tempo. Como aponta Guilherme Klafke, em suas origens, o Tribunal adotou modelos de construção de acórdãos mais próximos do *per curiam*, em que o documento que retrata a decisão expressa o entendimento de todos os membros do colegiado sem individualização de votos[362].

No modelo atual, é com base na procedência, procedência parcial e improcedência dos pedidos formulados que são contabilizados os posicionamentos dos ministros. Desse modo, pode-se conceber a existência de casos em que, não obstante a unanimidade ou a maioria dos ministros

---

[361] Como exemplo de prática decisória semelhante, pode ser citada a Câmara dos Lordes do Reino Unido – que há pouco tempo fora substituída em suas atividades judicantes pela Suprema Corte do Reino Unido, que manteve essa mesma prática decisória. Cf. Rupert Cross / J. W. Harris, *Precedent in English Law*, p. 92.

[362] Cf. Guilherme Forma Klafke, *Continuidade e mudanças no atual modelo de acórdãos do STF: a prática, as razões para sua manutenção e caminhos para aperfeiçoamento*, Tese de Doutorado apresentada à Faculdade de Direito da Universidade de São Paulo, 2019, p. 114.

participantes de um julgamento concordar com o dispositivo decisório, cada um deles apresente um fundamento diferente para tanto.

Somente uma *ratio decidendi* adotada pela maioria dos ministros participantes de uma decisão pode ser considerado um fundamento do Tribunal, sendo indiferente o tamanho da maioria formada.[363] Tendo em vista os diferentes caminhos argumentativos que cada voto pode percorrer, não é necessário que a maioria concorde com todas as *rationes decidendi* oferecidas por um ministro. Caso a maioria do STF adote uma determinada *ratio decidendi* – ainda que seja apenas uma –, ela deve ser considerada como uma razão de decidir da corte. Somente as *rationes decidendi* assim utilizadas podem, conforme o caso, apresentar obrigatoriedade.

Na tarefa de identificação da formação de maiorias em torno de uma *ratio decidendi*, é fundamental examinar a posição do voto do relator. A prática consolidada no STF é a de que somente são registrados por escrito os votos dos ministros que façam alguma consideração a respeito do julgamento para além dos argumentos apresentados pelo relator. Os ministros que simplesmente concordam com a fundamentação e o dispositivo do voto do relator tem sua presença e voto apenas registrados na ata de julgamento. Não faria sentido exigir que os ministros que concordam com a fundamentação e dispositivo do voto do relator fossem obrigados a repetir um por um os mesmos argumentos.[364] Caso se identifique que pelo menos metade dos ministros votantes adote as razões de decidir e o dispositivo do voto do relator, esse voto valerá como opinião da corte naquele caso. Nos casos em que o voto do relator não expressar a fundamentação da maioria da corte, é necessário examinar os fundamentos de cada voto e identificar se alguma *ratio decidendi* foi adotada pela maioria do Tribunal. Reitera-se que não é necessário que todas as *rationes decidendi* apresentadas pelo relator ou outro ministro sejam seguidas, mas que uma determinada *ratio* seja adotada pela maioria dos Ministros.

Entretanto, podem ocorrer casos em que a maioria dos ministros não adote sequer uma *ratio decidendi* comum. Nesses casos, formam-se minorias

---

[363] Cf. Rupert Cross / J. W. Harris, *Precedent in English Law*, p. 86; Joseph M. Cacace, "Plurality Decisions in the United States Supreme Court: A Reexamination of *Marks* Doctrine after *Rapanos v. United States*", *Suffolk University Law Review* 41 (2007-2008), pp. 97-132, pp. 130 e s.; e Michael Abramowicz / Maxwell Stearns, "Defining Dicta", p. 1059.

[364] Cf. Sidney Sanches, *Uniformização da jurisprudência*, p. 42.

em torno de *rationes diferentes* ou, no limite, cada ministro apresenta uma *ratio decidendi* diferente das adotadas pelos demais. Pode-se falar em existência de uma *ratio decidendi* da corte nesses casos?

Imagine-se um exemplo em que, em uma ADI, o STF declara a inconstitucionalidade por unanimidade de uma lei estadual que proíba o fumo em estabelecimentos comerciais.[365] Em uma sessão com a participação de 10 ministros, há uma divisão paritária na fundamentação. 5 Ministros entendem que o ato impugnado é formalmente inconstitucional em razão da falta de competência do Estado-membro para legislar sobre a matéria. 5 Ministros entendem que a lei impugnada é inconstitucional por violar a livre iniciativa. Qual a *ratio decidendi* da corte?

Nesse caso, não há *ratio decidendi* da corte. As duas *rationes decidendi* utilizadas pelos ministros possuem dimensões diferentes, na medida em que se fundam em distintos vícios de inconstitucionalidade da norma impugnada. Dessa forma, não há uma única *ratio* com a qual concorda a maioria do tribunal.[366] Pode-se afirmar que a fundamentação dessa decisão apresentaria vinculação em sentido forte para casos futuros?

Uma possibilidade seria a de utilizar cada uma dessas diferentes *rationes* ao mesmo tempo para identificar se um caso futuro deve ser regido pela decisão precedente.[367] Em outras palavras, um futuro caso deveria ser comparado a cada uma das *rationes decidendi* minoritárias. Se a aplicação dessas *rationes decidendi* em situações futuras apontar uma decisão por maioria, essa decisão é vinculante para o caso.

Essa solução, entretanto, não pode ser aceita para o caso das decisões vinculantes do STF. Em primeiro lugar, porque o valor da segurança jurídica buscada por um sistema de precedentes vinculante seria fortemente limitado. No exemplo acima da lei estadual sobre a proibição de fumo em estabelecimentos comerciais, a segurança jurídica oferecida pela decisão seria muito frágil para futuros casos. Pode o Estado-membro

---

[365] O presente exemplo foi construído com base em Roger Stiefelmann Leal, *O efeito vinculante na jurisdição constitucional*, pp. 190 e s.
[366] Note-se que a existência de casos em que não existe uma *ratio decidendi* adotada pela maioria de um tribunal não é uma particularidade do direito brasileiro ou, em especial, das decisões do STF. Cf., a respeito da Suprema Corte Americana, cf. Larry Alexander, "Constrained by Precedent", p. 27. A respeito da Câmara dos Lordes do Reino Unido, cf. Rupert Cross / J. W. Harris, *Precedent in English Law*, p. 92 e Neil MacCormick, *Rethoric and the Rule of Law*, p. 154.
[367] Cf. Joseph M. Cacace, "Plurality Decisions in the United States Supreme Court", pp. 130 e ss.

legislar sobre a matéria? Não há resposta majoritária do STF. Pode uma lei de qualquer ente da Federação proibir o fumo em estabelecimentos comerciais? Também não há resposta majoritária para essa questão. Em segundo lugar, isso incentivaria os ministros do STF a adotarem um maior número de razões de decidir de forma individual para que elas sejam aplicadas obrigatoriamente em casos futuros, havendo grande prejuízo para a tentativa de construção de um entendimento coletivo que reflita o pensamento majoritário da corte a respeito de uma regra jurídica que resolve uma questão jurídica. Em terceiro lugar, pode-se colocar em dúvida a constitucionalidade de tal decisão pela ausência de um fundamento comum adotado pela maioria da corte, em razão da exigência de fundamentação das decisões judiciais, prevista no art. 93, inciso IX, da Constituição Federal.

Isso levanta indagações sobre o significado do caráter colegiado das decisões de um tribunal, em especial do STF. Deve-se assumir que as decisões de um órgão colegiado são mais claras e sólidas, quando há a efetiva troca de argumentos entre seus membros para que possíveis insuficiências argumentativas sejam sanadas.[368] Embora não se pretenda aprofundar o exame desse tema, essa constatação é suficiente para rejeitar a atribuição de imperatividade a cada uma das *rationes decidendi* utilizadas por diferentes ministros do STF. Como afirmado, somente as *rationes decidendi* sobre as quais exista uma maioria podem ser consideradas vinculantes para futuros casos. Desse modo, embora se possa falar na existência de *rationes decidendi* adotadas por minorias do Tribunal, elas não apresentam imperatividade, sendo, na verdade, *obiter dictum* da decisão colegiada. Elas poderão ser utilizadas como argumentos persuasivos em decisões futuras, mas apenas valerão nos termos da correção da tese que defendem da mesma forma como precedentes persuasivos.

Além disso, recentemente o Tribunal tem adotado a prática de deliberação pelo "Plenário Virtual", regulamentado pela Resolução 642/2019 do STF. Trata-se de ambiente de decisão em que é possível o julgamento

---

[368] Nesse sentido, Virgílio Afonso da Silva destaca a importância de um forte processo de deliberação interna de um tribunal, em que seus membros podem trocar argumentos sem constrangimentos. Cf. Virgílio Afonso da Silva, "O STF e o controle de constitucionalidade: deliberação, diálogo e razão pública", *Revista de Direito Administrativo* 250 (2009), pp. 197-227, p. 211.

de diversos processos, especialmente os que tenham jurisprudência dominante da Corte. Nos termos do art. 2º da Resolução, o relator propõe o julgamento do processo em ambiente virtual e apresenta por escrito relatório e voto. Os demais Ministros têm cinco dias úteis para fazer a juntada de seus votos, após os quais serão publicados todos esses documentos. A despeito dos aspectos positivos em termos de celeridade dessa inovação, fica claro que, de um lado, há grande limitação para a efetiva troca de argumentos entre os Ministros e, de outro lado, criam-se mais oportunidades de fundamentações concorrentes ou divergentes, dificultando a identificação de *rationes decidendi* comuns à maioria dos membros do Tribunal.

Por fim, outra questão relevante refere-se ao número colossal de casos julgados todos os anos pelo STF. Como apontado na Introdução, apenas em 2019 foram proferidas mais de 70.000 decisões no Tribunal. Em análise mais detida dos dados disponibilizados pelo Tribunal, verifica-se que dessas, quase 18.000 decisões foram colegiadas, entre Plenário e suas duas Turmas, sendo por volta de 52.000 monocráticas. É sabido que outras cortes constitucionais ou cortes supremas julgam por volta de 100 a 200 casos por ano. Isso aponta para o desafio de criar um sistema de precedentes que permita a identificação de *rationes decidendi* de um volume tão grande de julgados.

Diante dessas dificuldades deliberativas e do grande número de casos, qual tem sido a postura do STF para oferecer os desejáveis ideais de igualdade e segurança jurídica por meio dos precedentes vinculantes?

Como exposto acima, o Tribunal tem se utilizado de "teses", ou seja, enunciados em caráter canônico a) no dispositivo decisório de ações de controle abstrato (exemplos das ADI 4.029 e ADI 3.470), b) nos enunciados das Súmulas Vinculantes e c) mediante a fixação de teses em sede de recursos extraordinários com repercussão geral. Em outros tipos de processos não necessariamente vinculados ao exercício do controle de constitucionalidade, há também a fixação de "teses" no dispositivo decisório.[369] Em outras palavras, o Tribunal tem manifestado seus

---

[369] Veja-se o dispostivo decisório da decisão do Plenário do STF no RHC 163.334 (j. 18/12/2019): "O Tribunal, por maioria, negou provimento ao recurso ordinário, nos termos do voto do Relator, vencidos os Ministros Gilmar Mendes, Ricardo Lewandowski

entendimentos sobre questões jurídicas relevantes em enunciados de forma canônica, semelhantes ao que tradicionalmente feito para às Súmulas da Jurisprudência Dominante.

Uma possível explicação para essa tendência é justamente o fato de que o modelo deliberativo do Tribunal e o número de casos julgados cria grandes dificuldades para simplesmente se afirmar que todas as *rationes decidendi* de todas suas decisões são vinculantes em sentido forte. Para fazer frente a essa situação, há a identificação textual de entendimentos (ou "teses") sobre os quais a maioria do Tribunal concorda. Essa postura ajuda a reduzir a complexidade da tarefa de interpretar os acórdãos do STF, muitas vezes compostos por centenas de páginas com soma de votos escritos e orais, além de debates entre os Ministros.

A complexidade é reduzida, mas não eliminada. Pelo já exposto, não há como se afastar da tarefa de compreensão das *rationes decidendi* das decisões do Tribunal para compreender seus julgados, extrair regras aplicáveis a casos futuros e, em casos excepcionais, afastá-los ou superá--los. Reitera-se: a separação funcional entre legislação e jurisdição revela que o Poder Judiciário não cria enunciados normativos vinculantes que podem ser compreendidos fora do contexto do caso em que julgados. Embora a postura do Tribunal de fixar enunciados textuais facilite a identificação de qual *ratio decidendi* é revestida de vinculatividade em sentido forte, a interpretação de seus precedentes permanece tarefa complexa e que levanta questões sobre possíveis reformas deliberativas e de acesso à Corte para que haja maior concretização dos ideais de igualdade e segurança jurídica.

Isso porque esses valores exigem que as razões de decidir efetivamente utilizadas pelo Tribunal – tenha ele escolhido assim ou não – devem ser diretrizes para casos futuros. Um modelo ideal de precedentes aponta para o tratamento semelhante de casos semelhantes, tendo em vista as regras de decisão efetivamente utilizadas pelos tribunais. Não se trata de

---

e Marco Aurélio. Revogada a liminar anteriormente concedida. Em seguida, por maioria, fixou-se a seguinte tese: "O contribuinte que, de forma contumaz e com dolo de apropriação, deixa de recolher o ICMS cobrado do adquirente da mercadoria ou serviço incide no tipo penal do art. 2º, II, da Lei nº 8.137/1990", vencido o Ministro Marco Aurélio. Ausente, justificadamente, o Ministro Celso de Mello. Presidência do Ministro Dias Toffoli. Plenário, 18.12.2019."

uma escolha discricionária da corte que fixa o precedente: a corte tem discricionariedade para decidir questões jurídicas com base em regras que entender suficientes, mas, uma vez feita essa escolha, não deve haver margem para definir quais razões deverão ser aplicados a casos futuros. Contudo, como visto, o modelo deliberativo e a quantidade grande de casos ajudam a compreender o porquê dessa prática de fixação de "teses" em diversos julgados mais recentes do Tribunal.

4.2.4. A função discursiva do *obiter dictum*

Uma observação final sobre o tema: nada do que foi exposto acima significa que os *obiter dicta* são uma prática irrelevante do ponto de vista institucional. Pelo contrário, eles podem desempenhar diferentes funções na prática decisória, mesmo sem estabelecer entendimentos vinculantes para casos futuros.

A função mais tradicional de um *obiter dictum* é ressalvar uma posição minoritária de um juiz em órgão colegiado. Isso significa que a *ratio decidendi* de um voto singular poderá ser considerada *obiter dictum* da decisão colegiada, permitindo que posições divergentes sejam registradas para exigir maiores argumentos no futuro ou, até mesmo, a superação do precedente em virtude de novas circunstâncias que confiram maior relevo ao argumento minoritário.

Uma interessante proposta é formulada por Neil Katyal no sentido de que os *obiter dicta* seriam "conselhos judiciais"[370]. Os conselhos são declarações não-vinculantes que apontam para possibilidades de ação política que não entrem em conflito com a constituição. O autor propõe uma classificação não exaustiva dos conselhos formulados pelos juízes. A seguir, expõem-se os principais tipos de conselhos, acompanhados de alguns exemplos da experiência brasileira. São eles:

a) *exemplificação*: trata-se de um conselho manifestado pela corte constitucional, que, ao declarar a inconstitucionalidade de uma norma, aponta para possíveis outras formas de regulamentar aquela mesma matéria de forma compatível com a constituição.

---

[370] Neal Kumar Katyal, "Judges as Advicegivers", Stanford Law Review 50 (1997-1998), pp. 1709-1824.

Dessa forma, a corte constitucional não se limita a apontar a inconstitucionalidade do ato questionado, mas sugere outras possibilidades de normatização a serem adotadas pelos poderes políticos.

Um exemplo da jurisprudência do Supremo Tribunal Federal (STF) é o HC 82.529 (j. 14/08/2001). Neste caso, o Tribunal entendeu ser inconstitucional o art. 2º, §1º da Lei 8.072/1990 – dispositivo que vedava a progressão de regimes para condenados por crimes hediondos. O Tribunal não somente declarou a inconstitucionalidade de tal norma, mas consignou que o legislador poderia editar normas que fixassem um percentual mais gravoso para progressão de regime do que os condenados por outros tipos de crime.[371] Trata-se claramente de manifestação em caráter de *obiter dictum*, pois não se trata de premissa suficiente para influenciar o resultado do julgamento em questão. Este exemplo é interessante, pois o legislador, pouco tempo depois da decisão do tribunal, efetivamente promulgou uma norma em consonância com o conselho do STF.[372]

b) *demarcação*: este tipo de conselho é o oposto da exemplificação. A corte afirma a constitucionalidade de uma norma, entretanto formula considerações a respeito de quais outras formas de regulamentar a matéria seriam inconstitucionais. Dessa forma, a corte declara a constitucionalidade do ato, mas sinaliza aos demais poderes quais são os limites de sua atuação para regulamentar aquela matéria.

c) *"autolimitação"*: trata-se de espécie de conselho, pelo qual a corte constitucional, em um primeiro momento, afirma não dispor de competência para julgar o mérito da questão que lhe é submetida, pois isto seria atribuído pela constituição ao Executivo ou Legislativo.

Entretanto, em um segundo momento, a corte formula sugestões de como o poder competente deveria solucionar aquela questão de mérito para que houvesse o máximo respeito à constituição. Em outras palavras, embora a corte se declare incompetente para julgar o mérito do caso, ela faz considerações a respeito de como ele deveria ser tratado pelo poder competente.

---

[371] Destacam-se os debates ocorridos no HC 82.529, pp. 190 e ss.
[372] Ver Lei 11.464/2007.

Exemplo interessante da jurisprudência do STF é a Extradição 1085, em que o governo italiano requereu a extradição de um condenado à prisão perpétua. O Tribunal decidiu por maioria que a decisão de extraditar ou não o condenado cabe, em última análise, ao Presidente da República e não ao STF. Entretanto, em algumas passagens, nota-se que, mesmo assim, os ministros se manifestam no sentido de que o Presidente deveria extraditar aquele indivíduo.[373]

d) *"ensinamento"*: neste caso, a corte emite um conselho dirigido diretamente, não aos demais poderes, mas aos cidadãos em geral. Há a manifestação a respeito de como deve ser encarado determinado instituto pela sociedade, destacando a importância de certos valores para a manutenção da ordem social. Bom exemplo da utilização deste tipo de conselho na jurisprudência do STF, é o voto do Ministro Carlos Britto, na ADPF 130, em que ele destacou a importância da liberdade de imprensa para uma sociedade democrática.

Em sentido semelhante, Thomas Bustamante apresenta proposta de compreensão dos *obiter dicta* como atos de fala institucional que tentam influenciar comportamentos de outros autoridades, dentro e fora de processos judiciais. Nesse sentido, faz importante crítica aos *"obiter dicta* abusivos": "pronunciamentos institucionais, frequentemente semiautoritativos, para os quais os juízes não estão legitimados, na medida em que transcendem as circunstâncias em que os magistrados têm autoridade legítima para dizer o direito ou pronunciar-se institucionalmente."[374]

Considerando-se que o presente trabalho é focado nas decisões vinculantes do STF, não é necessário aprofundar o exame de seus elementos meramente persuasivos como o *obiter dictum*. De todo modo, é importante ressaltar que não se trata de afirmações ou declarações desprovidas de força institucional. Pelo contrário: são posicionamentos públicos de autoridades judiciais sobre questões relevantes e que, efetivamente, influenciam comportamentos de outros agentes públicos e

---

[373] Ver STF, Extradição 1085, pp. 655 e ss.
[374] Thomas da Rosa de Bustamante, "Obiter dicta abusivos: esboço de uma tipologia dos pronunciamentos judiciais ilegítimos", Revista Direito GV 14 (2018), pp. 707-745. p. 726.

privados. Por essa razão, faz sentido questionar-se até que ponto devem ser admitidos no discurso judicial, ainda que não sejam revestidos de força vinculante.

4.3. Destinatários das decisões vinculantes

O art. 102, § 2º, e o art. 103-A, da Constituição Federal, dispõem que o efeito vinculante das decisões de mérito em ADI e ADC, bem como as súmulas vinculantes, se dirigem "aos demais órgãos do Poder Judiciário e à administração pública direta e indireta, nas esferas federal, estadual e municipal". A atual redação do primeiro enunciado foi conferida pela Emenda Constitucional 45/2004 que modificou a redação anterior substituindo a expressão "Poder Executivo" por "administração pública direta e indireta, nas esferas federal, estadual e municipal". Isso significa que houve a utilização de um critério funcional, de modo que o Poder Executivo, enquanto órgão que atua no processo legislativo, não é destinatário imediato do efeito vinculante, ao passo que os órgãos do Poder Legislativo e do Poder Judiciário, quando desempenham atividade administrativa, são destinatários imediatos do efeito vinculante.[375]

Já no que se refere aos recursos extraordinários com repercussão geral, o art. 927 e demais dispositivos do CPC sobre tema (art. 1.029 a 1.035), estabelece que "os juízes e tribunais" observarão as decisões proferidas em recursos extraordinários repetitivos e que os demais tribunais "decidirão aplicando a tese firmada" (art. 1.039, CPC). Não há, aqui, menção expressão à administração pública.

A impressão a partir desses enunciados é a de que as *rationes decidendi* de decisões do STF dotadas de efeito vinculante não são imperativas para os órgãos do Poder Legislativo – no exercício da função legislativa –, os particulares e o próprio STF – no exercício da função jurisdicional.[376]

---

[375] Cf. Roger Stiefelmann Leal, *O efeito vinculante na jurisdição constitucional*, pp. 155 e ss.

[376] O exame do art. 10, § 3º, da Lei 9.882/1999 poderia significar que o legislador também seja destinatário do efeito vinculante no caso de decisões de mérito em ADPF, em razão da utilização da expressão "demais órgãos do Poder Público". Contudo, a correta interpretação desse enunciado aponta que o legislador não está abrangido pelas decisões vinculantes do STF estabelecidos em ADPF. Isso porque um eventual ato normativo que descumpra uma *ratio decidendi* fixada na decisão de uma ADPF tem a mesma estatura hierárquica da Lei 9.882/1999, de modo que haveria a criação de exceção ao regime desta lei. Cf. Roger Stiefelmann Leal, *O efeito vinculante na jurisdição constitucional*, p. 154.

Desse modo, os destinatários das decisões vinculantes do STF seriam apenas as demais instâncias do Poder Judiciário e a Administração Pública. Esse entendimento já foi, inclusive, ratificado pelo STF.[377] Em decisões mais recentes do Tribunal e nos termos do art. 927 do CPC de 2015, os destinatários do efeito vinculante das decisões proferidas em recursos extraordinários com repercussão geral seriam apenas os demais órgãos do Poder Judiciário. Essa afirmação deve, entretanto, ser compreendida com cuidado.

Quando se pensa na força de uma decisão vinculante do STF perante ele próprio em um caso futuro – dimensão horizontal do autoprecedente –, não se pode afirmar que essa decisão seja vinculante em sentido forte, sob pena de aumentar-se o risco de uma cristalização do direito acerca de um determinado entendimento. Contudo, nessa situação, as *rationes decidendi* dessas decisões do STF devem ser consideradas vinculantes em sentido fraco pelo Tribunal em futuros casos, no sentido de atribuir-se peso argumentativo a elas em razão de terem sido adotadas pela Corte em um caso passado. Lembre-se que a vinculação em sentido fraco significa que a corte vinculada deve dialogar com o precedente, determinando sua força argumentativa com base em uma série de fatores, como apontado no item 4.1.1.[378]

No caso do legislador e dos particulares, as decisões em controle abstrato de constitucionalidade e súmulas vinculantes apresentam efeito vinculante que os atinge de modo indireto ou reflexo.[379] No caso das decisões em sede de recurso extraordinário com repercussão geral (ou súmulas tradicionais), também a administração pública não está abrangida pelo efeito vinculante.

Não obstante, o legislador e os particulares (e a Administração Pública no caso de recursos extraordinários) terão suas condutas avaliadas pelo Poder Judiciário conforme a interpretação vinculante estabelecida pelo STF. Isso significa que eles podem questionar a correção desse

---

[377] Cf. as discussões travadas pelo STF na ADI 2.797 (15.09.2005) e o Voto do Ministro Relator Celso de Mello na ADI 2.903 (01.12.2005), pp. 91 e ss.
[378] Cf. Celso de Albuquerque Silva, *Do efeito vinculante*, p. 247.
[379] Cf., em sentido semelhante, Rodolfo de Camargo Mancuso, *Divergência jurisprudencial e súmula vinculante*, pp. 360 e s.; Elival da Silva Ramos, *Controle de constitucionalidade*, pp. 376 e s; e André Dias Fernandes, *Eficácia das decisões do STF em ADIN e ADC*, p 219.

entendimento e não poderão ser punidos por tanto. Para esclarecer tal ponto, oferece-se um exemplo.

A Súmula Vinculante 29 dispõe: "É constitucional a adoção, no cálculo do valor de taxa, de um ou mais elementos da base de cálculo própria de determinado imposto, desde que não haja integral identidade entre uma base e outra." Em um dos precedentes que embasaram a Súmula – o RE-RG-QO 576.321 (j. 04.12.2008) –, discutia-se a constitucionalidade de taxa de coleta de lixo estabelecida por um município que tinha em sua base de cálculo alguns elementos que também compunham a base de cálculo do IPTU – como o valor venal do imóvel. Como o enunciado da Súmula revela, o STF decidiu por maioria que não é necessária uma exata correspondência entre o custo de um serviço público divisível e o valor da taxa, sendo possível que esse tipo de tributo utilize em sua base de cálculo alguns elementos utilizados na base de cálculo de impostos.[380]

Imagine-se um particular que discorde da interpretação do STF fixada na Súmula Vinculante 29. Notificada para pagamento de uma taxa de coleta de lixo semelhante à analisada pelo STF no precedente acima, essa pessoa não efetua o pagamento no prazo devido por entender que ela é inconstitucional, justamente em razão de utilizar o valor venal do imóvel como um dos critérios para definição de sua base de cálculo. Diante disso, a Fazenda Pública do município impõe uma multa a essa pessoa. Inconformado, o particular ajuíza uma ação judicial e pleiteia que seja declarada a inexistência da obrigação tributária principal e da multa, em razão de ela não ser destinatária da Súmula Vinculante 29. Como deve ser julgado o caso em questão?

Em razão da vinculatividade indireta da Súmula Vinculante 29 em relação a particulares, a demanda deverá ser julgada improcedente, pois a conduta de um particular deve ser avaliada conforme a interpretação fixada no STF. Nesse sentido, há verdadeira obrigação de o indivíduo pagar o tributo e a multa em questão, não se podendo falar em sua inconstitucionalidade pela razão alegada. Esse indivíduo, entretanto, não pode, por exemplo, ser condenado por litigância de má-fé por discordar da interpretação fixada na Súmula e, de modo expresso e transparente, oferecer

---

[380] Cf. voto do Ministro Relator Ricardo Lewandowski, STF, RE-RG-QO 576.321, p. 982.

razões para sua superação.[381] Por ser destinatário indireto do efeito vinculante, ele pode legitimamente questionar a correção dos entendimentos fixados pelo STF sem sofrer nenhum tipo de punição autônoma por isso. Tampouco pode o indivíduo ser processado por crime de desobediência às decisões que embasaram a Súmula Vinculante, pois ele pode legitimamente discordar desse entendimento e buscar sua alteração.

O mesmo pode ser dito, por exemplo, do Presidente da República ao – exercendo parcela da função legislativa – editar uma medida provisória que contrarie uma *ratio decidendi* de uma decisão vinculante do STF. Embora a medida provisória deva ser considerada inconstitucional pelas demais instâncias do Poder Judiciário e pela Administração Pública, o Presidente pode legitimamente adotar uma interpretação jurídica diferente daquela estabelecida em uma decisão vinculante.[382] Isso significa, por exemplo, que o ato de edição da medida provisória não pode ser considerado crime de responsabilidade do Presidente da República, previsto no art. 12, itens 1 e 2, da Lei 1.079/1950. Da mesma forma como os particulares, embora a conduta do Presidente da República seja avaliada conforme a interpretação vinculante estabelecida pelo STF, ele não pode ser punido autonomamente por divergir de tal interpretação.

Essas possibilidades de divergência de interpretação são instrumentos fundamentais para que as decisões judiciais, em especial as decisões vinculantes do STF, sejam objeto de futuros questionamentos. Como já afirmado, ainda que o entendimento fixado em um precedente vinculante deva ser obedecido em casos futuros, isso não significa que ele seja necessariamente a única resposta discursivamente admitida para a questão que resolveu. Especialmente os particulares e o legislador, embora sejam indiretamente atingidos por uma decisão vinculante do STF, não podem ser punidos pelo simples fato de discordarem da interpretação assim fixada e pela utilização de meios legítimos para alterá-la.

---

[381] Cf. Roger Stiefelmann Leal, *O efeito vinculante na jurisdição constitucional*, p. 167. Seria diferente o caso de o particular continuar a litigar sobre juízo de inconstitucionalidade declarado em dispositivo deciório de ação de controle abstrato de constitucinalidade. Neste ponto, há decisão revestida de eficácia *erga omnes* e coisa julgada *erga omnes*, de modo que também os particulares são diretamente atingidos por essa decisão e, portanto, não podem adotar comportamentos recalcitrantes em relação a ela.

[382] Cf. Roger Stiefelmann Leal, *O efeito vinculante na jurisdição constitucional*, p. 160.

Retomando-se o exemplo do item 3.6.2, a edição da Súmula Vinculante 57 mostra com clareza essa diferença de destinatários do efeito vinculante, de um lado, das ações de controle abstrato de constitucionalidade e súmulas vinculantes e, de outro lado, dos recursos extraordinários com repercussão geral. Nas primeiras, a administração pública está vinculada pelas *rationes decidendi* adotadas pelo STF; no caso dos recursos extraordinários, não. Isso levanta um problema de incongruência na previsão do efeito vinculante no direito brasileiro a ser possivelmente corrigido em novas reformas legislativas. Entretanto, com base no modelo vigente, a via institucional adequada para superar essa incongruência é a edição de súmula vinculante que atingirá diretamente a atividade administrativa – justamente o que foi feito no caso da Súmula Vinculante 57.

4.4. Revogação, redução e ampliação das decisões vinculantes

Já fora salientado que a adoção de precedentes vinculantes não implica a petrificação da interpretação do direito. Ao contrário, devem ser previstos mecanismos mediante os quais os diversos participantes do sistema jurídico, em especial os órgãos do Poder Judiciário, possam contribuir com seu desenvolvimento e aperfeiçoamento. Abaixo serão examinados três instrumentos fundamentais para que as decisões com efeito vinculante do STF sejam adaptadas a novas realidades sociais e a novas concepções acerca da melhor interpretação do direito. Esses três instrumentos são: a) revogação, b) redução e c) ampliação das *rationes decidendi* de uma decisão vinculante.

4.4.1. A revogação de *rationes decidendi* das decisões vinculantes

A revogação de um precedente vinculante é conhecida como *overruling* no *common law*. Reitera-se que, embora se afirme que o "precedente vinculante" pode ser revogado, isso significa que uma ou mais de suas *rationes decidendi* deixam de apresentar imperatividade para casos a serem decididos no futuro.[383] A pergunta que imediatamente se coloca é: em

---

[383] Cf. Neil Duxbury, *The Nature and Authority of Precedent*, p. 117. A utilização da expressão "revogação" para traduzir *overruling* se funda na ideia de invalidação e retirada de imperatividade de uma *ratio decidendi* de um precedente vinculante. Isso não significa que ela se assemelhe, em todos os pontos, à revogação de atos legislativos, uma vez que a fixação de uma nova interpretação por via judicial pode ser aplicada a fatos passados, como será visto

que situações é possível se revogar uma decisão vinculante? Devem ser diferenciadas duas possibilidades para tanto. A primeira delas refere-se à revogação por meio da legislação. A segunda, à revogação pelo órgão que estabeleceu o precedente.

A primeira possibilidade de revogação de uma decisão vinculante é a alteração no texto constitucional ou na legislação infraconstitucional que servira de base para construção de uma de suas *rationes decidendi*.[384] Trata-se de hipótese reconhecida para as súmulas vinculantes no art. 5º, da Lei 11.417/2006. Aqui deve ser ressaltado que, para que ocorra a revogação por via legislativa de uma *ratio decidendi* de uma decisão vinculante é necessário que seja alterado o enunciado normativo com base no qual a *ratio* fora construída. Retome-se o exemplo dos casos decididos pelo STF que embasaram a edição da Súmula Vinculante 12.[385] Caso, por exemplo, um Estado-membro edite uma lei, na qual se estabeleçam taxas de matrícula das respectivas universidades públicas estaduais, não se pode afirmar que essa lei tenha revogado a *ratio decidendi* apontada pelo enunciado da Súmula. Isso porque permanecera intacto o art. 206, inciso IV, da Constituição Federal, que sustenta o entendimento a respeito da inconstitucionalidade das taxas de matrícula em instituições públicas de ensino superior. Com base na eficácia indireta das decisões vinculantes do STF para o legislador, essa lei estadual deve ser considerada inconstitucional pelos demais órgãos do Poder Judiciário.

A conclusão seria diferente caso houvesse uma ampla reforma do sistema educacional brasileiro. Nessa reforma, os recursos públicos seriam prioritariamente direcionados ao ensino fundamental e médio, de modo que o ensino superior público fosse financiado por recursos públicos e dos alunos, alterando-se por emenda constitucional o art. 206, inciso IV,

---

abaixo. Em sentido semelhante, cf. Thomas da Rosa de Bustamante, *Teoria do Precedente Judicial*, pp. 387 e ss.; Patrícia Perrone Campos Mello, *Precedentes*, pp. 237 e ss.; e Celso de Albuquerque Silva, *Do efeito vinculante*, pp. 263 e s.

[384] Cf. Neil Duxbury, *The Nature and Authority of Precedent*, p. 119. Em sentido semelhante, Marcelo Alves Dias de Souza, *Do precedente judicial à súmula vinculante*, p. 274. Deve ser reconhecido que Victor Nunes Leal já contemplava essa hipótese de revogação dos entendimentos fixados na Súmula da Jurisprudência Predominante do STF, "quando se altera a norma de direito cuja intepretação nela se traduz". Cf. Victor Nunes Leal, "Passado e futuro da Súmula no STF", p. 10.

[385] Cf. item 4.2.3.

da Constituição Federal. Na nova redação, o enunciado disporia que: "O ensino superior público poderá ser parcialmente financiado pela cobrança de taxas e mensalidades dos alunos." Nesse caso, o enunciado normativo a partir do qual fora construída a *ratio decidendi* identificada pela Súmula Vinculante 12 fora substancialmente alterado, apontando para conclusão diferente daquela originalmente obtida. Nessa situação, a hipotética emenda constitucional revogaria a *ratio decidendi* indicada na Súmula Vinculante 12.

A revogação de uma súmula vinculante pela via legislativa deve ocorrer somente *ex nunc*, uma vez que a modificação do enunciado normativo no qual se fundara a súmula também vale somente para o futuro, não se podendo admitir, via de regra, a aplicação retroativa do novo regime jurídico. Isso revela que a súmula vinculante revogada por legislação posterior não deve ser cancelada, pois ela deverá continuar a ser aplicada aos casos que ocorreram antes da modificação legislativa.

A segunda possibilidade de revogação do precedente é levada a cabo pela própria corte que o estabeleceu. Deve ser ressaltado que somente a corte que estabelece uma decisão vinculante pode revogá-la.[386] No caso do direito brasileiro, as decisões vinculantes do STF somente podem ser por ele revogadas.

Afirma-se que somente por fortes razões uma decisão vinculante pode ser revogada, em virtude da segurança jurídica e a previsibilidade geradas por ela. Nesse sentido, diferentes autores tentam identificar um catálogo de situações que justificam a revogação de um precedente vinculante. Em geral, são identificadas três hipóteses: a) a existência de um erro grave no precedente, b) perda da coerência social da *ratio decidendi* e c) surgimento de novas teorias jurídicas, que tornam obsoleto o entendimento fixado no precedente.[387]

Embora o catálogo dessas situações seja relevante, na medida em que aponta para casos-padrão em que se pode vislumbrar a necessidade da revogação de um precedente, ele deve ser compreendido como não exaustivo. Isso porque, como já afirmado, as *rationes decidendi* de um precedente com efeito vinculante obrigam o STF apenas em sentido fraco, pois ele

---

[386] Cf. Frederick Schauer, *Thinking like a Lawyer*, pp. 59 e s.
[387] Cf. Michael C. Dorf, "Dicta and Article III", p. 2004; Celso de Albuquerque Silva, *Do efeito vinculante*, pp. 266 e ss.; e Luiz Guilherme Marinoni, *Precedentes obrigatórios*, pp. 390 e s.

é, ao mesmo tempo, o emissor do precedente e seu destinatário. Nessa hipótese, o peso argumentativo do precedente não é definido *a priori* pelo ordenamento jurídico, como no caso da vinculação em sentido forte. De modo contrário, quando o STF analisa a *ratio decidendi* de um precedente que emitiu, ele deve determinar sua força com base em diferentes elementos, especialmente os que apontam para a segurança jurídica. Após a definição do peso argumentativo da *ratio decidendi*, o Tribunal deve ponderá-lo com as demais razões existentes em um caso concreto para saber se ela deve ser revogada ou não. Dessa forma, não há como se estabelecer um catálogo definitivo de situações em que uma *ratio decidendi* deve ser revogada. Os argumentos existentes em casos futuros são de natureza tão variada que qualquer tentativa de uma definição fechada dos requisitos para a revogação de um precedente seria insuficiente.

De todo modo, deve-se concordar com a afirmação geral de que a revogação de um precedente exige fortes razões para tanto. O STF, ao adotar uma *ratio decidendi* em uma decisão vinculante, cria fortes expectativas de tratamento isonômico em casos posteriores. Isso implica que não basta que uma nova composição do Tribunal, ao reexaminar uma interpretação fixada em um precedente, a revogue apenas por considerá-la errada.[388] Um sistema no qual os precedentes possam ser revogados apenas pelo argumento de que há uma nova composição do Tribunal ou são incorretos é um sistema em que as decisões passadas, em última análise, têm apenas força persuasiva e não vinculante, ainda que em sentido fraco.[389] Somente uma *ratio decidendi* substancialmente equivocada pode ser revogada, sob pena de mitigarem-se os objetivos de igualdade e segurança jurídica de um sistema de precedentes vinculantes.

Uma vez revogado um precedente por via judicial, o novo entendimento vinculante estabelecido deve ser aplicado em futuras decisões, inclusive sobre fatos passados.[390] Entretanto, o art. 27 da Lei 9.868/1999, o art. 11 da Lei 9.882/1999, o art. 4º da Lei 11.417/2006, e o art. 927, §§ 3º e 4º do CPC, admitem a possibilidade de o STF revogar uma decisão vinculante apenas para o futuro, nos casos em que fortes razões

---

[388] Rupert Cross / J. W. Harris, *Precedent in English Law*, Precedent, p. 136.
[389] Em sentido semelhante, cf. Frederick Schauer, *Playing by the Rules*, pp. 45 e s.
[390] Cf., em sentido semelhante, STF, Rcl 7.358 (j. 24.02.2011), p. 100 e Rcl-AgR 8.321 (j. 13.04.2011), pp. 59 e s.

substantivas apontem para a mudança de um entendimento jurisprudencial e fortes razões de autoridade ligadas à segurança jurídica exijam que o novo entendimento seja aplicado para situações posteriores.[391]

Perante esse quadro, surgem três importantes questões. A primeira é sobre as sedes processuais nas quais o STF pode revogar as *rationes decidendi* de suas decisões vinculantes. A segunda, aponta para a possibilidade de uma revogação implícita do precedente. A terceira, refere-se à permissão de que as cortes verticalmente vinculadas em sentido forte aos precedentes do STF possam revogá-los antecipadamente (*anticipatory overruling*).

No que tange à primeira questão, deve ser observado que o ordenamento jurídico brasileiro atribui imperatividade aos motivos determinantes de somente algumas e não todas as decisões do STF. Com base nos argumentos desenvolvidos até aqui, pode-se afirmar que as *rationes decidendi* das decisões do STF em controle abstrato de constitucionalidade e das decisões que embasam súmulas vinculantes são vinculantes em sentido forte para os demais órgãos do Poder Judiciário e para a Administração Pública, sendo que as decisões tomadas em recursos extraordinários com repercussão geral são vinculantes em sentido forte para as demais instâncias do Poder Judiciário. Desse modo, uma *ratio decidendi* de uma decisão vinculante somente pode ser revogada judicialmente pela *ratio decidendi* de outro precedente vinculante. Essa observação é importante para que o sistema brasileiro de precedentes vinculantes seja minimamente estável, considerando-se a grande quantidade de casos julgados pelo STF e a possível inconsistência entre alguns deles.[392]

Ainda sobre essa questão, imagine-se o caso em que a *ratio decidendi* de uma decisão de controle abstrato de constitucionalidade adotada por 6 ministros é incompatível com a *ratio decidendi* de um precedente que embasa uma súmula vinculante anteriormente adotada. Pode-se admitir

---

[391] Para maiores detalhes sobre a modulação de efeitos de mudanças jurisprudenciais – conhecida no *common law* como *prospective overruling* – cf. Thomas da Rosa de Bustamante, *Teoria do precedente judicial*, pp. 413 e ss.

[392] Cf., em sentido semelhante, Evaristo Aragão Santos, "Em torno do conceito e da formação do precedente judicial", pp. 179 e s.; e Sidnei Beneti, "Monocratismo, Monologuismo e Colegialidade nos Tribunais Superiores", *in* Jorge Mussi / Luiz Felipe Salomão / Napoleão Nunes Maia Filho (orgs.), *Estudos jurídicos em homenagem ao Ministro Cesar Asfor Rocha*, v. 3, Ribeirão Preto, Migalhas, 2012, pp. 303-330, pp. 313 e s.

a revogação em uma situação como essa, a despeito da exigência de 8 ministros para a alteração ou cancelamento da súmula, nos termos do art. 1º, §3º, da Lei 11.417/2006? A resposta é afirmativa. A Constituição Federal estabelece o mesmo efeito vinculante para decisões de controle abstrato e súmulas vinculantes. Além disso, não há que se falar na existência de uma "hierarquia normativa" entre uma *ratio decidendi* adotada em uma decisão de controle abstrato e aquela identificada em uma súmula vinculante. Por essas razões, a *ratio decidendi* adotada pela maioria do STF em uma decisão de controle abstrato de constitucionalidade pode revogar uma *ratio decidendi* identificada por uma súmula vinculante, independentemente do tamanho dessa maioria, e vice-versa. O contrário significaria entender que o quórum de 8 ministros estabelecido pela Lei 11.417/2006 para cancelamento de uma súmula obstaria a produção do efeito vinculante constitucionalmente atribuído à uma decisão posterior de controle abstrato de constitucionalidade com ela incompatível – o que não se pode admitir.[393] O mesmo raciocínio pode ser feito em relação às decisões proferidas em recursos extraordinários, pois a principal consequência do efeito vinculante – vinculatividade de entendimentos para os demais órgãos judiciais – é produzido da mesma maneira.

A segunda questão a ser enfrentada é a respeito da possibilidade de uma *ratio decidendi* de uma decisão vinculante ser implicitamente revogada pela *ratio* de outra decisão vinculante. Trata-se, no direito estadunidense, do fenômeno conhecido como "transformation".[394] Ela ocorre quando um tribunal adota uma *ratio decidendi* incompatível com outra anterior. Marcelo Souza afirma que tal possibilidade não existe no direito brasileiro. Caso duas decisões vinculantes sejam incompatíveis entre si, o juiz de um futuro caso poderia adotar aquele que lhe parecer mais correto.[395]

Deve-se, entretanto, admitir a possibilidade de revogação implícita. Os ideais de igualdade e segurança jurídica apontam que uma *ratio decidendi* deve ser utilizada em todos os casos posteriores que possa incidir, como decorrência da exigência da universalizabilidade do discurso jurídico.

---

[393] Trata-se de raciocínio semelhante ao segundo argumento apresentado pelo Ministro Sepúlveda Pertence no RESPE 9.936, apreciado pelo TSE, para justificar a declaração da inconstitucionalidade do art. 263, do Código Eleitoral, como apresentado no item 1.3.
[394] Cf. Luiz Guilherme Marinoni, *Precedentes obrigatórios*, pp. 345 e s.
[395] Cf. Marcelo Alves Dias de Souza, *Do precedente judicial à súmula vinculante*, p. 147.

Admitir que, no caso de *rationes decidendi* incompatíveis, pudesse o juiz de um caso posterior escolher qual seja a mais correta em sua visão, seria causar grande prejuízo à busca por igualdade e segurança jurídica de um sistema de precedentes vinculantes, pois diferentes juízes adotariam diferentes soluções sem um guia seguro para tanto. Dessa forma, deve-se concluir que uma *ratio* posterior revoga uma *ratio* anterior com ela incompatível.[396]

Ainda que admissível, isso não significa que a revogação implícita seja algo desejável. Como afirmado, o STF é vinculado em sentido fraco pelas *rationes decidendi* de suas decisões vinculantes. A vinculação em sentido fraco implica um "dever de consideração" mediante o qual um precedente deve ser citado se for relevante para o caso a ser decidido e deve ter sua força argumentativa avaliada com base em diferentes circunstâncias. Levar a sério o dever de consideração estabelecido pela vinculação em sentido fraco implica afirmar que, idealmente, todas as revogações de *rationes decidendi* de decisões vinculantes sejam expressas, no sentido de apontar-se textualmente qual razão de decidir não será mais aplicada a casos futuros. Nesse sentido, a revogação implícita é um desvio desse "dever de consideração", na medida em que uma decisão vinculante tem uma de suas *rationes decidendi* revogada sem que sejam enfrentados todos os argumentos relevantes para tanto. Isso mostra que a revogação implícita de *rationes decidendi* estabelecidas em decisões vinculantes, embora admitida pelo direito brasileiro, deve ser evitada ao máximo. Essa é uma solução que objetiva minimizar os prejuízos causados à igualdade e à segurança jurídica, nos casos em que não seja respeitado o dever de consideração estabelecido pela vinculação em sentido fraco.

A terceira questão relevante a esse respeito refere-se à possibilidade de as cortes hierarquicamente subordinadas revogarem antecipadamente um precedente vinculante da corte superior. No *common law*, esse fenômeno é conhecido como *anticipatory overruling*. Por meio desse instituto, as cortes vinculadas revogam antecipadamente "precedentes que, apesar de não revogados, provavelmente deixarão de ser aplicados pela Suprema Corte."[397]

---

[396] Cf. Larry Alexander, "Constrained by Precedent", p. 60. Em sentido análogo, cf. Alfredo Buzaid, "Da uniformização da jurisprudência", p. 132.
[397] Luiz Guilherme Marinoni, *Precedentes obrigatórios*, p. 403.

O *antecipatory overruling* foi aceito durante certo tempo no sistema de precedentes vinculantes estadunidense. Entretanto, desde a decisão proferida pela Suprema Corte no caso *Uijas v. Shearson/American Express Inc.*, em 1989, tal prática fora rejeitada, sendo esse entendimento reafirmado no caso *State Oil Co. v. Khan* em 1997.[398] O *antecipatory overruling* também é rejeitado em diferentes sistemas que adotam precedentes vinculantes.[399]

No caso do direito brasileiro, a revogação antecipada de um precedente vinculante do STF por outro órgão do Poder Judiciário também não pode ser admitida.[400] Retome-se que uma decisão do STF é, perante os demais órgãos do Poder Judiciário, vinculante em sentido forte. Sua força argumentativa já é definida *a priori* pelo ordenamento jurídico como vinculante em grau máximo. Não cabe aos demais órgãos do Poder Judiciário colocar-se na posição do STF para considerar tal precedente como vinculante em sentido fraco e ponderar os argumentos relevantes para sua revogação ou não. Essa tarefa é privativa do STF, sob pena de a igualdade e a segurança jurídica almejadas pelo sistema serem abandonadas para que cada órgão jurisdicional decida se um precedente deve ser revisto.

Uma situação peculiar merece atenção. Podem os demais órgãos do Poder Judiciário decidir que uma decisão vinculante foi revogada por obra do legislador ou implicitamente pelo próprio STF, nos termos acima? A resposta é afirmativa. Nessas situações, não se deve falar em revogação antecipada do precedente, pois ele já fora revogado pelo legislador ou pelo STF. Nesses casos, a tarefa do juiz não é ponderar as razões que justificam a revogação do precedente, mas simplesmente realizar um exame de compatibilidade da legislação ou decisões supervenientes com uma *ratio decidendi* de uma decisão vinculante. Caso a *ratio decidendi* de um precedente se mostre incompatível com as alterações promovidas pelo legislador ou com decisões posteriores do STF, os demais órgãos do Poder Judiciário devem reconhecer tal fato e considerá-la revogada.

---

[398] Cf. Michael Abramowicz / Maxwell Stearns, "Defining Dicta", p. 990, nota 110.
[399] Cf. Victor Ferreres Comella, "Sobre la posible fuerza vinculante de la jurisprudencia", p. 10
[400] Cf. Roger Stiefelmann Leal, *O efeito vinculante na jurisdição constitucional*, p. 128.

4.4.2. A redução das *rationes decidendi* das decisões vinculantes

Outro instrumento para a adaptação de uma *ratio decidendi* de decisões vinculantes a novas realidades é sua redução para que não seja aplicada em situações que estariam descritas por seu suporte fático. No *common law*, esta técnica é conhecida como *distinguishing*. Deve ser observado que a redução da *ratio decidendi* de um precedente não se confunde com sua simples não incidência, em que as circunstâncias de uma situação manifestamente não estão abarcadas por aquela regra. O *distinguishing* significa que, embora a regra pudesse ser aplicada sobre um caso concreto, ela é afastada por outras razões.

O *distinguishing* é, na verdade, fruto da constatação de que as regras jurídicas, sejam elas de origem legislativa ou jurisprudencial, são potencialmente sobreinclusivas, pois abarcam mais casos que suas justificativas suportam, podendo ser superadas em circunstâncias excepcionais.[401] Em razão da complexidade das relações humanas, as regras, em geral, não têm a pretensão de regular definitivamente todas as situações descritas em seu suporte fático. É por essa razão que se admite – reitere-se, em casos excepcionais –, que uma regra legislativa ou jurisprudencial seja afastada em um caso concreto. É nesse sentido, por exemplo, que Paulo Branco reconhece a necessidade de um "duplo juízo de constitucionalidade" sobre os atos normativos infraconstitucionais.[402] Embora uma norma jurídica possa ser considerada constitucional em abstrato, sua aplicação pode gerar resultados inconstitucionais em casos concretos. Essa ideia nada mais é do que a constatação de que as regras jurídicas são sobreinclusivas e, em circunstâncias excepcionais, devem ter seu suporte fático reduzido para que não sejam produzidos resultados claramente indesejados e imprevistos.

A redução da *ratio decidendi* de uma decisão vinculante em sentido forte, ao contrário de sua revogação, pode ser feita por qualquer órgão

---

[401] Cf. Frederick Schauer, *Playing by the Rules*, p. 32. Nesse sentido, Neil MacCormick destaca que as condutas descritas no suporte fático de regras jurídicas são condições "geralmente necessárias e supostamente suficientes" para sua incidência. Cf. Neil MacCormick, *Rethoric and the Rule of Law*, p. 241.

[402] Cf. Gilmar Ferreira Mendes / Paulo Gustavo Gonet Branco, *Curso de direito constitucional*, p. 261 e ss. Em sentido semelhante, cf. Ana Paula Oliveira Ávila, "A face não-vinculante da eficácia vinculante das declarações de constitucionalidade: uma análise da eficácia vinculante e o controle concreto de constitucionalidade no Brasil", pp. 211 e ss.

do Poder Judiciário que tenha o dever de aplicá-lo. Trata-se de importante expediente pelo qual os demais juízes participam da construção da interpretação jurídica, reduzindo o âmbito de incidência de *rationes decidendi* adotadas em decisões vinculantes. No caso das decisões vinculantes do STF, é evidente que a redução operada pelos demais órgãos do Poder Judiciário somente vale para o caso concreto em juízo e não têm o condão de alterar a *ratio decidendi* adotada pelo STF para os demais juízes a ele não vinculados.

É de fundamental importância compreender a estrutura argumentativa da redução da *ratio decidendi* de uma decisão vinculante para diferenciá-la da revogação.

O *distinguishing* não significa a retirada completa de imperatividade de uma *ratio decidendi* como ocorre com a revogação. De modo diverso, a redução do precedente implica o afastamento da aplicação de uma de suas *rationes decidendi*, em razão de circunstâncias excepcionais. É por essa razão que se afirma que a redução do precedente acaba por modificar o suporte fático de uma de suas *rationes decidendi* no momento de sua aplicação, ao criar uma cláusula de exceção a ela.[403]

É possível identificar alguns casos-padrão, em que se pode vislumbrar a necessidade de redução de um precedente. Argumenta-se, por exemplo, que deve haver a redução de precedentes cujas *rationes decidendi* sejam excessivamente abrangentes[404] ou que apresentem circunstâncias diferentes do caso a ser decidido[405]. Da mesma forma como na revogação de decisões vinculantes, a identificação desses casos-padrão pode auxiliar o intérprete a identificar situações em que deve haver o *distinguishing*. A simples identificação desses casos, contudo, não revela a estrutura argumentativa que os justifica.

Para que a redução da *ratio decidendi* de uma decisão vinculante possa ser realizada legitimamente é necessária a existência de uma circunstância relevante não examinada no precedente.[406] Isso porque a aplicação dessa

---

[403] Cf. Frederick Schauer, *Playing by the Rules*, p. 187, nota 27; Thomas da Rosa de Bustamante, *Teoria do precedente judicial*, p. 474; Luiz Guilherme Marinoni, *Precedentes obrigatórios*, p. 329; e Celso de Albuquerque Silva, *Do efeito vinculante*, p. 247

[404] Cf. Celso de Albuquerque Silva, *Do efeito vinculante*, pp. 250 e s.

[405] Cf. Patrícia Perrone Campos Mello, *Precedentes*, p. 203.

[406] Cf. Thomas da Rosa de Bustamante, *Teoria do precedente judicial*, p. 477.

regra em um caso futuro levaria a um resultado considerado equivocado e não antecipado pela corte que estabeleceu a decisão vinculante. Para tanto, deve-se identificar a generalização utilizada no suporte fático de uma *ratio decidendi* e analisar as justificativas dessa regra oferecidas pela corte do precedente. Uma *ratio decidendi* deve ser reduzida caso as razões substantivas e de autoridade que a sustentam sejam superadas por outras razões que apontem para uma solução diferente no caso contrário.

Nesse ponto, é necessário identificar duas características do processo argumentativo da redução de um precedente que o diferencia da revogação. Em primeiro lugar, a circunstância presente no caso a ser decidido não pode ter sido apreciada pela corte do precedente. Tendo em vista que dois casos nunca são completamente idênticos, não basta identificar qualquer circunstância diferente no caso a ser decidido para que o *distinguishing* seja possível. Caso a corte tenha oferecido justificativas a respeito da aplicação da regra em um caso concreto, não se pode afirmar que um caso semelhante seja simplesmente imprevisto.

Em segundo lugar, a redução de uma decisão vinculante somente pode ocorrer caso as razões substantivas e de autoridade que sustentam suas *rationes decidendi* sejam superadas por outras razões.[407] A diferença entre revogação e redução do precedente nesse ponto é que a força argumentativa de uma *ratio decidendi* imperativa já é determinada pelo ordenamento jurídico em grau máximo. No caso das decisões vinculantes do STF, uma corte vinculada já sabe de antemão o peso argumentativo máximo de suas *rationes decidendi* e somente poderá reduzi-las, caso existam razões eminentemente fortes para tanto. Não basta a mera discordância com o resultado obtido pela aplicação do precedente ao caso a ser decidido, mas a demonstração de que a aplicação da *ratio decidendi* levaria a um resultado arbitrário e inadmissível perante o direito, em razão de uma circunstância imprevista e não antecipada pela corte do precedente.

4.4.3. Analogia e decisões vinculantes

Já foi afirmado que o processo argumentativo de aplicação de uma *ratio decidendi* a um caso concreto é o da subsunção. Desse modo, uma *ratio decidendi* de uma decisão vinculante do STF deverá incidir nas situações

---

[407] Cf. Thomas da Rosa de Bustamante, *Teoria do precedente judicial*, pp. 485 e s.

previstas em seu suporte fático. De modo diverso, pode-se conceber a utilização da analogia para imputar-se a mesma consequência jurídica a fatos diferentes, mas semelhantes àqueles abarcados pelo suporte fático de uma *ratio decidendi*. Quando se fala em analogia, trabalha-se com circunstâncias que se situam fora do âmbito de incidência de uma regra.[408]

O presente trabalho não tem a pretensão de realizar uma análise exaustiva do tema da analogia na argumentação jurídica. No presente ponto, utiliza-se o modelo de Thomas Bustamante, no que se refere à relação entre analogia e precedentes judiciais.[409]

Bustamante afirma que o argumento por analogia é um dos mais antigos da prática jurídica e que ele aponta para a existência de semelhanças relevantes entre dois casos, de modo que a regra jurídica que regula o primeiro tenha sua consequência jurídica também aplicada para o segundo. Isso pressupõe, na verdade, a criação de uma nova regra jurídica que regulamentará o segundo caso.

Para se falar na possibilidade de analogia, é fundamental assumir a possibilidade da existência de lacunas no ordenamento jurídico – entendendo-se lacuna enquanto inexistência de uma consequência jurídica a ser aplicada à situação a ser decidida. Essa noção de lacuna implica a rejeição da ideia de uma regra de clausura, que preveja uma solução a todos os casos não regulados por outras regras. Deve ser observado que, embora praticamente todos os ordenamentos jurídicos permitam as analogias e aceitem a ideia de lacunas no sentido acima, existem certas áreas do direito que adotam regras de clausura. Como exemplo, menciona-se o direito penal, em que vige a regra de que todas as condutas não previstas em tipos penais não são crimes, não se aceitando a analogia nesse caso.

Após identificar uma lacuna, deve o intérprete identificar uma possível regra jurídica cujo suporte fático apresente semelhanças relevantes com o caso a ser decidido. Em virtude da multiplicidade de regras jurídicas de um ordenamento, devem ser avaliadas diferentes regras que guardam, por sua vez, diferentes relações de semelhança com o caso presente.

---

[408] Cf. Rupert Cross / J. W. Harris, *Precedent in English Law*, p. 92 e ss.
[409] O que segue é fundado em Thomas da Rosa de Bustamante, *Teoria do precedente judicial*, pp. 502 e ss.

A avaliação de uma regra significa identificar as razões que a justificam e verificar se elas se aplicam no caso a ser decidido. Essas razões podem ser, inclusive, os princípios jurídicos de cuja ponderação se extraiu uma *ratio decidendi*.

Por fim, após se identificarem as razões que sustentam uma regra que regula um caso semelhante, deve-se "refazer o caminho percorrido" pelo legislador ou pela corte que emitiu um precedente.[410] Isso significa avaliar se essas razões são aplicáveis ao caso ser decidido e se apontam para uma solução em um sentido semelhante ao da *ratio decidendi* examinada. Ao realizar uma analogia, não pode o intérprete selecionar arbitrariamente circunstâncias que assemelham casos diferentes para que recebam o mesmo tratamento jurídico. Essa relação de semelhança somente pode ser afirmada com base nas razões que sustentam a regra a ser aplicada por analogia. No caso de precedentes judiciais, uma *ratio decidendi* somente pode ser utilizada em uma analogia, casos as justificativas utilizadas para sua adoção também se apliquem ao caso a ser decidido.

Afirma-se que a estrutura argumentativa da analogia seria a mesma daquela utilizada para a redução (*distinguishing*) de um precedente.[411] Haveria uma ponderação das razões substantivas e de autoridade que sustentam uma decisão vinculante para que seja determinada, em um caso concreto, a redução ou extensão de sua *ratio decidendi*. Essa afirmação, entretanto, não pode ser aceita.

Embora se possa afirmar que a redução da *ratio decidendi* de um precedente seja semelhante à analogia pelo fato dos dois argumentos relacionaram-se a uma ponderação das razões que sustentam uma regra,[412] essa ponderação assume papéis diversos nos dois argumentos. Na redução do precedente, é o intérprete quem deve realizar a ponderação das razões substantivas e de autoridade que sustentam a *ratio decidendi* de um precedente para identificar se, em casos excepcionais, elas devem ser superadas por outras razões. Já no caso da analogia, a tarefa do intérprete é identificar de que modo as diferentes razões conflitantes existentes no momento de edição de um precedente podem ser reproduzidas na

---

[410] Cf. Thomas da Rosa de Bustamante, *Teoria do precedente judicial*, p. 538.
[411] Cf. Luiz Guilherme Marinoni, *Precedentes obrigatórios*, p. 331.
[412] Cf. Thomas da Rosa de Bustamante, *Teoria do precedente judicial*, p. 535.

lacuna normativa a ser resolvida. No caso da analogia, deve-se "refazer o caminho percorrido" pelo legislador ou, no caso das decisões vinculantes no direito brasileiro, pelo STF para identificar se esse mesmo caminho seria adotado no caso a ser decidido.

4.5. Tutela das decisões vinculantes

Do exposto até aqui, uma ideia torna-se clara: afirmar que a *ratio decidendi* de uma decisão judicial é vinculante em sentido forte para outros órgãos do Poder Judiciário e, em alguns casos, para a Administração Pública independe dos instrumentos de direito material e processual destinados a sua tutela. A existência de precedentes vinculantes não pressupõe, automaticamente, a previsão de mecanismos jurídicos específicos para sua tutela. Da mesma forma, o efeito vinculante subsiste integralmente enquanto instituto jurídico, ainda que não seja cominada nenhuma sanção-punição pelo seu descumprimento.[413]

Isso não significa que não seja oportuno instituir mecanismos de tutela das decisões vinculantes para que elas sejam efetivamente respeitadas. Um sistema de precedentes sem a previsão desses instrumentos – embora seja teoricamente concebível – corre o risco de se tornar de pouca utilidade prática.

A questão que o presente item analisa refere-se à relação entre o efeito vinculante e instrumentos para sua tutela. Abaixo serão examinados especificamente dois instrumentos que podem ser utilizados no caso do descumprimento da *ratio decidendi* de uma decisão vinculante: a) a responsabilização funcional da autoridade competente, e b) o cabimento de reclamação constitucional diretamente perante o STF.

4.5.1. Excepcionalidade da responsabilização de autoridades administrativas e judiciais

No decorrer da tramitação da PEC 96/1992, que resultou na Emenda Constitucional 45/2004, houve diferentes propostas de se estatuir no texto constitucional a responsabilização funcional da autoridade que

---

[413] Cf. José Jesus Cazetta Júnior, *A ineficácia do precedente no sistema brasileiro de jurisdição constitucional*, p. 113 e Neil Duxbury, *The Nature and Authority of Precedent*, pp. 20 e s. Em sentido contrário, cf. Roger Stiefelmann Leal, *O efeito vinculante na jurisdição constitucional*, p. 164.

descumprisse uma súmula vinculante editada pelo STF.[414] Tais propostas foram rejeitadas, mas a Lei 11.417/2006 acrescentou o art. 64-B à Lei 9.784/1999, que trata do processo administrativo federal, determinando que:

> "Acolhida pelo Supremo Tribunal Federal a reclamação fundada em violação de enunciado da súmula vinculante, dar-se-á ciência à autoridade prolatora e ao órgão competente para o julgamento do recurso, que deverão adequar as futuras decisões administrativas em casos semelhantes, sob pena de responsabilização pessoal nas esferas cível, administrativa e penal."

Ainda que o enunciado acima se refira exclusivamente a autoridades administrativas, é defendido o argumento de que também os magistrados, ao descumprirem a *ratio decidendi* de uma decisão vinculante, devem ser responsabilizados por tanto. Samanta Meyer-Pflug e Gilmar Ferreira Mendes sustentam que:

> "É certo, pois, que a não-observância [dos motivos determinantes] da decisão caracteriza grave violação de dever funcional, seja por parte das autoridades administrativas, seja por parte do magistrado (cf., também, CPC art. 133, I)."[415]

Essa visão, contudo, deve ser analisada com cuidado. Ela, em última análise, remonta à previsão constante do Livro I, título V, §5º, das Ordenações Filipinas, que previa a suspensão de magistrados, no caso de descumprimento de assentos vinculantes proferidos pela Casa de Suplicação.[416] Nesse modelo, os assentos eram concebidos como formas de fixar a inteligência "geral e perpétua da lei" de modo claro e unívoco para futuros casos.

---

[414] Cf. Rodolfo de Camargo Mancuso, *Divergência jurisprudencial e súmula vinculante*, p. 361 e Samantha Meyer-Pflug / Gilmar Ferreira Mendes, "Passado e futuro da Súmula Vinculante: considerações à luz da Emenda Constitucional n. 45/2004", p. 333 e s.

[415] Samantha Meyer-Pflug / Gilmar Ferreira Mendes, "Passado e futuro da Súmula Vinculante: considerações à luz da Emenda Constitucional n. 45/2004", pp. 360 e s. Nesse mesmo sentido, cf. Roger Stiefelmann Leal, *O efeito vinculante na jurisdição constitucional*, pp. 167 e ss.; Luiz Guilherme Marinoni, *Precedentes obrigatórios*, pp. 324 e s.; e André Ramos Tavares, "O novo instituto da súmula vinculante no direito brasileiro", p. 340.

[416] Cf. item 1.1.2.

Entretanto, a interpretação e aplicação de decisões vinculantes não é tarefa simples. No caso do direito brasileiro, a identificação de *rationes decidendi* vinculantes em sentido forte é dificultada pelo caráter colegiado do STF e sua prática deliberativa de agregar votos pelo resultado. Some-se a isso a possibilidade de distinção e aplicação analógica das decisões vinculantes. Como reconhecido, a adoção de um sistema de precedentes vinculante não tem a pretensão de gerar segurança jurídica em grau absoluto. Como todo texto, um precedente vinculante deve ser interpretado e certamente surgirão dúvidas razoáveis a esse respeito em futuros casos.

Diante desse quadro, não se pode equiparar a aplicação equivocada de um precedente a uma grave violação de dever funcional, por exemplo, para fins da responsabilidade civil prevista no art. 143, inciso I, do CPC. Isso seria equivalente a responsabilizar uma autoridade toda vez que, embora de boa-fé, adotasse uma interpretação jurídica equivocada. Além de gerar punições injustas, essa imputação de responsabilidade acabaria por gerar um desincentivo a que os magistrados buscassem contribuir com a evolução da interpretação jurídica, ao realizar, por exemplo, a redução de uma *ratio decidendi* de uma decisão vinculante do STF em casos excepcionais.

A responsabilização funcional de um magistrado em caso de descumprimento de uma decisão vinculante somente pode ser reconhecida em situações absolutamente excepcionais, em que fique demonstrado verdadeiro dolo em contrariar um entendimento vinculante fixado pelo STF, em razão de não se reconhecer a autoridade do Tribunal para tanto. É possível cogitar-se a aplicação analógica do art. 64-B, da Lei 9.784/1999, para que os magistrados também somente sejam funcionalmente responsabilizados após a procedência de uma reclamação constitucional ou, como será visto a abaixo, de outro instrumento processual em que o juízo superior aponte a contrariedade da decisão impugnada com um entendimento vinculante do STF, comunicando-se tal contrariedade ao magistrado em questão e, mesmo assim, se ignore o entendimento vinculante do STF em casos futuros semelhantes.

No caso de autoridades administrativas, o raciocínio deve ser o mesmo, pois as complexidades interpretativas que cercam as decisões vinculantes também estão presentes. É por essa razão que o art. 64-B, da Lei 9.784/1999, estabelece a responsabilização de autoridades administrativas federais somente no caso de manutenção de uma interpretação equivocada de uma decisão vinculante, após a procedência de reclamação constitucional ajuizada em face da mesma autoridade determinando a adoção de outro entendimento.

4.5.2. A reclamação constitucional como instrumento subsidiário

É frequente a afirmação de que o cabimento da reclamação constitucional seria uma das consequências jurídicas do efeito vinculante, nos termos do art. 102, inciso I, alínea "l", da Constituição Federal.[417] Em sentido semelhante, há argumento no sentido de que somente é vinculante em sentido forte a decisão cujo descumprimento enseja o cabimento de reclamação constitucional[418].

Entretanto, deve ser retomada a observação acima de que o efeito vinculante – entendido enquanto atribuição de imperatividade às *rationes decidendi* das decisões do STF – não pode ser confundido com eventuais instrumentos disponíveis para sua tutela, entre eles, a reclamação constitucional. Se efeito vinculante e reclamação constitucional não se confundem, deve-se examinar qual a relação existe entre eles.

Existe grande controvérsia a respeito da natureza processual da reclamação constitucional. Há autores que a compreendem como: a) um verdadeiro recurso processual, b) ação autônoma de impugnação, c) incidente processual e d) exercício do direito de petição.[419] Para as finalidades do presente trabalho, é suficiente reconhecer que a reclamação constitucional pode ser entendida como um meio de impugnação autônomo que não se confunde com os demais recursos previstos na legislação processual.

Tendo em vista o art. 103-A, § 3º, da Constituição Federal, o art. 988 do CPC e a jurisprudência do STF acima retratada, o Tribunal entende cabível o oferecimento de reclamação:

---

[417] Cf. item 3.4.
[418] Cf. Patrícia Perrone Campos Mello, "O Supremo Tribunal Federal e os precedentes vinculantes: os desafios impostos pelo Novo Código de Processo Civil", in *A nova aplicação da jurisprudência e precedentes no Código de Processo Civil/2015: estudos em homenagem à Professora Teresa Arruda Alvim*, São Paulo, Revista dos Tribunais, 2017, Capítulo 31.
[419] Para uma análise desse debate, cf. Ada Pellegrini Grinover, "Da reclamação", *Revista Brasileira de Ciências Criminais* 38 (2002), pp.75-83, p. 78.

a) no caso de decisões de controle abstrato de constitucionalidade: em face de decisões judiciais e somente para tutela de seu dispositivo decisório, não sendo possível a tutela de suas *rationes decidendi*;[420]
b) no caso de Súmulas Vinculantes: em face de decisões administrativas (após o esgotamento da via administrativa) e decisões judiciais;
c) no caso de decisão em recurso extraordinário: em face de decisão judicial, após o esgotamento das vias ordinárias (entendido como julgamento do agravo regimental da decisão monocrática da Presidência ou Vice-Presidência do Tribunal *a quo* que não admite recurso extraordinário Rcl-AgR 37.871, 1a T., j. 15/04/2020).

A falta de uniformidade salta aos olhos. De um lado, decisões administrativas podem ser questionadas por meio de reclamação se desrespeitarem Súmula Vinculante; se desrespeitarem decisão em controle abstrato de constitucionalidade não. De outro lado, em alguns casos exige-se esgotamento de vias administrativas ou judiciais; em outros, não.

Uma proposta é a de compreender reclamação constitucional, independentemente de sua hipótese de cabimento, como um meio subsidiário de impugnação às decisões que desrespeitam *rationes decidendi* de decisões vinculantes. Conforme as palavras de Ricardo de Barros Leonel:

> "Dessa forma, dissemos que para que não torne a reclamação mecanismo a ser utilizado corriqueiramente, em casos comuns, junto aos tribunais – especialmente em função da existência de decisões vinculantes do STF –, deve ela ficar reservada para hipóteses em que não seja razoavelmente viável a

---

[420] Ver, por exemplo "AGRAVO REGIMENTAL EM RECLAMAÇÃO. ISENÇÃO NO RECOLHIMENTO DO DIFAL. VIOLAÇÃO À DECISÃO LIMINAR DEFERIDA NO ÂMBITO DA ADI 5.464. PERTINÊNCIA ESTRITA. MOTIVOS DETERMINANTES.
1. A presente reclamação é incabível, por tratar de situação que não guarda relação de estrita pertinência com o parâmetro de controle.
2. Ainda que se admita a correspondência da ratio decidendi entre as matérias, a jurisprudência do Supremo Tribunal Federal é firme em afirmar o não cabimento de reclamação, quando ela estiver fundada na transcendência dos motivos determinantes de acórdão com efeito vinculante, por tal efeito abranger apenas o objeto da ação.
3. Agravo regimental a que se nega provimento." (STF, 2a T., Rcl-AgR 37.173, Rel. Min. Edson Fachin, j. 22/05/2020)

utilização mais lógica, menos onerosa, e igualmente eficaz, dos mecanismos à disposição dos interessados nas instâncias ordinárias da Justiça (recursos, mandado de segurança, *habeas corpus*, ação popular, ação civil pública, etc.)."[421]

O argumento acima mostra que todos os instrumentos processuais existentes já são aptos a tutelar *rationes decidendi* de decisões vinculantes do STF, pois elas deverão ser respeitadas em todo e qualquer processo judicial. Isso significa que, caso exista o desrespeito a uma decisão vinculante, em qualquer processo judicial é possível tutelá-la. Admitir o cabimento de reclamação constitucional para toda hipótese de descumprimento de um precedente vinculante implicaria considerar o STF não somente o último e definitivo intérprete dos litígios constitucionais, mas também um dos primeiros atores a definir qual a interpretação de suas próprias decisões. Isso retiraria grande parte da contribuição dos demais tribunais na interpretação constitucional e, especialmente, na aplicação das decisões do STF a situações excepcionais.

Suponha-se, por exemplo, que uma determinada autoridade administrativa exija depósito prévio para a admissibilidade de um recurso administrativo. Trata-se de exigência manifestamente em desconformidade com a Súmula Vinculante 21 do STF. Caso o administrado prejudicado tenha interesse, poderá recorrer administrativamente. Mantida a decisão e esgotadas as vias administrativas, poderá o administrado ajuizar um mandado de segurança ou uma ação ordinária em face da autoridade administrativa, alegando justamente o desrespeito à mencionada Súmula. Nesse caso, a tutela oferecida pela reclamação constitucional – possibilidade de cassar uma decisão judicial ou administrativa em desconformidade a um entendimento obrigatório – já pode ser obtida pelas vias processuais ordinárias. Ainda nesse exemplo, suponha-se que a autoridade judiciária julgue improcedente a demanda do administrado, novamente em desconformidade com a Súmula Vinculante 21. Do mesmo modo, o administrado poderá valer-se, por exemplo, de uma apelação para reformar essa decisão judicial.

---

[421] Ricardo Leonel, *Reclamação constitucional*, Tese de livre docência apresentada à Faculdade de Direito da Universidade de São Paulo, 2010, p. 446. No mesmo sentido, cf. Vanice Lírio do Valle, "Impasses sistêmicos da versão brasileira de precedentes vinculantes", pp. 512 e ss.

A possibilidade de tutela de *rationes decidendi* vinculantes mediante os instrumentos processuais ordinários foi reconhecida pelo STF nos Rcl-MC-AgR 6.650 e Rcl-AgR 10.036, como exposto no item 2.2.3. Os casos versavam sobre decisões de juízes de primeiro grau que supostamente teriam violados entendimentos vinculantes fixados em sede de recursos extraordinários com repercussão geral reconhecida. Embora o Tribunal tenha entendido que as demais instâncias do Poder Judiciário estão vinculadas em sentido forte às teses fixadas nesses recursos extraordinários, ele apontou que a reforma de decisões proferidas por juízos de primeiro grau deve ser buscada mediante a utilização das vias processuais ordinárias diretamente perante o tribunal hierarquicamente superior. Dito de outra forma, foi reconhecida a obrigatoriedade das teses fixadas pelo STF em sede de recursos extraordinários com repercussão geral reconhecida perante as demais instâncias do Poder Judiciário sem que dessa circunstância fosse cabível a reclamação constitucional.

O caráter subsidiário da reclamação constitucional é corroborado pelo art. 7º, § 1º, da Lei 11.417/2006 que estabelece: "Contra omissão ou ato da administração pública, o uso da reclamação só será admitido após esgotamento das vias administrativas.". Ou seja, exige-se o esgotamento da via administrativa para ajuizamento de reclamação em face de autoridade administrativa que descumpre Súmula Vinculante. No mesmo sentido de subsidiariedade, como já apontado, o art. 988, § 5º, inciso I, do CPC, exige o esgotamento das vias ordinárias para que seja cabível a reclamação para tutela de decisão proferida em sede de recurso extraordinário com repercussão geral.

O mesmo raciocínio deve ser estendido para as demais hipóteses de cabimento de reclamação para tutela das decisões dos tribunais para evitar uma duplicação de vias processuais pelas quais se pode impugnar uma decisão contrária a um entendimento vinculante. É possível fazer uma intepretação conforme à Constituição dos dispositivos legais que tratam da matéria para fixar o entendimento de que somente há ameaça à "garantia da autoridade" das decisões dos tribunais, em casos excepcionais em que vias ordinárias são insuficientes para tanto. Entender pelo cabimento da reclamação *per saltum* sem qualquer requisito de subsidiariedade acaba por gerar mais conflitualidade no sistema judicial, além de queimar etapas na discussão sobre possível *distinguishing* no precedente, excluindo os demais órgãos jurisdicionais da saudável tarefa de interpretar e adaptar precedentes vinculantes de cortes superiores para os casos concretos.

Como um possível caso no qual a reclamação constitucional é subsidiariamente cabível, pode-se mencionar a situação em que um órgão jurisdicional decida em desconformidade com a tese adotada em uma decisão vinculante simplesmente por entendê-la equivocada e não reconheça a autoridade do STF para fixar entendimentos obrigatórios. A reclamação constitucional nessa situação é cabível para evitar-se o esvaziamento da autoridade das decisões do STF, que dependeria das vias ordinárias para ser reafirmada. De outro modo, os casos de interpretação e aplicação equivocada dos precedentes vinculantes deverão ser corrigidos, via de regra, pelas vias processuais ordinárias, uma vez que não se coloca em questão a autoridade do STF para fixar um entendimento vinculante, mas somente a correta extensão desse entendimento.

A compreensão da reclamação constitucional como instrumento subsidiário permite afastar o temor de que um grande volume dessas ações inviabilize o funcionamento do STF. No caso de decisões administrativas e judiciais que apliquem equivocadamente precedentes vinculantes, o interessado deverá buscar as vias ordinárias para que esse entendimento seja corrigido, de modo que somente em situações excepcionais, em que as vias ordinárias se mostrem ineficazes ou insuficientes – como no exemplo da negação da autoridade do STF para estabelecer entendimentos vinculantes –, poderá o interessado ajuizar uma reclamação constitucional diretamente perante o STF. Isso permite que os tribunais de origem tenham maior participação na tarefa de interpretação e aplicação das decisões vinculantes do STF a situações novas que não se enquadram perfeitamente nos casos já decididos. Esses novos entendimentos eventualmente percorrerão as demais instâncias do Poder Judiciário, que colaborarão com a construção do sentido constitucional.

4.6. Conclusão

O presente capítulo procurou definir os principais contornos dogmáticos das decisões vinculantes no direito brasileiro. Do exposto, podem ser extraídas três conclusões.

A primeira conclusão é a de que a tarefa de interpretação e aplicação de precedentes não é algo mecânico e não transforma o intérprete em mero reprodutor de decisões. De modo contrário, trata-se de atividade de razoável complexidade que exige um cuidadoso exame das razões de decidir utilizadas pela corte vinculante. Para tanto, exige-se a correta compreensão das dimensões de força argumentativa e extensão dos precedentes, bem como de seus destinatários.

Demonstrou-se que um precedente pode ser vinculante em dois sentidos. No sentido forte, sua força argumentativa é estabelecida *a priori* em grau máximo pelo ordenamento jurídico, de modo que deva ser respeitado ainda que o intérprete discorde da solução adotada. Já em sentido fraco, um precedente cria uma razão de autoridade para que uma decisão em determinado sentido seja levada em consideração, cabendo ao intérprete em um caso futuro determinar seu peso argumentativo conforme suas diferentes características e sopesá-lo com as demais razões presentes para a tomada de decisão.

Já no que se refere à extensão dos precedentes, foi adotado o entendimento de que somente se pode atribuir imperatividade às *rationes decidendi* de um precedente, considerando-as como as regras jurídicas suficientes implícita ou explicitamente utilizadas para a resolução de questões jurídicas prévias ou principais em um caso. No caso das súmulas vinculantes e teses fixadas em recursos extraordinários com repercussão geral, elas têm o papel importante de identificar qual das diferentes *rationes decidendi* adotadas em um conjunto de decisões do STF apresentará imperatividade.

Os demais órgãos do Poder Judiciário estão vinculados em sentido forte às *rationes decidendi* das decisões vinculantes. Isso não impede que o próprio STF esteja vinculado a essas razões em sentido fraco e deva atribuir peso argumentativo relevante a elas. Além disso, o efeito vinculante também atinge indiretamente os particulares e o legislador, pois suas condutas serão avaliadas conforme a interpretação jurídica fixada pelo STF.

A segunda conclusão aponta que as decisões vinculantes não são instrumentos da petrificação da interpretação constitucional. Eles podem ser revogados pela legislação ou pela própria corte que os estatuiu para que suas *rationes decidendi* deixem de ser obrigatórias. De outro modo, as cortes vinculadas podem reduzir (*distinguishing*) o suporte fático de uma *ratio decidendi* vinculante em um caso concreto, evitando-se decisões claramente indesejadas em situações excepcionais, ou ainda aplicá-la por analogia para que cubra casos não previstos em seu âmbito de incidência. Especialmente por essas duas últimas técnicas, os demais órgãos do Poder Judiciário têm papel fundamental na construção da interpretação constitucional, adaptando as *rationes decidendi* de decisões vinculantes do STF a novas situações imprevistas.

A terceira conclusão é a de que a tutela das decisões vinculantes deve ser feita primordialmente pelas vias processuais ordinárias. Em todo e qualquer processo administrativo e judicial deve ser respeitado o entendimento fixado de modo vinculante pelo STF. Em caso de desrespeito a esse entendimento, qualquer procedimento ordinário administrativo ou judicial é apto a tutelá-lo. Isso significa que somente em hipóteses excepcionais, em que as vias ordinárias se mostrem insuficientes para tanto, deve haver a utilização da reclamação constitucional, para que se evite o declínio da autoridade das decisões do STF. Ainda mais restrita deve ser a possibilidade de responsabilização de autoridades administrativas e jurisdicionais por desrespeito à *ratio decidendi* de uma decisão vinculante, considerando-se a complexidade inerente à sua interpretação e aplicação.

Conclusão
O mesmo velho problema; muitas novas soluções

O presente trabalho teve por objetivo responder à seguinte pergunta: *como deve ser compreendido dogmaticamente o efeito vinculante das decisões proferidas pelo STF em controle abstrato de constitucionalidade, das súmulas vinculantes e recursos extraordinários com repercussão geral?* Abaixo serão retomados brevemente os resultados obtidos e expostas as conclusões mais abrangentes do trabalho.

No Capítulo 1, foi demonstrada a coexistência de dois modos de uniformização da interpretação constitucional no decorrer da história do direito brasileiro. De um lado, especialmente após a reforma constitucional de 1926, o recurso extraordinário dirigido ao STF pode ser considerado o principal instrumento para tanto. De outro lado, houve diversas espécies de precedentes vinculantes – mecanismos pelos quais se atribuía imperatividade aos entendimentos fixados pelos órgãos do Poder Judiciário, como, por exemplo, os prejulgados vinculantes e as decisões do STF de controle abstrato de constitucionalidade.

O fortalecimento da centralização da interpretação constitucional no STF foi apontado no Capítulo 2. Com a Constituição Federal de 1988, houve notável expansão dos instrumentos de controle abstrato de constitucionalidade, a instituição do efeito vinculante, a criação da súmula vinculante, a previsão do requisito de repercussão geral para o conhecimento de recursos extraordinários e o fortalecimento dos precedentes no CPC de 2015. Atualmente, embora o Tribunal afirme que a fundamentação das decisões de controle abstrato de constitucionalidade não vincule as demais instâncias do Poder Judiciário, no caso das súmulas vinculantes e dos recursos extraordinários com repercussão geral reconhecida o Tribunal caminha em sentido contrário. Isso gera uma dificuldade dogmática que deve ser superada pelo reexame do significado do efeito vinculante no direito brasileiro.

No Capítulo 3, defendeu-se que a melhor compreensão do efeito vinculante no direito brasileiro o entende como a transcendência dos motivos determinantes. Uma decisão que apresenta efeito vinculante é compreendida como verdadeiro precedente vinculante, pois fixa em sua fundamentação *rationes decidendi* que deverão ser seguidas obrigatoriamente em casos futuros. O entendimento deve ser o mesmo no caso das súmulas vinculantes, de modo a se atribuir imperatividade às *rationes decidendi* dos julgados que as embasam. Essa compreensão permite concretizar os valores da igualdade, em sentido formal e substancial, e da segurança jurídica, sem prejuízo para os demais valores relevantes para o tema em questão.

O Capítulo 4 examinou as categorias dogmáticas pelas quais devem ser compreendidas as decisões vinculantes do STF. Elas são vinculantes em sentido forte, no sentido de que suas *rationes decidendi* – entendidas como regras jurídicas suficientes para a resolução de uma questão jurídica prévia ou principal – deverão ser respeitadas, ainda que se discorde de sua correção. Ainda que as *rationes decidendi* de decisões vinculantes tenham por destinatários imediatos as demais instâncias do Poder Judiciário (e para decisões de controle abstrato e Súmulas Vinculantes também a administração pública), o legislador e os particulares terão suas condutas avaliadas conforme o entendimento estabelecido pelo STF. As decisões vinculantes não se revestem de imutabilidade, razão pela qual podem ser revogadas pelo próprio STF. Em situações excepcionais, suas *rationes decidendi* podem ser reduzidas ou ampliadas pelos demais órgãos do Poder Judiciário. Por fim, constatou-se que a principal forma de tutela das decisões vinculantes são as vias ordinárias processuais, reconhecendo-se o caráter subsidiário da reclamação constitucional e a excepcionalidade da responsabilização da autoridade que descumpre a *ratio decidendi* de uma decisão vinculante.

Um sistema de precedentes vinculantes envolve uma complexidade operativa que não deve ser desprezada. De todo modo, o presente trabalho teve o objetivo de demonstrar que essa tarefa é possível no direito brasileiro e, a partir dela, serão obtidos importantes avanços em termos de igualdade e segurança jurídica. A igualdade sai fortalecida, na medida em que toda a sociedade passa a contar com uma mesma interpretação de enunciados normativos que deverá ser aplicada independentemente do órgão do Poder Judiciário que se depare com uma causa. Isso ainda diminui os custos de acesso ao Poder Judiciário, em especial ao STF, pois as pessoas com menor capacidade de litigar já receberão a prestação jurisdicional em conformidade com o entendimento do Tribunal, não sendo necessário percorrer todas as instâncias judiciais para tanto. Do ponto de vista da segurança jurídica, há um ganho substancial de previsibilidade, de modo que diferentes agentes possam planejar com mais precisão suas condutas e atividades. Ainda que não se possa falar em igualdade e segurança jurídica absolutas, a concretização desses valores por meio de decisões vinculantes é um grande avanço para o aperfeiçoamento do direito brasileiro.

Tal empreitada somente pode gerar os resultados positivos esperados, caso conte com a participação de todos os atores envolvidos na operacionalização do direito. Nesse sentido, deve-se destacar o papel fundamental desempenhado por todas as instâncias do Poder Judiciário brasileiro. Ao STF cabe proferir julgamentos em que existam claros argumentos apoiados pela maioria de seus membros, de modo que suas decisões possam ser aplicadas corretamente em casos futuros. Papel fundamental também deve ser exercido pelas demais instâncias do Poder Judiciário, pois elas são responsáveis pela interpretação e aplicação dos precedentes vinculantes, adaptando-as, em situações excepcionais, a casos concretos inesperados e imprevistos para que a interpretação constitucional não fique engessada e evolua no decorrer do tempo. Além disso, cabe precipuamente às demais instâncias do Poder Judiciário a tutela dos precedentes vinculantes mediante as vias processuais ordinárias, dado o caráter subsidiário do cabimento de reclamação constitucional diretamente perante o STF. Nesse sentido, somente o comprometimento conjunto dos operadores do direito pode garantir a promoção dos valores da igualdade e segurança jurídica buscados por um sistema de precedentes vinculantes.

Diante desse cenário, são possíveis algumas conclusões e apontamentos para discussões futuras.

Em primeiro lugar, o mesmo velho problema de uniformização da interpretação do direito permanece presente. Desde o Império, discute-se qual a forma adequada de uniformizarem-se os entendimentos judiciais. A ideia de precedentes vinculantes foi rejeitada durante mais de um século no direito brasileiro, mas, especialmente nas últimas três décadas, tem ganhado força por via de alterações constitucionais, legislativas e jurisprudenciais.

Isso leva a um segundo ponto. O sistema brasileiro de precedentes se torna cada vez mais complexo. Há efeitos diferentes para processos diferentes com instrumentos processuais de tutela também diferentes. Com base nos dispositivos constitucionais e legais, bem como na interpretação atual do STF, pode-se afirmar:

a) os dispositivos decisórios de suas decisões de controle abstrato de constitucionalidade possuem eficácia *erga omnes* e podem ser tutelados por reclamação constitucional; os fundamentos determinantes (*rationes decidendi*) dessas decisões não (o que é criticado por este trabalho);

b) no caso de Súmulas Vinculantes, os fundamentos determinantes vinculam as demais instâncias do Poder Judiciário e administração pública, podendo ser tuteladas por reclamação constitucional, inclusive contra autoridade administrativa;

c) os fundamentos determinantes de recursos extraordinários com repercussão geral são entendidos como vinculantes apenas para os demais órgãos do Poder Judiciário, sendo cabível reclamação constitucional somente após o julgamento do agravo regimental da decisão monocrática da Presidência ou Vice-Presidência de Tribunal que não admite recurso extraordinário (interpretação do STF do art. 988, § 5º, inciso II, CPC);

d) o CPC atribuiu vinculatividade em sentido forte também para as Súmulas tradicionais e decisões de Plenário do STF (art. 927, incisos IV e V). Contudo, são apenas vinculantes para os demais órgãos do Poder Judiciário, não sendo cabível reclamação constitucional para tutela dessas decisões.

Essa complexidade de soluções aponta para uma terceira conclusão. Em razão dos diversos efeitos e instrumentos processuais para uniformização de precedentes em matéria constitucional, há grande dificuldade de se obter orientações claras do STF, ainda mais considerando seu modelo deliberativo e grande quantidade de casos. Isso é uma possível explicação para a tendência de o Tribunal cada vez mais adotar "teses": enunciados canônicos, seja na ementa, fundamentação ou dispositivo de suas decisões para apontar qual *ratio decidendi* deve ser vinculante para casos futuros.

A opção por esse modelo se assemelha à prática dos assentos do direito português e às sumulas no Brasil. Há, aqui, uma tendência de "assentarização" ou "sumulização" dos precedentes constitucionais no direito brasileiro. Isso é, inclusive, incentivado pelo art. 926, § 1º, do CPC. Reitera-se: é compreensível esse modelo, tendo em vista o arranjo deliberativo do STF e o grande número de casos julgados pelo Tribunal. Contudo, os ideais de igualdade e segurança exigem que essas "teses" sejam sempre compreendidas como sinalização da *ratio decidendi* verdadeiramente vinculante daquele julgado, que deve ser compreendida à luz das circunstâncias do caso concreto e não como um enunciado normativo abstrato e desvinculado do contexto de sua edição.

É possível que esse modelo de "teses" seja um momento intermediário na construção de uma cultura de precedentes vinculantes no Brasil. Com reformas deliberativas e de acesso à Corte, é possível que, no futuro, a enunciação de teses não seja mais necessária, pois haverá clareza de quais são os fundamentos determinantes efetivamente adotados pela maioria do Tribunal. Isso permitirá um ganho ainda maior de igualdade e segurança jurídica, pois não haverá a escolha de quais *rationes decidendi* serão vinculantes. Caso uma *ratio decidendi* seja utilizada, ela será aplicada a casos futuros, independentemente de escolha pela corte que fixa o precedente.

Por fim, o exposto recoloca em debate a questão da mutação constitucional do art. 52, inciso X, da Constituição Federal, entretanto sob outra luz. Não se trata apenas de questionar se o Senado Federal deixou de ter competência para ampliar os efeitos das decisões do STF, em que, incidentalmente, declara a inconstitucionalidade de norma jurídica. Como visto, ainda que o Tribunal tenha se manifestado expressamente sobre essa questão na ADI 3.470, os debates não foram conclusivos e sua prática decisória posterior também não deixou claro seu entendimento a respeito.

Diante da grande expansão dos efeitos dos precedentes do STF, também deve ser enfrentada possível mutação constitucional do art. 103-A da Constituição Federal, que estabelece as Súmulas Vinculantes. Isso porque a soma dos efeitos vinculantes dos precedentes do STF, a partir do novo CPC, em muito se assemelha aos efeitos das Súmulas Vinculantes. Uma eventual discussão sobre a mutação constitucional do art. 52, inciso X, da Constituição Federal também passa pela discussão de mutação constitucional de seu art. 103-A, pois seria contraditório entender que os fundamentos determinantes das decisões do Tribunal teriam efeito vinculante em relação às demais instâncias do Poder Judiciário, inclusive para fins de declaração de inconstitucionalidade (tese da mutação constitucional do art. 52, inciso X, da Constituição), e, ao mesmo tempo, exigir-se procedimento específico, inclusive quórum de aprovação de 2/3, para edição de Súmulas Vinculantes para a obtenção desse mesmo efeito.

Registre-se: do ponto de vista do direito vigente, há diferentes efeitos de decisões de controle abstrato, súmulas vinculantes, súmulas tradicionais e decisões em recurso extraordinário do STF e não houve, do ponto de vista legal, uma inadmissível revogação da Constituição Federal pelo CPC. Contudo, a prática decisória dos próximos anos demonstrará se haverá uma mudança de compreensão de significado dos precedentes pela prática do Poder Judiciário brasileiro e pela comunidade jurídica, de modo que, talvez em futuro breve, tanto o art. 52, inciso X, quanto o art. 103-A, da Constituição, sejam compreendidos em sentido apenas declaratório e de publicização dos entendimentos do Tribunal.

REFERÊNCIAS

ABBOUD, Georges. "Precedente judicial *versus* jurisprudência dotada de efeito vinculante: a ineficácia e os equívocos das reformas legislativas na busca de uma cultura de precedentes", *in* Teresa Arruda Alvim Wambier (coord.), *Direito jurisprudencial*. São Paulo: Revista dos Tribunais, 2012, pp. 491-552.

ABRAMOWICZ, Michael / STEARNS, Maxwell. Defining Dicta", *Stanford Law Review* 57 (2004-2005), pp. 953-1094.

ALEXANDER, Larry. "Constrained by Precedent", *Southern California Law Review* 63 (1989-1990), pp. 1-64.

ALEXY, Robert. *Teoria dos direitos fundamentais*. São Paulo: Malheiros, 2008.

____. *Teoria da argumentação jurídica: a teoria do discurso racional como teoria da justificação jurídica*. 2ª ed. São Paulo: Landy, 2005.

ALMEIDA, Fernando Dias Menezes de. *Memória jurisprudencial: Ministro Victor Nunes Leal*. Brasília: Supremo Tribunal Federal, 2006.

ALENCAR, Ana Valderez Ayres Neves de. "A competência do Senado Federal para suspender a execução dos atos declarados inconstitucionais", *Revista de Informação Legislativa* 57 (1978), pp. 223-328.

ALVES, José Carlos Moreira. "A evolução do controle de constitucionalidade no Brasil", *in* Sálvio de Figueiredo Teixeira (org.), *As garantias do cidadão na justiça*. São Paulo: Saraiva, 1993, pp. 1-14.

ATIENZA, Manuel. *As razões do direito: teorias da argumentação jurídica*. São Paulo: Landy, 2006.

ÁVILA, Ana Paula. "A face não-vinculante da eficácia vinculante das declarações de constitucionalidade – uma análise da eficácia vinculante e do controle concreto no Brasil", *in* Humberto Ávila (org.), *Fundamentos do Estado de Direito: estudos em homenagem ao Professor Almiro do Couto e Silva*. São Paulo: Malheiros, 2005, pp. 199-216.

ÁVILA, Humberto. *Teoria dos princípios: da definição à aplicação dos princípios jurídicos.* 4ª ed. São Paulo: Malheiros, 2005.

____. "'Neoconstitucionalismo': entre a 'Ciência do Direito' e o 'Direito da Ciência", *Revista Brasileira de Direito Público* 23 (2008), pp. 9-30.

BALEEIRO, Aliomar. *O Supremo Tribunal Federal, êsse outro desconhecido.* Rio de Janeiro: Forense, 1968.

BANKOWSKI, Zenon / MACCORMICK, Neil / MORAWSKI, Lech / MIGUEL, Alfonso Ruiz, "Rationales for Precedent", *in* Neil MacCormick / Robert S. Summers (org.), *Interpreting Precedents: a Comparative Study.* Aldershot: Dartmouth, 1997, pp. 481-502.

BAPTISTA, Francisco de Paula. *Compêndio de hermenêutica jurídica.* São Paulo: Saraiva, 1984.

BARROSO, Luís Roberto. *O controle de constitucionalidade no direito brasileiro.* 4ª ed. São Paulo: Saraiva, 2009.

BARBI, Celso Agrícola. *Comentários ao Código de Processo Civil,* v. I. t. II. Rio de Janeiro: Forense, 1975.

BARBOSA, Rui. *Commentários à Constituição Federal brasileira de 1891.* v. 4. Rio de Janeiro: Academica, 1933.

____. *Os atos inconstitucionais do Congresso e do Executivo ante a Justiça Federal.* Campinas: Russell, 2003.

BASTOS, Celso Seixas Ribeiro. "Perfil constitucional da ação direta de declaração de inconstitucionalidade", *Revista de Direito Público* 22 (1972), pp. 78-106.

BATALHA, Wilson de Souza Campos. *Tratado elementar de direito processual do trabalho.* v. II. Rio de Janeiro: José Kofino, 1960.

BENETI, Sidnei. "Monocratismo, monologuismo e colegialidade nos Tribunais Superiores", *in* Jorge Mussi / Luiz Felipe Salomão / Napoleão Nunes Maia Filho (orgs.), *Estudos jurídicos em homenagem ao Ministro Cesar Asfor Rocha.*v. 3. Ribeirão Preto: Migalhas, 2012, pp. 303-330.

BREY, José Luis et. al. *Derecho Constitucional de España: Sistema de La Constitución de 1978.* Madrid: Universitas, 2006.

BERNARDES, Juliano Taveira. "Efeito vinculante das decisões do controle abstrato de constitucionalidade: transcendência aos motivos determinantes?", in Marcelo Novelino (org.), *Leituras complementares de direito constitucional: controle de constitucionalidade e hermenêutica constitucional.* Salvador: Jus Podium, 2008, pp. 355-381.

____. *Controle abstrato de constitucionalidade: elementos materiais e princípios processuais.* São Paulo: Saraiva, 2004.

BITTENCOURT, Lúcio. *O contrôle jurisdicional da constitucionalidade das leis.* 2ª ed. Rio de Janeiro: Forense, 1968.

BORBOREMA, Anete Vasconcelos. "Análise da súmula 282 do Supremo Tribunal Federal", *Revista de Processo* 21 (1981), pp. 295-298.

REFERÊNCIAS

BRANDÃO, Rodrigo. *Supremacia judicial versus diálogos constitucionais: a quem cabe a última palavra sobre o sentido da Constituição?*. Rio de Janeiro: Lumen Juris, 2012.

BUENO, José Antônio Pimenta. *Direito Público e Análise da Constituição do Império*. Rio de Janeiro: Ministério da Justiça e Negócios Interiores – Serviço de Documentação, 1958.

BUZAID, Alfredo. "Da uniformização da jurisprudência", *Boletim da Faculdade de Direito da Universidade de Coimbra* 58 (1982), pp. 127-167.

BUSTAMANTE, Thomas da Rosa de. "Analogia e argumento *a contrario:* um caso típico de argumentação por princípios", *Revista de Direito Privado* 29 (2007), pp. 255-276.

____. *Teoria do precedente judicial: a justificação e a aplicação de regras jurisprudenciais*. São Paulo: Noeses, 2012.

____. "Obiter dicta abusivos: esboço de uma tipologia dos pronunciamentos judiciais ilegítimos", *Revista Direito GV* 14 (2018), pp. 707-745. p. 726.

CACACE, Joseph M. "Plurality Decisions in the United States Supreme Court: A Reexamination of *Marks* Doctrine after *Rapanos v. United States*", *Suffolk University Law Review* 41 (2007-2008), pp. 97-132.

CANOTILHO, José Joaquim Gomes. *Direito Constitucional e Teoria da Constituição*. 7ª ed. Coimbra: Almedina, 2003.

CAPPELLETTI, Mauro. *Juízes Legisladores*. Porto Alegre: Sergio Antonio Fabris, 1993.

CAVALCANTI, João Barbalho Uchoa. *Constituição Federal Brazileira: commentários*. Rio de Janeiro: Litho-Typographia, 1902.

CAZETTA JÚNIOR, José Jesus. *A ineficácia do precedente no sistema brasileiro de jurisdição constitucional (1891-1993): contribuição ao estudo do efeito vinculante*. Tese de doutoramento apresentada à Faculdade de Direito da Universidade de São Paulo, 2004.

CLÉVE, Clèmerson Merlin. *A fiscalização abstrata da constitucionalidade no direito brasileiro*. 2ª ed. São Paulo: Revista dos Tribunais, 2000.

COMELLA, Victor Ferreres. "Sobre la posible fuerza vinculante de la jurisprudencia", *Apresentação na 6ª jornada da Fundación Coloquio Jurídico Europeu*, em 26.02.2007, disponível em: http://www.fcje.org.es/wp-content/uploads/file/jornada6/2%20VICTOR%20FERRERES.pdf.

COSTA, Coqueijo. *Direito Judiciário do Trabalho*. Rio de Janeiro: Forense, 1978.

COSTA, Tito. *Recursos em matéria eleitoral*. 8ª ed. São Paulo: Revista dos Tribunais, 2004.

CROSS, Rupert / HARRIS, J. W. *Precedent in English Law*. 4ª ed. Oxford: Clarendon, 1991.

DALLARI, Dalmo. "Ditadura constitucional", *Folha de São de São Paulo*, 16/01/1998, A3.

DANTAS, Bruno. *Repercussão Geral: perspectivas histórica, dogmática e de direito comprado. Questões processuais.* 3ª ed. São Paulo: Revista dos Tribunais, 2012.

DINAMARCO, Cândido Rangel. *Instituições de Direito Processual Civil.* vol. II. 5ª ed. São Paulo: Malheiros, 2005.

____. *Instituições de direito processual civil.* vol. III. 5ª ed. São Paulo: Malheiros, 2005.

DORF, Michael C. "Dicta and Article III", *University of Pennsilvania Law Review* 142 (1993-1994), pp. 1997-2069.

DUXBURY, Neil. *The Nature and Authority of Precedent.* Cambridge: Cambridge, 2008.

DWORKIN, Ronald. *Justice in Robes.* Cambridge: Harvard University, 2006.

____. *Taking Rights Seriously.* Cambridge: Harvard University, 1977.

____. *Law's Empire.* Cambrigde: Belknap, 1986.

FARIA, José Eduardo. *O direito na economia globalizada.* São Paulo: Malheiros, 2002.

FALCÃO, Joaquim / SCHAURTZ, Luiz Fernando / ARGUELHES, Diego Werneck, "Jurisdição, Incerteza e Estado de Direito", *Revisita de Direito Administrativo* 243 (2006), pp. 79-112.

FERNANDES, André Dias. *Eficácia das decisões do STF em ADIN e ADC: efeito vinculante, coisa julgada erga omnes e eficácia erga omnes.* Salvador: Jus Podium, 2009.

FERRARI, Regina Maria Macedo Nery. *Efeitos da declaração de inconstitucionalidade.* 5ª ed. São Paulo: Revista dos Tribunais, 2004.

FERRAZ JÚNIOR, Tércio Sampaio. *Introdução ao estudo do direito: técnica, decisão, dominação.* 4ª ed. São Paulo: Atlas, 2003.

FERREIRA, Pinto. *Código Eleitoral comentado.* 3ª ed. São Paulo: Saraiva, 1991.

FREITAS, Augusto Teixeira de. *Vocabulário jurídico.* São Paulo: Saraiva, 1983.

GARCIA NETO, Paulo Macedo. "O Judiciário no crepúsculo do Império (1871--1889)", *in* José Reinaldo de Lima Lopes (org.), *O Supremo Tribunal de Justiça do Império 1828-1889.* São Paulo: Saraiva, 2010, pp. 105-137.

GOMES, Luiz Flávio. "Súmula vinculante e independência judicial", *Revista dos Tribunais* 739 (1997), pp. 11-42.

GOODHART, Arthur L. "Determining the ratio decidendi of a case", *Yale Law Journal* 40 (1930), pp. 161-183.

____. "The ratio decidendi of a case", *Modern Law Review* 22 (1959), pp. 117-124.

GRAU, Eros Roberto. "Sobre a produção legislativa e a normativa do direito oficial: o chamado 'efeito vinculante'", *Revista da Escola Paulista da Magistratura* 1 (1997), pp. 64-80.

GRINOVER, Ada Pellegrini. *O processo: estudos e pareceres.* 2ª ed. São Paulo: DPJ, 2009.

____. *Direito processual civil.* 2ª ed. São Paulo: José Bushatsky, 1974.

____. *O processo em sua unidade.* t. I. São Paulo: Saraiva, 1978.

____. "Controle da constitucionalidade", *Revista Forense* 341 (1998), pp. 3-12.

____. "Da reclamação", *Revista Brasileira de Ciências Criminais* 38 (2002), pp. 75-83.

REFERÊNCIAS

HÄBERLE, Peter. *Hermenêutica constitucional – a sociedade aberta dos intérpretes da constituição: contribuição para a interpretação pluralista e "procedimental da constituição*. Porto Alegre: Sergio Antonio Fabris, 2002.

HARDISTY, James. "Reflections on *stare decisis*", *Indiana Law Journal* 55 (1979--1980), pp. 41-69.

KATYAL, Neal Kumar. "Judges as Advicegivers", *Stanford Law Review* 50 (1997--1998), pp. 1709-1824.

KELSEN, Hans. *Teoria pura do direito*. 6ª ed. São Paulo: Martins Fontes, 2003.

KLAFKE, Guilherme Forma. *Continuidade e mudanças no atual modelo de acórdãos do STF: a prática, as razões para sua manutenção e caminhos para aperfeiçoamento*, Tese de Doutorado apresentada à Faculdade de Direito da Universidade de São Paulo, 2019.

KRIELE, Martin. "Das Präjudiz in Kontinental-Europäischen und Anglo--Amerikanischen Rechtskreis", in *La sentenza in europa: metodo, tecnica e stile*. Padova: CEDAM, 1988.

LASPRO, Oreste Nestor de Souza. *A responsabilidade civil do juiz*. São Paulo: Revista dos Tribunais, 2000.

LEAL, Roger Stiefelmann. *O efeito vinculante na jurisdição constitucional*. Saraiva: São Paulo, 2006.

____. "A convergência dos sistemas de controle de constitucionalidade: aspectos processuais e institucionais", *Revista de Direito Constitucional e Internacional* 57 (2006), pp. 62-79.

____. "A incorporação das súmulas vinculantes à jurisdição constitucional brasileira: alcance e efetividade em face do regime legal da repercussão geral e da proposta de revisão jurisprudencial sobre a interpretação do art. 52, X, da Constituição", *Revista de Direito Administrativo* 261 (2012), pp. 179-201.

LEAL, Victor Nunes. "Passado e futuro da Súmula no STF", *Revista de Direito Administrativo* 145 (1981), pp. 1-20.

LEITE, Glauco Salomão. *Súmula vinculante e jurisdição constitucional brasileira*. Rio de Janeiro: Forense, 2007.

LEONEL, Ricardo. *Reclamação constitucional*. Tese de livre docência apresentada à Faculdade de Direito da Universidade de São Paulo, 2010.

LESSA, Pedro. *Do Poder Judiciário*. Rio de Janeiro; Francisco Alves, 1915.

____. "A idéia de justiça", *Revista do Supremo Tribunal Federal* 13 (1917), pp. 95-113.

LIEBMAN, Enrico Tullio. *Eficácia e autoridade da sentença e outros escritos sobre a coisa julgada*. 2ª ed. Rio de Janeiro: Forense, 1981.

LIMA, Alcides de Mendonça. *Recursos trabalhistas*. t. II. São Paulo: Max Limonad, 1956.

LOPES, João Batista. *Ação declaratória*. 3ª ed. São Paulo: Revista dos Tribunais, 1991.

LOPES, José Reinaldo de Lima. *O Oráculo de Delfos: o Conselho de Estado no Brasil-Império*. São Paulo: Saraiva, 2010.

____. "Introdução", in José Reinaldo de Lima Lopes (org.), *O Supremo Tribunal de Justiça do Império 1828-1889*. São Paulo: Saraiva, 2010, pp. 11-18.

MACCORMICK, Neil / SUMMERS, Robert S. "Further General Reflections and Conclusions", in Neil MacCormick / Robert S. Summers (orgs.), *Interpreting Precedents: a Comparative Study*. Ashgate: Aldershot, 1997, pp. 531-550.

____. "Introduction", in Neil MacCormick / Robert Summers (org.), *Interpreting precedents: a Comparative Study*. Aldershot: Dartmouth, 1997, pp. 1-16.

MACCORMICK, Neil. *Rethoric and the Rule of Law: a Theory of Legal Reasoning*. Oxford: Oxford University, 2009.

MANCUSO, Rodolfo de Camargo. *Divergência jurisprudencial e súmula vinculante*. 3ª ed. São Paulo: Revista dos Tribunais, 2007.

MARINONI, Luiz Guilherme. *Precedentes obrigatórios*. São Paulo: Revista dos Tribunais, 2010.

MARINONI, Luiz Guilherme / MITIDIERO, Daniel. *Código de Processo Civil*. São Paulo: Revista dos Tribunais, 2008.

MARQUES, José Frederico. *A reforma do Poder Judiciário*. vol. I. São Paulo: Saraiva, 1979.

MARTINS, Ives Gandra da Silva / MENDES, Gilmar Ferreira. *Controle concentrado de constitucionalidade: comentários à Lei n. 9.868, de 10-11-1999*. 3ª ed. São Paulo: Saraiva, 2009.

MARTINS, Manoel Soares. "A perversão do efeito vinculante e da avocatória", *Revista Trimestral de Jurisprudência dos Estados* 178 (2000), pp. 53-58.

MAXIMILIANO, Carlos. *Commentarios à Constituição Brasileira*. Porto Alegre: Livraria do Globo, 1929.

____. *Hermenêutica e aplicação do direito*. 12ª ed. Rio de Janeiro: Forense, 1992.

MEDEIROS, Rui. *A decisão de inconstitucionalidade*. Lisboa: Universidade Católica, 1999.

MEDINA, Diego Eduardo López. *El derecho de los jueces: obligatoriedad del precedente constitucional, análises de sentencias y líneas jurisprudenciales e teoría del derecho judicial*. 2ª ed. Bogotá: Legis, 2006.

MELLO, Marcos Bernardes de. *Teoria do fato jurídico*. 12ª ed. São Paulo: Saraiva, 2003.

MELLO, Patrícia Perrone Campos. *Precedentes: o desenvolvimento judicial do direito no constitucionalismo contemporâneo*. Rio de Janeiro: Renovar, 2008.

____. "O Supremo Tribunal Federal e os precedentes vinculantes: os desafios impostos pelo Novo Código de Processo Civil", in *A nova aplicação da jurisprudência e precedentes no Código de Processo Civil/2015: estudos em homenagem à Professora Teresa Arruda Alvim*, São Paulo, Revista dos Tribunais, 2017, Capítulo 31.

REFERÊNCIAS

MENDES, Gilmar Ferreira / BRANCO, Paulo Gustavo Gonet. *Curso de Direito Constitucional*. 6ª ed. São Paulo: Saraiva, 2011.

MENDES, Gilmar Ferreira. *Jurisdição constitucional*. 4ª ed. São Paulo: Saraiva, 2004.

_____. *Direitos fundamentais e controle de constitucionalidade: estudos de direito constitucional*. 2ª ed. São Paulo: Celso Bastos, 1999.

MEYER-PFLUG, Samantha / MENDES, Gilmar Ferreira. "Passado e futuro da Súmula Vinculante: considerações à luz da Emenda Constitucional n. 45/2004", in Sérgio Rabello Tamm Renault / Pierpaolo Bottini (orgs.), *Reforma do Judiciário*. São Paulo: Saraiva, 2005, pp. 327-375.

MIRANDA, Francisco Cavalcanti Pontes de. *Fontes e evolução do direito civil brasileiro*. Rio de Janeiro: Pimenta de Melo, 1928.

MONNERAT, Fábio Victor da Fonte. "A jurisprudência uniformizadora como estratégia de aceleração do procedimento", in Teresa Arruda Alvim Wambier (coord.), *Direito jurisprudencial*. São Paulo: Revista dos Tribunais, 2012.

MOREIRA, José Carlos Barbosa. "Questões prejudiciais e questões preliminares", in José Carlos Barbosa Moreira, *Direito Processual Civil: ensaios e pareceres*. Rio de Janeiro: Borsoi, 1971, pp. 73-93.

_____. "A importação de modelos jurídicos", in José Carlos Barbosa Moreira, *Temas de direito processual*. 8ª série. São Paulo: Saraiva, 2004, pp. 255-266.

_____. *Comentários ao Código de Processo Civil*. vol. V. 13ª ed. Rio de Janeiro: Forense, 2006.

_____. "Súmula, jurisprudência, precedente: uma escalada e seus riscos", *Revista Síntese de Direito Civil e Processual Civil* 35 (2005), pp.5-16.

MUSCARI, Marco Antonio Botto. *Súmula vinculante*. São Paulo: Juarez de Oliveira, 1999.

NEVES, Antônio Castanheira. *O instituto dos "assentos" e a função jurídica dos Supremos Tribunais*. Coimbra: Coimbra, 1983.

_____. *O problema da constitucionalidade dos assentos: comentário ao Acórdão 810/93 do Tribunal Constitucional*. Coimbra: Coimbra, 1994.

NOGUEIRA, Rubem. "Desempenho normativo da jurisprudência do STF", *Revista dos Tribunais* 448 (1973), pp. 24-33.

NUNES, Castro. *Teoria e prática do Poder Judiciário*. Rio de Janeiro: Forense, 1943.

PASSOS, José Joaquim Calmon de. *Comentários ao Código de Processo Civil*. vol. III. 9ª ed. Rio de Janeiro: Forense, 2005.

PECZENIK, Aleksander. "The Binding Force of Precedent", in Neil MacCormick / Robert S. Summers (orgs.), *Interpreting Precedents: a Comparative Study*. Ashgate: Aldershot, 1997, pp. 461-479.

POLLETTI, Ronaldo. *Controle da constitucionalidade das leis*. Rio de Janeiro: Forense, 1985.

RAMOS, Elival da Silva. *Controle de constitucionalidade no Brasil: perspectivas de evolução*. São Paulo: Saraiva, 2010.

RAMOS, Saulo. "Questões do efeito vinculante", *Cadernos de Direito Constitucional e Ciência Política* 16 (1996), pp. 24-38.

REIS, Daniel Aarão. "O Supremo Tribunal do Brasil: notas e recordações", *Revista dos Tribunais* 352 (1965), pp. 518-541.

RENAULT, Sérgio Rabello Tamm / BOTTINI, Pierpaolo, "Primeiro passo", *in* Sérgio Rabello Tamm Renault / Pierpaolo Bottini (coords.), *Reforma do Judiciário: comentários à Emenda Constitucional n. 45/2004*. São Paulo: Saraiva, 2005, pp. 1-12.

ROCHA, José de Moura. "A importância da súmula", *Revista Forense* 257 (1977), pp. 91-98.

RODRIGUES, José Honório. *Conselho de Estado: um quinto poder?*. Brasília: Senado Federal, 1978.

RODRIGUEZ, José Rodrigo. "A persistência do formalismo: uma crítica para além da separação de poderes", *in* José Rodrigo Rodrigues / Carlos Eduardo Batalha da Silva e Costa / Samuel Rodrigues Barbosa (orgs.), *Nas fronteiras do formalismo: a função social da dogmática jurídica hoje*. São Paulo: Saraiva, 2010, pp. 157-192.

SANTOS, Evaristo Aragão. "Em torno do conceito e da formação do precedente judicial", *in* Teresa Arruda Alvim Wambier (coord.), *Direito jurisprudencial*. São Paulo: Revista dos Tribunais, 2012, pp. 133-201.

SAMPAIO, Nelson de Sousa. "Supremo Tribunal Federal e a nova fisionomia do Poder Judiciário", *Revista de Direito Público* 75 (1985), pp. 5-20.

SANCHES, Sidney. *Uniformização da jurisprudência*. São Paulo: Revista dos Tribunais, 1975.

SAVINO FILHO, Cármine Antônio. "Efeito vinculante... à tirania", *Revista de Direito do Tribunal de Justiça do Estado do Rio de Janeiro* 37 (1998), pp. 48-49.

SCHAUER, Frederick. *Playing by the Rules: a Philosophical Examination of Rule-Based Decision-Making in Law and in Life*. Oxford: Oxford University, 1991.

____. "Precedent", *Stanford Law Review* 39 (1987-1988), pp. 571-605.

____. *Thinking like a Lawyer: a New Introduction to Legal Reasoning*. Cambridge: Harvard University, 2009.

SCHLAICH, Klaus / KORIOTH, Stefan. *Das Bundesverfassungsgericht: Stellung, Verfahren, Entscheidungen*. 7ª ed. München: C. H. Beck, 2007.

SILVEIRA, José Néri da. "O Supremo Tribunal Federal e a interpretação jurídica com eficácia normativa", *in* Josaphat Marinho / Roberto Rosas (org.), *Sesquicentenário do Supremo Tribunal Federal*. Brasília: Universidade de Brasília, 1978, pp. 131-153.

SILVA, Almiro do Couto e. "O princípio da segurança jurídica (proteção à confiança) no direito público brasileiro e o direito da administração pública de anular seus próprios atos administrativos: o prazo decadencial do art. 54 da lei do processo administrativo da União (Lei n. 9.784/1999)", *Revista de Direito Administrativo* 237 (2004), pp. 271-315.

SILVA, Celso de Albuquerque. *Do efeito vinculante: sua legitimação e aplicação*. Rio de Janeiro: Lúmen Juris, 2005.

SILVA, José Afonso da. "Da jurisdição constitucional no Brasil e na América Latina", *Revista da Procuradoria Geral do Estado de São Paulo* 13/15 (1978-1979), pp. 106-171.

SILVA, Virgílio Afonso da. "O STF e o controle de constitucionalidade: deliberação, diálogo e razão pública", *Revista de Direito Administrativo* 250 (2009), pp. 197-227.

SLEMIAN, André. "O Supremo Tribunal de Justiça nos primórdios do Império do Brasil (1828-1841)", *in* José Reinaldo de Lima Lopes (org.), *O Supremo Tribunal de Justiça do Império 1828-1889*. São Paulo: Saraiva, 2010, pp. 19-61.

SOTOMAYOR, Johnny Tupayachi. "Anjos e demônios! A implementação do precedente vinculante no Peru", *Revista Brasileira de Estudos Constitucionais* 11 (2009), pp. 43-68.

SOUZA, Marcelo Alves Dias de. *Do precedente judicial à súmula vinculante*. Curitiba: Juruá, 2006.

STONE, Julius. "The ratio of the ratio decidendi", *Modern Law Review* 22 (1959), pp. 597-620.

STRECK, Lenio Luiz. "O efeito vinculante das súmulas e o mito da efetividade: uma crítica hermenêutica", *Revista do Instituto de Hermenêutica Jurídica* 3 (2005), pp. 83-128.

____. "Súmulas vinculantes em *terrae* brasilis: necessitamos de uma 'teoria para a elaboração de precedentes'?", *Revista Brasileira de Ciências Criminais* 78 (2009), 284-319.

____. *Súmulas no direito brasileiro: eficácia, poder e função*. Porto Alegre: Livraria do Advogado, 1995.

Supremo Tribunal Federal. *Reforma do Poder Judiciário: diagnóstico do STF*. Brasília: Departamento de Imprensa Nacional, 1975.

TARUFFO, Michele. "Precedente e giurisprudenza", *Rivista Trimestrale di Diritto e Procedura Civile* 61 (2007), pp. 709-725.

____. *La motivazione della sentenza civile*. Padova: Cedam, 1975.

TALAMINI, Eduardo. *Coisa julgada e Constituição: limites à "relativização" da coisa julgada*. Tese de doutoramento apresentada à Faculdade de Direito da Universidade de São Paulo, 2004.

TAVARES, André Ramos / BELAUNDE, Domingo García. "Mais um código", *Folha de São Paulo*, 21/02/2010, A3.

TAVARES, André Ramos Tavares. "O novo instituto da súmula vinculante no direito brasileiro", *Revista da Faculdade de Direito da Universidade de Lisboa* 47 (2006), pp. 333-345.

TEIXEIRA, Sálvio de Figueiredo. "As tendências brasileiras rumo à jurisprudência vinculante", *Revista da Faculdade de Direito da Universidade de Lisboa* 40 (1999), pp. 223-239.

TOMA, Víctor García. "As sentenças constitucionais: o precedente vinculante", *Revista Brasileira de Estudos Constitucionais* 11 (2009), pp. 69-95.

TUCCI, José Rogério Cruz e. *Precedente judicial como fonte do direito*. São Paulo: Revista dos Tribunais, 2004.

____. "Parâmetros de eficácia e critérios de interpretação do precedente judicial", *in* Teresa Arruda Alvim Wambier (coord.), *Direito jurisprudencial*. São Paulo: Revista dos Tribunais, 2012, pp. 97-131.

VALLE, Vanice Lírio do. "Impasses sistêmicos da versão brasileira de precedentes vinculantes", *Revista de Direito Administrativo e Constitucional* 21 (2005), p. 69-88.

____. "Repercussão geral: um passo a mais na difícil trilha de construção da vinculatividade das decisões judiciais", *Revista da EMERJ* 40 (2007), pp. 129-157.

VERÍSSIMO, Marcos Paulo. "A Constituição de 1988, vinte anos depois: Suprema Corte e ativismo judicial à brasileira'", *Revista Direito GV* 8 (2008), pp. 407-440.

ZAVASCKI, Teori Albino. *A eficácia das sentenças na jurisdição constitucional*. São Paulo: Revista dos Tribunais, 2001.